诉讼法

改进我国法院诉讼费制度的调研报告

GAIJIN WOGUO FAYUAN SUSONGFEI
ZHIDU DE DIAOYAN BAOGAO

缪蒂生 郭洁◎主编

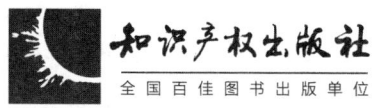

知识产权出版社

全国百佳图书出版单位

图书在版编目（CIP）数据

改进我国法院诉讼费制度的调研报告／缪蒂生，郭
洁主编．—北京：知识产权出版社，2017.1
　ISBN 978-7-5130-4722-7

　Ⅰ．①改⋯　Ⅱ．①缪⋯　②郭⋯　Ⅲ．①诉讼—费用—
司法制度—调查研究—研究报告—中国　Ⅳ．①D925.04

　中国版本图书馆 CIP 数据核字（2016）第 324020 号

责任编辑：纪萍萍　　　　　　　责任校对：王　岩
　　　　　　　　　　　　　　　　责任出版：刘译文

改进我国法院诉讼费制度的调研报告
缪蒂生　郭　洁　主编

出版发行：知识产权出版社 有限责任公司	网　　址：http：//www.ipph.cn
社　　址：北京市海淀区西外太平庄 55 号	邮　　编：100081
责编电话：010-82000860 转 8387	责编邮箱：jpp99@ 126.com
发行电话：010-82000860 转 8101/8102	发行传真：010-82000893/82005070/82000270
印　　刷：三河市国英印务有限公司	经　　销：各大网上书店、新华书店及相关专业书店
开　　本：720mm×1000mm　1/16	印　　张：14.25
版　　次：2017 年 1 月第 1 版	印　　次：2017 年 1 月第 1 次印刷
字　　数：248 千字	定　　价：45.00 元

ISBN 978-7-5130-4722-7

编委会顾问：缪蒂生　柴学伟　闫振喜　王正平

统　　　稿：郭　洁

课题执笔人（按各章顺序排列）：

第一章、附件：姚　宇　郭　洁

第二章：于晓梅　赵　纲

第三章：郭　洁　张　悦　李　卓

第四章：夏婷婷　尹天升　赵　纲

建议稿：黄海洋

数据统计和分析：潘　敏

执笔人简介：

尹天升：辽宁省高级人民法院审判长，三级高级法官

黄海洋：辽宁省高级人民法院民一庭，一级法官

夏婷婷：沈阳市中级人民法院研究室副主任，四级高级法官

于晓梅：大连市中级人民法院立案一庭副庭长，四级高级法官

赵　纲：沈阳市和平区人民法院审判管理办公室，一级法官

李　卓：辽宁大学法学院副教授，法理学博士

张　悦：辽宁大学法学院讲师，诉讼法学博士

姚　宇：辽宁大学法学院民商法专业博士研究生

潘　敏：辽宁大学经济学院副教授，数量经济学博士

内 容 摘 要

本书是辽宁省高级人民法院承担、缪蒂生院长主持的 2013 年最高人民法院司法调研重大课题《关于改进案件诉讼费制度的调研》的最终成果。报告以司法体制改革为研究背景，将诉讼费制度以司法子制度纳入现代国家治理的总体框架之中。以此为切入点，通过充分的实证调研和深入的理论研究，分析了现行诉讼费制度的存在问题，提出在建设现代法治国家的大的政策背景和建构新型司法体制的制度基础上，完善诉讼费收费制度和创新诉讼费管理制度的立法建议。本课题组认为，现行诉讼费制度的诉讼调节功能弱、制裁功能不彰、弱势群体诉权保障功能存在局限、诉讼资源公平配置有待规范化。改进诉讼费制度的必要性和可行性条件已经具备。诉讼费制度改进的方案是：在宏观上，围绕推进国家治理体系和治理能力现代化的总目标，遵循司法改革的总体方向，以司法公正为指导思想，以基本诉权保障为基础，强化司法救助制度；根据诉讼效率与诉讼公平的原则，一方面，通过发挥诉讼费的正向激励功能，引导案件分流，强化诉讼费的调节功能；通过发挥诉讼费制度的负向激励功能，制裁滥诉行为。另一方面，按照公共成本受益者负担原则，优化诉讼资源的公平配置。在微观的制度设计上，改进诉讼费制度应根据中国国情并借鉴国际经验，对诉讼费收费制度进行结构性调整，包括降低部分案件的收费标准，调整部分案件的收费规则，增加新型案件的收费规定，再造部分案件的诉讼费标准和负担规则；根据新型司法体制和诉讼费管理现代化的要求，强化诉讼费监管，建立高效、便捷的收费与退费程序和技术流程。

本书分为四章，各章的基本内容如下：

一、诉讼费制度概述

本书认为，按照司法公正的要求和现行制度的运行特点，我国诉讼费在性质上系一种国家规费，基于其公共性、法定性、程序性，诉讼费制度被赋予了调节、制裁、保障和补偿功能。调节功能是诉讼费国家规费属性的首要表现，该功能发挥着分流案件、引导当事人理性选择纠纷解决途径、促进多元纠纷解决机制的作用；制裁功能是诉讼费能够发挥激励当事人正当行使诉权和抑制滥诉的制度效用；诉权保障指为保障当事人依法行使诉权而制定普通诉讼费收费的例外规定，以避免无力承担诉讼费的当事人因费用问题而无法行使诉权；补偿功能是诉讼费自身具备的补偿国家司法成本的客观结果，并非国家规费属性所追求的效果。

在制度层面，诉讼费的标准应在司法公正、司法为民、分流案件、保障诉权等价值取向的引导下，针对不同类型的案件及同一类型案件适用的不同程序科学设置，细化规则。诉讼费制度的内容包括诉讼费的收取与管理两部分，前者表现为诉讼收费的收取时段、收取项目、分担和司法救助等制度；后者表现为诉讼费的归属与分配、退还、管理和监督等内容。

在立法层面，现行诉讼费相关制度从最高人民法院制定规则或作出解释转变为由国务院制定行政法规，但从我国《立法法》规定的法律保留精神和域外立法经验看，我国诉讼费相关制度的立法权应当归属于全国人民代表大会及其常委会。

二、现行诉讼费制度运行情况及存在的问题分析

本章内容集中为对经济发达地区（广东、江苏）、经济较发达地区（湖北、四川）、经济欠发达地区（宁夏、广西）的代表性法院及辽宁省地方样本的实证研究。时间跨度从 2003 年至 2013 年，重点比较 2006 年《诉讼费用交纳办法》实施后诉讼费对法院案件受理与诉讼费管理的影响。主要采用了数据统计、调查问卷、专家访谈等研究方法，得出以下研究结论：《诉讼费用交纳办法》实施后，法院受理的案件数量大幅增长；司法资源紧张与案件大幅增长矛盾突出；缓、减、免诉讼费案件的数量总体上升，但缓、减、免诉讼费金额下降；滥用诉权问题多发。上述问题的制度成因在于：司法救助制度和程序有待完善、诉讼费制度过于强调降低收费门槛的保障功能，使诉讼调节与制裁功能缺失，部分诉讼费收费的制度设计违背诉讼效率与公平原则等；在诉讼费管理上，法院经费保障的有限性妨碍了诉讼费的独立属性，退费程序阻碍了司法效率，诉讼费监管机制缺失。针对这些问题，需要结合司法改革的要求进行制度完善与创新。

三、改进现行诉讼费制度的方向和依据

根据调研情况的实证研究和理论分析，本书作者认为，改进现行的诉讼费制度在宏观上应以司法公正为指引，基于司法为民的理念，保障基本诉权，完善司法救助制度，根据诉讼效率与诉讼公平原则，发挥诉讼费制度的激励和引导公平配置诉讼资源的效用，以适应"四五司法改革"的大势。在微观制度设计上，应结合法的稳定性和经济"新常态"的国家发展阶段性特征，对诉讼费收费制度在维持基本收费标准不变的前提下进行结构性调整；创新诉讼费的交费、退费和管理制度。

现行诉讼费制度存在问题说明了制度改进的必要性。诉讼费制度改进的可行性在于：国家治理现代化方略为诉讼费制度改进提供了新的制度理念、司法改革的目标为诉讼费改进提供了制度路径、司法改革方案为诉讼费改进奠定了制度基础、多元纠纷解决机制促进了诉讼费制度的改进、《民事诉讼法》案件分类制度为案件分流提供了承接的条件。

四、改进现行诉讼费制度的立法建议

本章是改进我国现行诉讼费制度的具体建议部分。

基于现行诉讼收费制度存在的问题，制度改进的立法建议包括：

第一，为强化诉讼费调节诉讼的制度功能，建议调整知识产权案件、行政案件、申请保全案件的收费标准，规定行为保全免收申请费；降低特殊程序的收费标准，规定小额诉讼案件和司法确认案件免收诉讼费，降低督促程序的收费标准，构建督促程序与诉讼程序的衔接机制；将再审案件、第三人撤销之诉、申请实现担保物权案件等纳入收费范畴。

第二，为彰显诉讼费制度的制裁功能，建议重构劳动争议案件的收费规则，调整管辖权异议案件收费标准，规定对恶意调节行为的惩戒性收费规则；建议通过明晰诉讼费司法裁决方式和当事人诉讼费的追偿权利，显化交费义务的强制效力。

第三，为促进诉讼费的制度公平，建议按照受益者负担原则，确定诉讼费的收费标准；厘定财产案件与非财产案件的性质，按照当事人的诉讼请求确定收费基准；按照诉讼资源的耗费确定收费标准，明确程序转换过程中诉讼费的补交规则；调整调解结案等案件的收费标准；合理限定诉讼费减半收费次数，并按照差异化的原则确定执行案件的收费标准，规定对执行和解、自动履行案件实行减半收费，要求不履行调解书规定义务的被执行人补交诉讼费；结合公益诉讼的案件特殊性，建议申请费和其他诉讼费实行案后交纳规则，并通过设立省级公益诉讼资金，补贴原告的诉讼费。

第四，为完善司法救助制度，按照《人民法院第四个五年改革纲要（2014—2018）》推动完善诉讼收费制度的要求，改进司法救助制度，扩大司法救助的对象和范围，适当放宽诉讼费缓交、免交条件，明确缓交诉讼费的期限和程序，规定对司法救助欺诈行为的惩戒制度，逐步探索司法救助与法律援助制度的有效衔接，推进司法救助和法律援助、社会救助的制度一体化。

第五，为构建新型司法体制下的诉讼费管理制度，回应省级统一管理的法院经费保障机制，在制度体系上，要确保诉讼费的收取、管理等环节与省级统一管理的司法改革方向相契合；在诉讼费退费管理方面，应明确法院的释明义

务、主审法官的职责范围，按照"两便原则"改进退费程序，探索体现司法权特征的诉讼费退还制度和高新技术设备的引入，为建立便捷的诉讼费收、退费程序提供技术支持；在诉讼费监督管理方面，应建立法院内部和外部相结合的监管主体，打造闭环式诉讼费监管体制，对法院已收取诉讼费的归属与分配等进行全面监管。

目　　录

第一章 诉讼费制度概述

诉讼费制度是司法制度的组成部分,其正当性来源于国家规费的性质定位,其功能在于调节诉讼、制裁滥诉、保障诉权和补偿司法成本。本章的研究集中于探讨我国诉讼费制度国家规费的属性,明确这一法律属性对决定调整诉讼费标准是否适用听证程序、证明诉讼费立法权归属于全国人大等实践问题具有指导意义。

第一节 诉讼费的国家规费性质

诉讼费是指当事人为向人民法院提起诉讼程序应当缴纳的费用,包括案件受理费和其他诉讼费用。诉讼费是一个开放的概念,具有复杂、多元的构成要素,对其性质的判断,在很大程度上仍取决于一国的司法体制和诉讼制度的实施现状。

一、诉讼费性质定位

有关我国诉讼费中案件受理费和申请费的法律属性,学理上主要存在税收说、国家规费说和制裁说三种观点,课题组认为,国家规费说符合我国现行司法体制下诉讼费的性质。

(一)诉讼费的性质学说

1. 税收说①

税收是由纳税人通过税收方式上缴国库并由国家财政以行政拨款的形式,统一分配给全社会一般纳税人共同享用的费用。税收说认为,现代国家是租税国家,国家设立的任何一项制度都是建立在公民交纳税金的基础上,收取的税

---

① 参见杨荣馨:《民事诉讼原理》,法律出版社 2003 年版,第 542～545 页。

金用于公共事务的开支。①诉讼制度亦是如此，诉讼费中的案件受理费即具有这样的性质。参与诉讼的公民同时亦作为参与特殊公共服务的相对人通过预付案件受理费的方式向法院支付诉讼费，以此享受作为本案当事人要求国家提供裁判的公共产品服务，该案件受理费全都上缴财政，作为预算内资金纳入政府的财政预算，是向财政支付的专项税费。作为政府机构的法院为纳税人处理纠纷的一切活动所需要的经费以及薪水由政府预算支付。

2. 国家规费说②

国家规费是指国家机关依照法律、法规授权向公民、法人和其他组织提供服务时所收取的必要费用。国家规费说认为，诉讼程序的设置旨在保护当事人的权利，当事人与国家之间形成的是一种公法上的关系。法院在诉讼中实施的审判行为是代表国家对参与诉讼的当事人提供的特别服务，就此费用的支出不由国家财政对全国纳税人的日常纳税负担，而应当作为诉讼当事人于公法上的义务。由于诉讼费具有法定性、收取主体的特定性、制度流程的程序性，因此，诉讼费的属性应被认定为国家规费。一方面，收费表明手续和程序的开始，提示当事人慎重行使诉权；另一方面，司法机构处理诉讼案件必然要消耗人力、财力，收取费用可作为对司法消耗的适当补偿。

3. 制裁说③

制裁说亦称惩罚说，该说认为，诉讼费负担的基本原则是由败诉方负担，败诉方通常就是违反法律、不履行义务或侵犯相对方的合法权益、给相对方造成一定损失的诉讼当事人，其行为不仅破坏了应有的社会秩序，还直接导致诉讼程序的启动和运行，消耗了司法资源。虽然诉讼费中的案件受理费通常由原告预交，但这笔费用最终由败诉方承担，归根结底是对因其行为造成的损失和不利影响承担相应的责任。从这个意义上说，诉讼费中的案件受理费是对违反法律规定的当事人的一种经济制裁。

（二）国家规费——我国诉讼费法律性质的定位

我国诉讼费的性质应当定性为一种国家规费，并具有一定补偿性。其中，案件受理费和申请费具有国家规费的性质，而证人、鉴定人等费用具有补偿性。

1. 我国案件受理费和申请费不能认定为制裁措施

制裁说倾向从诉讼费的功能来评判诉讼费的性质，倒置了本末。首先，应

---

① 参见葛克昌：《租税国家界限》，刘剑文：《财税法论丛（第九卷）》，法律出版社 2007 年版，第 71～72 页。

② 参见肖建国：《民事诉讼程序价值论》，中国人民大学出版社 2000 年版，第 303 页。

③ 参见廖永安：《民事诉讼理论探索与程序整合》，中国法制出版社 2005 年版，第 210 页。

当是诉讼费的性质决定诉讼费的功能，而不能由诉讼费的功能决定诉讼费的性质；其次，制裁功能虽是诉讼费的一项重要功能，但不是诉讼费的必然功能，而仅是一种附随功能，诉讼费不能围绕制裁功能为核心进行设定；复次，参与诉讼的双方当事人并不必然具有违法或违约失信行为，当事人往往因为分歧、意见不一等事由诉诸法院请求判决，对于这类没有恶意的诉讼案件，自然不存在制裁败诉当事人的必要；再次，参与诉讼接受裁判是现代法治社会赋予公民的一项基本权利，依法参与诉讼并请求法院依法裁判是当事人行使诉权的表现，将诉讼费定为对败诉方的经济制裁，显然与这一理念不符；最后，在现代法治国家，诉讼费制度之于诉讼制度的功能主要表现在理性选择纠纷解决途径和保障当事人诉权，制裁不诚信当事人只是诉讼费的一项附随功能，不能因此将诉讼收费认定为制裁措施。

2. 我国诉讼费的性质采国家规费说具合理性

法院向当事人收取诉讼费，主要基于"受益者分担"原理，即当事人除了作为纳税人承担支撑审判制度的一般责任外，还获得了国家提供的审判服务，因而需进一步支付费用对审判消耗作适当补偿，否则，对于大多数没有利用诉讼机制的纳税人是不公平的。虽然《诉讼费用交纳办法》规定人民法院收取诉讼费用按照其财务隶属关系上缴财政，纳入预算，实行收支两条线管理，①但调研中发现，上缴至财政的诉讼费仍然部分或全部作为对法院经费的补偿返还给法院。因此，诉讼收费已不具备"全国统一分配"的税收属性。从目前我国对利用诉讼服务的当事人收取部分费用——即诉讼费中的案件受理费和申请费的现状和意义来看，将该部分费用定性为一种国家规费性质的收费，而非税收或经济制裁措施更具合理性。

二、诉讼费国家规费定位的实践意义

将我国诉讼费的性质定位为国家规费属性，对于诉讼费的构成、制定、诉讼费制度主体的权利（权力）义务（职责）分配等方面具有重要指导意义。

（一）决定诉讼收费项目及构成的法定性

将诉讼费定位为国家规费，说明诉讼制度既不能是免费的，也不应当由当事人承担全部司法成本，而应当由参与特殊案件的当事人支付适当费用"购买"。

---

① 《诉讼费用交纳办法》第52条规定："诉讼费用的交纳和收取制度应当公示。人民法院收取诉讼费用按照其财务隶属关系使用国务院财政部门或者省级人民政府财政部门印制的财政票据。案件受理费、申请费全额上缴财政，纳入预算，实行收支两条线管理。"

国家规费是现代社会许多国家在对一部分单位和个人提供特殊服务时所收取的带有工本费性质的一种收费，这种收费的主要目的是为了补偿在服务中所耗费的实物成本，但提供服务的人员通常为国家机关工作人员，因而这部分消耗由财政拨款予以解决。[①]当事人支付的费用应当限定在办理诉讼案件所消耗的实物成本内，其他成本的消耗应由国家财政拨款予以解决。由此反映的诉讼费的构成应主要表现为发起诉讼程序或向法院提出申请时收取的案件受理费和申请费，我国诉讼费的构成（即诉讼费的外延）恰恰反映了诉讼费国家规费的这一属性。

（二）决定诉讼费的调整依法定程序而非价格听证程序

诉讼费的费率即诉讼费的收取标准，通常情况下，规费的具体费用由计算基数×规费费率得出，在诉讼制度中，诉讼费的计算基数由不同案件的性质及所涉标的物决定。

诉讼费作为国家规费，其标准的制定过程是针对特殊公共产品的定价过程，但对于这一特殊公共产品的定价程序并不适用《价格法》的规定。首先，诉讼费是国家规费而非《价格法》所调整的商品价格和服务价格；[②]其次，诉讼费作为国家规费，其制定程序应是立法行为，而不是《价格法》所规定的政府定价行为，[③]其具体费率标准和操作细则应通过立法形式制定相关法律、法规；[④]复次，诉讼费作为国家规费，旨在使诉讼制度顺利运行，而非立足于有偿服务，其费率标准不能依诉讼消耗成本制定，而应依有利于诉讼制度良性运行以及实现程序正义的标准制定。

（三）确立人民法院在诉讼费制度各环节的法定职责

《诉讼费用交纳办法》实施以来，进一步确立了诉讼费的国家规费属性和收支两条线的制度，[⑤]诉讼费的收费标准由国务院通过立法确定，由价格主管部门

---

① 参见刘海滨："'收支两条线'是管好规费收支的有效办法"，载《财政》1995 年第 2 期，第 15 页。

② 《价格法》第 2 条规定："在中华人民共和国境内发生的价格行为，适用本法。本法所称价格包括商品价格和服务价格。商品价格是指各类有形产品和无形资产的价格。服务价格是指各类有偿服务的收费。"

③ 《价格法》第 3 条第 5 款规定："政府定价，是指依照本法规定，由政府价格主管部门或者其他有关部门，按照定价权限和范围制定的价格。"

④ 《价格法》第 47 条规定："国家行政机关的收费，应当依法进行，严格控制收费项目，限定收费范围、标准。收费的具体管理办法由国务院另行制定。利率、汇率、保险费率、证券及期货价格，适用有关法律、行政法规的规定，不适用本法。"

⑤ 《诉讼费用交纳办法》第 52 条规定："……案件受理费、申请费全额上缴财政，纳入预算，实行收支两条线管理。"

和财政部门进行监督管理。①人民法院作为国家审判机关，其关于诉讼费的主要职责包括：诉讼费的收取、退还、救助等在内的诉讼费各项制度的具体行为行使职权，严格依照法律规定维护诉讼费制度的正当运行，对当事人提出的有关人民法院对诉讼费决定和计算的异议进行复核，并对确有错误的决定和计算进行更正，人民法院亦不直接参与对已收取诉讼费的分配和管理。②明确的职责范围保障了人民法院切实履行其在诉讼费制度各项环节的工作，有利于审判权依法独立、公正行使，实现社会正义。

（四）保障当事人诉权的国家责任

将诉讼费定位为国家规费对当事人的意义是诉讼费制度不是为了向当事人收取费用，而是为了更好地保障当事人行使诉权，实现当事人的程序利益。经济学认为，购买公共产品消耗的费用是国家规费，依此，作为禁止私力救济的公力诉讼程序应当属于一种纯公共产品。③根据经济学的理论，纯公共产品具有两种特性：其一是非排他性，即不能在技术上将那些没有能力为消费行为付款的人排除在某种公共产品的受益范围之外；其二是非竞争性，即某人对公共产品的消费不排斥和妨碍他人同时享用，也不会因此减少他人消费的数量和质量。与此相对应，由国家设立的诉讼制度具有这两种性质：一方面，国家设立诉讼制度不以营利为目的，并且应当保证每个国民在面临纠纷时都有利用诉讼资源的机会；另一方面，国家应当保障每个公民平等地享有参与诉讼的机会，即使其缺乏足够的支付能力，国家也应当为其提供优惠政策，使其得以利用这一纠纷解决机制。

第二节　诉讼费的制度功能

适当标准的诉讼费可以起到良好的经济杠杆作用，在控制诉讼案件数量、提示诉讼风险、引导理性诉讼、保障当事人诉权等方面起到不可或缺的作用。

---

① 《诉讼费用交纳办法》第 54 条规定："价格主管部门、财政部门按照收费管理的职责分工，对诉讼费用进行管理和监督……"

② 《诉讼费用交纳办法》第 43 条规定："……当事人单独对人民法院关于诉讼费用的决定有异议的，可以向作出决定的人民法院院长申请复核。复核决定应当自收到当事人申请之日起 15 日内作出。当事人对人民法院决定诉讼费用的计算有异议的，可以向作出决定的人民法院请求复核。计算确有错误的，作出决定的人民法院应当予以更正。"

③ 参见贺忠厚：《公共财政学》，西安交通大学出版社 2007 年版，第 96~97 页。

一、诉讼费调节、制裁、保障、补偿功能的内在机理

诉讼费制度作为诉讼制度的经济杠杆，有三功能说与四功能说两种观点，本节分别从诉讼费制度对诉讼当事人的功能及对法院的功能两个方面分析，采四功能说。

第一，诉讼费制度对当事人诉讼行为首先具有调解功能。通过收取和合理分担诉讼费能够提示当事人选择诉讼机制的成本和风险，从而促使当事人根据纠纷的具体情况作出权衡并选择适当的纠纷解决方式，有利于纠纷的顺利解决。

第二，诉讼费制度对当事人诉讼活动还具有制裁功能和补偿功能。前者指因诉讼费通常采取由败诉方负担的原则，会产生对违法失信的当事人进行司法制裁的效果，后者指诉讼费的收取客观上可以补偿诉讼中产生的部分审判成本，优化司法资源配置。

二、诉讼费制度功能顺序配置与功能的平衡

依我国诉讼费的性质及讼费制度设立的意义，诉讼费的功能以调节功能为主要功能，是诉讼费制度改进所需关注的首要功能；制裁功能为诉讼费制度的辅助功能。同时，诉讼费制度对当事人诉讼行为和法院的审判活动共同发挥着平衡作用。一方面，诉讼费的制度设立应惩罚违法失信者、避免当事人滥诉；另一方面，诉讼费的制度设立也必须调节当事人对纠纷解决方式的选择、考虑当事人的负担能力，同时设立诉讼费的司法救助机制，保障当事人的诉权不因诉讼费的收取而被限制。诉讼费制度应在上述功能中找到平衡点，使诉讼费的费率及相关制度既能保障当事人的权益，又便于法院行使审判权，兼顾发挥调节、制裁、补偿功能的同时，亦需要保障当事人的诉权不被侵犯。在诉讼费制度改进中应结合调节功能予以兼顾；平衡功能旨在平衡当事人利益与司法权的冲突，是对调节功能和制裁功能的进一步协调；补偿功能系诉讼费制度的客观效果而非追求的目标，在诉讼费制度改进中应予适当考量。

（一）调节功能[①]

现代法治国家无不以宪法的形式来明确规定公民享有广泛的人身权、财产权、公平权等基本权利。公民的上述基本权利要得到切实的保障，国家必须建立完善诉讼制度和非诉讼制度等权利救济制度，保障公民在各项基本权利遭受

[①] 参见［意］莫诺·卡佩莱蒂等：《当事人基本程序保障权与未来的民事诉讼》，徐昕译，法律出版社2000年版，第97页。

侵害时有诉诸解决的途径，从而确保公民实体权利的实现。然而，由于司法资源是一种稀缺的公共资源，如果所有纠纷都希望诉诸诉讼的方式解决，必将造成司法资源匮乏和其他纠纷解决机制的闲置，更无法保障诉讼机制解决纠纷的效果。因此，需要对诉讼制度制定合理的收费标准，以调节当事人理性选择纠纷解决途径、实现案件分流的功能。

1. 我国实行多元化的纠纷解决机制

解决纠纷的诉讼途径，虽具有专业性、权威性、终局性等特征，但其既不是人类社会唯一的纠纷解决途径，更不总是最有效的途径。解决纠纷的非诉途径包含私力救济与社会救济，前者指纠纷当事人以自己的力量解决纠纷而不借助第三者的力量，后者指纠纷当事人将纠纷交给他们信任的第三方力量予以解决。我国现行的社会救济通常包括各种社会群体组织的规劝、[①]有关部门依职权处理、[②]人民调解委员会调解、[③]仲裁委员会仲裁。相对于社会救济途径，诉讼机制虽具有权威性和终局性等优势，但同时也存在高成本、低效率、非和谐等弊端，而社会救济途径恰恰具有快速、简便、和谐的特点。[④]

纠纷的社会救济途径在纠纷的救济上发挥着举足轻重的作用，对我国案件分流具有重要意义。改革开放以后，诉讼数量呈快速上升的趋势，90 年代中期已经超过 500 万件，但此后，诉讼的年均增长率变得平缓，甚至有下降趋势，纠纷的社会救济机制在其中发挥了不可替代的作用。以人民调解为例，1981—2006 年人民调解总数为 16783 万件，而同期人民法院一审民事案件的收案数量为 8004 万件，只相当于前者的一半。[⑤]以社会组织中的消费者协会为例，1999—2005 年消费者协会共受理消费者投诉 496 万件，解决 474 万件，解决比率为 96%，支持起诉 73996 件，支持起诉率为 1.5%。[⑥]以行政解决机制中的工商行政管理为例，从 1997—2002 年，工商行政管理机构行政纠纷案件的总数是 954 万件，人民法院所受理的一审民事案件中合同案件数量由 1997 年的 264 万件

---

① 指存在宗族生活模式的地域的宗长、族长或有类似地位的有威信的人或组织。参见田平安：《民事诉讼法原理（第 5 版）》，厦门大学出版社 2012 年版，第 5 页。

② 指行政、事业机关等对其所负责领域纠纷的处理，如消费者协会对消费纠纷的处理。参见田平安：《民事诉讼法原理（第 5 版）》，厦门大学出版社 2012 年版，第 6 页。

③ 《人民调解法》第 7 条规定："人民调解委员会是依法设立的调解民间纠纷的群众性组织。"

④ 参见田平安：《民事诉讼法原理（第 5 版）》，厦门大学出版社 2012 年版，第 6~7 页。

⑤ 2005 年之前的数据（含 2005 年）参见中国法律年鉴社：《中国法律年鉴（2006）》，中国法律年鉴出版社 2007 年版，第 1002 页；2006 年的数据参见中国法律年鉴社：《中国法律年鉴（2007）》，中国法律年鉴出版社 2008 年版，第 1081 页。

⑥ 参见朱景文："中国诉讼分流的数据分析"，载《中国社会科学》2008 年第 3 期，第 86 页。

降低到 2002 年的 226 万件，侵权与权属案件由 48.9 万件上升到 60.7 万件，两项合计从 312.9 万件降低到 286.7 万件。[①]

通过以上数据不难看出，社会救济途径对于诉讼起到了极大的案件分流作用，并为纠纷解决提供了更为便捷的途径，对于法律关系简单、争议不大、涉案标的额不高的普通民事纠纷，社会救济途径更有利于纠纷的顺利解决。

2. 司法资源是具有稀缺性的公共资源

司法资源是社会资源的一部分，它由司法机构、司法人员和与司法活动相关财政保障所组成，是一种公共资源，并具有资源的稀缺性特征。一方面，司法资源是公共资源，具有消费的非排他性、竞争性、外部性等特征，容易诱发人们对公共资源的过度消费行为，以及在治理公共资源中的"搭便车"、规避责任及其他机会主义行为，致使公共资源面临耗竭、退化的困境。[②]在思考公共资源的治理方式时，应在政府适度干预的基础上参考"市场机制"，[③]即在司法政策等的指导下，充分结合不同案件诉讼费费率的标准，实现在全社会范围对相对人的行为向良性的方向协调、引导。另一方面，司法资源是稀缺资源，其机构设置、人员配置乃至经费保障都是有限的。相对于我国社会转型期不断增长的诉讼案件数量，应当防止滥用和过度消费，倡导科学消耗和合理消费，实现稀缺资源公平消耗。

3. 诉讼费调节功能的具体内容

经济学中通常将人假设为理性经济人，假定人都是利己的，在面临两种以上选择时，总会选择对自己更有利的方案。[④]经济学中的成本——收益原理则认为，人有趋利避害的本性，唯有当行动所带来的额外效益大于额外成本时，市场主体才应该这样做。[⑤]用同样的原理分析诉讼机制不难得出，适当收取和合理分担诉讼费能够增加和提示当事人选择诉讼机制的成本和风险，从而促使当事人权衡利弊，根据纠纷的具体情况权衡并选择适当的纠纷解决方式。因此，法

---

① 参见朱景文：《中国法律发展报告——数据库和指标体系》，中国人民大学出版社 2007 年版，第 221~222 页。

② 参见唐兵："公共资源的特性与治理模式分析"，载《重庆邮电大学学报（社会科学版）》2009 年第 1 期，第 112 页。

③ 参见 [美] 林德布鲁姆：《市场体制的秘密》，耿修林译，江苏人民出版社 2002 年版，第 4 页。

④ 如亚当·斯密认为："人只要做'理性经济人'就可以了，如此一来，他就好像被一只无形之手引领，在不自觉中对社会的改进尽力而为。"参见 [英] 冯·哈耶克：《个人主义与经济秩序》，邓正来译，三联书店 2003 年版，第 16 页。

⑤ 参见李玉虎："浅析经济违法行为成本和收益的影响因素及对策"，载《兰州商学院学报》2000 年第 4 期，第 91 页。

经济学理论认为，促使当事人提起诉讼的三个最直接的原因分别是：对所致伤害存在分歧、提起诉讼的成本、主张的预期价值。①其中，所致伤害存在分歧即当事人之间发生的争议，提起诉讼的成本与主张的预期价值即当事人进行诉讼的"成本——价值"评估。当主张的预期价值过低而成本过高时，当事人会更倾向于通过其他途径解决纠纷，而当主张的预期价值高于或远高于成本时，当事人则会倾向于通过诉讼而非其他方式解决纠纷。因此，合理的诉讼费标准将对调节诉讼案件数量、引导当事人理性选择纠纷解决机制发挥重要作用。

4. 诉讼费调节功能对诉讼制度的意义

诉讼费的调节功能体现在国家利用诉讼费的经济杠杆作用，调节纠纷当事人对多元纠纷解决机制的选择，分流诉讼案件寻求其他纠纷解决途径。其意义在于：一方面，我国的纠纷解决机制为多元纠纷解决机制，各纠纷解决途径均有其不可替代的优势和作用，纠纷当事人无法通过私力解决纠纷时，可诉诸多种渠道解决纠纷，诉讼费的调节功能可引导当事人理性选择纠纷解决机制，从而保障纠纷得以有效解决；另一方面，调节功能促使当事人不盲目单一选择诉讼机制，而是充分考虑多种纠纷解决途径，不仅各类社会救助机制得以充分利用，诉讼机制也不致因诉诸的案件量过大而被过度使用，从而保障我国的多元纠纷解决机制充分、有限运行。

（二）制裁功能

诉讼费制度的制裁功能源于权利既存的观念和抑制滥诉的政策目的论。权利既存观念认为，发生在诉讼之前并成为诉讼对象的纠纷总是意味着一方当事人对另一方权利的侵害，既然国家禁止权利拥有者实施自力救济，就有必要在通过诉讼分清是非后同时判令侵害权利的一方对受害方进行诉讼而付出的费用提供补偿，以防止受害者拥有的权利经过诉讼后遭到侵蚀；抑制滥诉的政策目的则认为，如果权利侵害者滥用诉权，对该权利侵害人课以承担诉讼费或赔偿对方在诉讼中的损失这一责任能够有效抑制不当起诉和应诉。②

诉讼费通常采取由败诉方负担的原则使诉讼费对违法失信的当事人发挥了制裁功能。对于当事人正当行使诉权参与诉讼的案件，败诉方往往是在民事实体法律关系中不诚信、违反法律规定、甚至侵害他人利益的一方当事人，由其

---

① 参见［美］罗伯特·考特、托马斯·尤伦：《法和经济学（第六版）》，史晋川等译，上海人民出版社2012年版，第414页。

② ［日］坂原正夫："西德民事诉讼法上的诉讼终结宣言制度"，载《法学研究》（日文版）1976年49卷2号，第18页。

承担诉讼费恰好能够达到适当惩戒的效果，督促义务人合法、诚信地履行义务。对于因当事人滥用诉权或起诉不当参与诉讼的案件，败诉方往往就是滥用诉权或未正确行使诉权的当事人，由其承担诉讼费也可以达到制裁作用，警示其滥用诉权的行径或督促其慎重行使诉权，①保障诉讼资源得以有效利用。

（三）补偿功能②

诉讼制度作为代表国家公权力行使审判权的纠纷解决机制，其运行过程必然要消耗大量人力、物力等司法资源。我国人口众多，社会发展正处于经济转型时期，社会经济矛盾突出，而审判人员的培养需要更多的时间与精力，司法资源紧张，有限的司法资源难以满足日益增长的民事、行政纠纷案件数量。虽然法院作为国家职能机构，其行使国家赋予的审判职责所产生的费用应当由国家财政负担，诉讼费的收取可以在一定程度上补偿诉讼中产生的部分司法成本，优化司法资源配置。但在现代法治社会中，为保障当事人行使诉权，诉讼费制度补偿功能受限于诉讼费的平衡功能，诉讼费对司法资源的补偿只能是部分补偿、适度补偿，而不是依靠诉讼费支撑诉讼制度运行。

（四）各功能的平衡

虽然设置诉讼费制度有利于优化诉讼机制的良性运行，但现代法治文明国家同样不允许出现因贫困无法交纳诉讼费而被拒于诉讼门外的侵害诉权现象发生，诉讼费制度的设立应在保障诉权与调节功能、制裁功能中寻求平衡点，既要使当事人有能力行使诉权，又要有效发挥诉讼费制度的功能。我国幅员辽阔、人口众多，而司法资源有限，诉讼费制度的构建必然在寻求保障诉权依法行使与通过调节、制裁功能促进诉讼机制良性运行两极之间的平衡中完成。一方面，国家通过诉讼费制度指引当事人寻求恰当的纠纷解决机制、防止滥诉；另一方面，诉讼费也须控制在合理的范围内以保障普通民众有能力通过诉讼途径解决纠纷，诉权能够充分行使，并对特殊群体设置适当的诉讼费的司法救助机制，使没有交费能力但需要通过诉讼机制实现实体权利的当事人能够获得普遍的公法服务。

三、我国诉讼费制度功能配置存在问题与制度选择

诉讼制度的上述各项功能系诉讼费制度作为一个有机体系整体发挥的功

---

① 参见［日］坂原正夫："西德民事诉讼法上的诉讼终结宣言制度"，载《法学研究》（日文版）1976 年 49 卷 2 号，第 19 页。

② 参见徐昕："程序经济的实证与比较分析"，载《比较法研究》2001 年第 4 期，第 16 页。

能，而不是诉讼费制度某一具体措施的单独功能，因此各功能均来源于诉讼费制度整体的效力，各功能之间也因此相互联系，既有冲突又彼此统一。

我国诉讼费制度功能配置存在的问题和冲突表现在，诉讼费制度的各项功能系诉讼费制度在不同领域、针对不同对象产生的功能，各功能间相互对立，对某项功能的强调可能会导致对他项功能的弱化。调节功能主要针对当事人能够被引导选择正确的纠纷解决途径，在该功能为导向的诉讼费制度的设置着重于收费项目和标准的合理、适中；制裁功能、补偿功能主要针对法院发挥司法惩治力和优化司法资源配置，如果以该两项功能为导向设置诉讼费制度，诉讼费制度则会偏向高费率以及严格的败诉方负担原则；平衡功能则兼顾当事人实现利益和法院行使审判权，其主要着眼点在于使诉讼费的费率维持在一个当事人普遍可以承担的范围，并为弱势群体设立特殊的司法救助程序。

因此，我国诉讼费制度功能配置的制度选择应置于诉讼程序运行的整体框架之下，诉讼费功能的发挥应统一在诉讼费制度的整体运行中。调节功能虽重在引导当事人理性选择适当的纠纷解决途径，但客观上也起到优化司法资源的效果，并对当事人诉权的充分行使提供有效保障，间接促进诉讼费制度的补偿功能与平衡功能；制裁功能、补偿功能客观上对当事人也能产生警示作用，从成本——收益的层面进一步提示当事人选择正当的纠纷解决途径，可补充发挥诉讼费制度的调节功能；平衡功能着眼于平衡当事人与法院的利益，从某种意义而言，就是以保障诉权的视角对诉讼费制度的调节功能、制裁功能、补偿功能的补充。

第三节　诉讼费的收费标准

诉讼费收费标准的确立系诉讼费制度运行的前提，是诉讼费制度发挥经济杠杆功能的基础，反映诉讼费乃至司法制度的性质和价值取向，对诉讼费制度具有重要意义。

一、诉讼费收费标准的价值取向

我国诉讼费的性质系国家规费属性，是国家对部分单位和个人提供诉讼服务时收取的带有工本费性质的必要费用，与财政拨款补贴共同补偿诉讼成本支出。因此，应当限定在办理诉讼案件所消耗的经济成本范围内，其价值取向表现在如下几个方面：首先，应规范、明确、统一诉讼费标准的适用规则，避免法院认定案件收费标准的随意性，体现司法公正原则；其次，针对不同类型案件细化标准并减轻了当事人的诉讼负担，体现司法为民的立法宗旨；复次，利用诉讼费标准对诉讼行为的影响作用引导当事人理性选择纠纷解决机制，发挥诉讼费的调节功能；再次，应平衡诉讼费标准与司法救助制度的关系，彰显人文关怀，保障经济确有困难的当事人诉权的实现。

二、诉讼费收费标准的具体划分

我国《诉讼费用交纳办法》对诉讼费标准的规定进行了两次划分：第一次划分，系依诉讼费种类不同予以区分，即分别规定案件受理费，申请费，以及证人、鉴定人、翻译人员、理算人员等发生费用的收费标准；[①]第二次划分，系对上述各类诉讼费收取标准作出具体的差异化规定。[②]

（一）案件受理费的标准

案件受理费是因具体案件发生争议的当事人应向人民法院交纳的参与诉讼的基本费用，根据案件类型的区别、适用程序的差异以及结案方式的不同，案件受理费的收取标准又有不同规定。

1. 财产案件与非财产案件的案件受理费标准

依案件类型不同，案件受理费的收取标准可分为财产案件的收取标准与非财产案件的收取标准，其区分的核心系对财产案件与非财产案件的划分。

首先，财产与非财产案件的划分需依诉讼法律关系的客体为据。诉讼法律关系的客体，也即诉讼费制度的客体和对象是诉讼标的，在实践中表现为争议案件的案由，其财产与非财产属性决定了某一具体争议案件的财产与非财产属性，[③]实体权利或标的物仅为民事实体法律关系的客体，而非诉讼法律关系的客体。因此，是否系财产案件应当依具体案件中法院依法认定的案由而定，而非根据争议的实体权利或标的物是否含有财产内容而定。[④]

其次，财产案件的标的额应当以当事人主张的范围作为基数，通过立法规

---

① 详见《诉讼费用交纳办法》第 6 条至第 12 条具体条文的规定。

② 详见《诉讼费用交纳办法》第 13 条、第 14 条具体条文的规定。

③ 案由的财产与非财产属性，即当事人依据该案向人民法院主张权利是否具有财产给付的内容，或可兑换为金钱的其他形式给付内容，如果有，即为财产性案由；如果没有（如主张确权、变更权利状态等），则为非财产性案由。

④ 例如，基于同一买卖合同发生的争议，如当事人系因合同的履行事宜发生争议，依给付价款请求权提起诉讼，法院认定纠纷的案由系买卖合同纠纷，其主张保护的客体含有财产因素，应认定为财产类案件，应当依财产类案件的收费标准收取案件受理费；如当事人因对该买卖合同的效力发生争议而提起诉讼，依确认合同效力请求权仅要求人民法院确认买卖合同的效力，法院认定纠纷的案由系确认合同效力纠纷，虽然纠纷涉及的实体法律关系的客体具有财产要素，但该诉讼法律关系的客体系确权请求权，无财产要素，应认定为非财产案件。参见《民事案件案由规定》："十、合同纠纷"项下的"74. 买卖合同纠纷"和"67. 确认合同效力纠纷"。

定统一费率，计算受理费额度。①当事人主张的范围，也即当事人提出各项诉讼请求的内容，系当事人就某一案由所期待实现的具体诉求。当事人就某一案由提起诉讼，并不意味着当事人对该案由所涵盖的全部权利义务关系或标的物存在争议，倘若依案由所涵盖的全部权利义务关系或标的物对应的价款作为计算案件受理费的基数，法院的收费范围已超出了当事人实际争议的范围，即对当事人未争议部分收取了诉讼费，这显然是不合理的。

复次，非财产案件的收费标准根据其具体内容不同而分别规定。非财产案件的收费标准通常为"按件收取"，即对非财产案件设置固定的案件受理费额度而非设置案件受理费的费率。但非财产案件亦包括多种类型，各种非财产案件的复杂程度、消耗的司法资源又不相同。因此，应当区别不同类型的诉讼费的复杂程度分别设置不同额度的收费标准，对同一类型的非财产案件亦可根据其情况不同设置不同的收费标准。

2. 简易程序与特别程序的案件受理费标准

对于适用简易程序的案件，应按照《诉讼费用交纳办法》规定的一般收费标准减半收取。②简易程序主要适用于事实清楚、权利义务关系明确、争议不大的简单民事案件，对这类案件的处理使用相对简单的程序即可实现双方当事人辩论权等程序上的权利，相对适用普通程序案件消耗的审判成本更低，故而降低其收费标准。从诉讼费的调节功能上看，亦可促使当事人愿意通过更加简便的方式参与诉讼，从而节约司法资源。

对于适用特别程序的案件，我国《民事诉讼法》第十五章对"特别程序"作出了规定，适用特别程序的案件包括选民资格案件、宣告失踪或者宣告死亡案件、认定公民无民事行为能力或者限制民事行为能力案件和认定财产无主案件。特别程序针对的案件系对某一法律事实状态的确认而非民事权益纠纷。适用特别程序案件消耗司法资源相对较少，且这类案件的裁判结果关系到一定的社会效益，故对于适用特别程序的案件不收取案件受理费。③

3. 二审程序与审判监督程序的案件受理费标准

我国实行的民事诉讼审级制度是两审终审制，并辅之以审判监督程序对已

---

①《诉讼费用交纳办法》第13条规定："案件受理费分别按照下列标准交纳：（一）财产案件根据诉讼请求的金额或者价额，按照下列比例分段累计交纳：1. 不超过1万元的，每件交纳50元；2. 超过1万元至10万元的部分，按照2.5%交纳……10. 超过2000万元的部分，按照0.5%交纳。"

②《诉讼费用交纳办法》第16条规定："适用简易程序审理的案件减半交纳案件受理费。"

③《诉讼费用交纳办法》第8条规定："下列案件不交纳案件受理费：（一）依照民事诉讼法规定的特别程序审理的案件……"

经发生效力的判决、裁定和调解案件决定是否进行再审。

对于适用二审程序案件，一审判决作出后，法律赋予当事人上诉的权利，当事人对一审判决不服，可依法提起上诉，阻断一审判决的效力。当事人的上诉请求可分为两类：一类系主张二审法院发回重审，另一类系主张二审法院直接改判。①主张发回重审的，上诉人仅要求二审法院确认一审法院的判决违反法定程序或认定事实不清、证据不足，并不涉及对案件的具体纠纷进行审理，其主张的内容不具有财产属性，应参照非财产案件标准收费。主张依法改判的，可能对一审判决的全部内容不服，要求全部改判，也可能对一审判决的部分内容不服，要求部分改判，对于这类上诉主张，应依照财产案件一审收费标准，以上诉人上诉主张的内容为基数计算上诉费。

对于适用审判监督程序案件，依当事人申请发起的审监程序是指当事人认为生效的判决、裁定、调解案件存在错误而向原审人民法院或其上一级人民法院申请再审。因为只有通过法院审查认定存在法定事由的再审申请才能进入再审程序，而存在的法定事由往往因原审法院的不当行为造成，故审监程序通常无须交纳案件受理费，仅因非法院过失的其他客观原因造成再审事由成立时才由当事人交纳案件受理费，如当事人有新的证据，足以推翻原判决、裁定，向人民法院申请再审等。②因此，我国审判监督程序原则上不交纳案件受理费，例外情况下依不服生效判决、裁定、调解的再审申请数额为基数，按照诉讼收费的一般规定计收案件受理费。

4. 裁定结案、调解结案与撤诉结案的案件受理费标准

我国民事诉讼与行政诉讼的终结方式除了法院作出实体判决外，还包括法院作出程序上的驳回起诉裁定以及双方达成调解协议。

对于裁定结案案件，分为程序上的驳回起诉的裁定和实体上的驳回诉讼请求的判决。驳回诉讼请求的判决是法院通过审理后认定原告就其案由主张的诉

---

① 《民事诉讼法》第 153 条规定："第二审人民法院对上诉案件，经过审理，按照下列情形，分别处理：（一）原判决认定事实清楚，适用法律正确的，判决驳回上诉，维持原判决；（二）原判决适用法律错误的，依法改判；（三）原判决认定事实错误，或者原判决认定事实不清，证据不足，裁定撤销原判决，发回原审人民法院重审，或者查清事实后改判；（四）原判决违反法定程序，可能影响案件正确判决的，裁定撤销原判决，发回原审人民法院重审。当事人对重审案件的判决、裁定，可以上诉。"

② 《诉讼费用交纳办法》第 9 条规定："根据民事诉讼法和行政诉讼法规定的审判监督程序审理的案件，当事人不交纳案件受理费。但是，下列情形除外：（一）当事人有新的证据，足以推翻原判决、裁定，向人民法院申请再审，人民法院经审查决定再审的案件；（二）当事人对人民法院第一审判决或者裁定未提出上诉，第一审判决、裁定或者调解书发生法律效力后又申请再审，人民法院经审查决定再审的案件。"第 19 条："依照本办法第 9 条规定需要交纳案件受理费的再审案件，按照不服原判决部分的再审请求数额交纳案件受理费。"

讼请求缺少事实依据，系对原告声明的实体法律关系上的权利的否定，判决作出后原告不得就本案再向法院提起诉讼，原告作为败诉方当然应负担诉讼费。驳回起诉的裁定是因法院认定原告不具备起诉的条件，因此在程序上终结诉讼，原告仍可就本案向同一法院提起诉讼，其效果相当于诉未提出，应不予收取诉讼费，已收取的应退还给当事人。

对于调解结案案件，通过和解或调解最终达成调解协议结案的，由于节约了司法资源，避免当事人争议的扩大，有利于案件进一步的执行。出于社会和谐、稳定等政治考量，国家亦鼓励当事人积极通过诉讼中的和解或调解的方式终结诉讼程序，故调解结案的案件诉讼费标准应比照判决结案的诉讼案件降低收费标准或不予收费，我国对调解结案案件的现行规定为减半收取诉讼费。[1]但对于恶意利用诉讼调解程序拖延诉讼或调解后拒不履行调解协议的，应当免除对其适用的降低诉讼费规定，在判决或执行中重新认定诉讼费的数额或强制执行减交部分的费用。

对于撤诉结案案件，撤诉包括依申请撤诉和按撤诉处理两种情况。前者指在法院对纠纷案件立案受理后、作出裁判前，原告自愿要求撤回起诉，停止诉讼程序；后者指在符合法定条件下，虽无原告的申请，法院裁定案件按撤诉处理，终结诉讼，我国民事诉讼法对这两种情况均作出了规定。[2]由于撤诉发生在法院作出裁判之前，因撤诉结案的纠纷并未经过全部程序，即未消耗其正常情况下应消耗的全部司法资源。虽诉之撤回相当于诉未提出，原告仍可就本案向同一法院再行起诉，但诉之撤回因当事人自身原因造成，与法院无关，故应比照判决结案案件降低诉讼费收费标准。我国对当事人申请撤诉结案的案件减半收取诉讼费。[3]

5. 行政诉讼案件的收费标准有特别规定

行政诉讼是行政相对人与行政主体在行政法律关系领域发生纠纷后依法向人民法院提起诉讼，人民法院依法定程序审查行政主体的行政行为的合法性，并判断相对人的主张是否妥当，作出裁判的一种活动。[4]简而言之，行政诉讼是在法律地位中处于弱势的普通公民对法律地位强势的政府机关的不当行政行为

---

[1]《诉讼费用交纳办法》第15条规定："以调解方式结案或者当事人申请撤诉的，减半交纳案件受理费。"

[2]《民事诉讼法》第134条规定："原告经传票传唤，无正当理由拒不到庭的，或者未经法庭许可中途退庭的，可以按撤诉处理；被告反诉的，可以缺席判决。"第145条第1款规定："宣判前，原告申请撤诉的，是否准许，由人民法院裁定。"

[3]《诉讼费用交纳办法》第15条规定："以调解方式结案或者当事人申请撤诉的，减半交纳案件受理费。"

[4] 参见姜明安：《行政法与行政诉讼法》，北京大学出版社、高等教育出版社2005年版，第444页。

提起的诉讼，出于对弱势行政相对人的保护，行政诉讼案件的收费标准通常较低。目前我国行政案件的收费标准为按件计收，根据案件性质不同，每件受理费为 50 元或 100 元。[①]

（二）申请费的标准

当事人参与诉讼，除依照法律规定的一般程序进行诉讼外，还可依法向法院申请某些特定事项，以保障诉讼案件的公正审理以及实体权利的实现。在当事人的申请符合法律规定的前提下，法院须就申请事项向当事人收取费用，该费用即诉讼费中的申请费。因为依当事人申请而由法院行使的程序并非诉讼中的惯常程序，须另行消耗法院的司法资源，而消耗的司法资源并不在案件受理费的涵盖范围内。故而，对该部分须另行依申请事项不同依件或依标的额另行收费。[②]

（三）证人、鉴定人、翻译人员、理算人员等发生费用的标准

法律规定证人、鉴定人、翻译人员、理算人员在法院指定日期出庭发生的交通费、住宿费、生活费和误工补贴等，以及案件所需的专业核算、翻译等不需要出庭人员因其工作发生的费用。其收取方式系由法院向提出申请的当事人代为收取，支付给上述人员，其收取的数额依按照国家规定标准或实际发生计算。[③]

第四节　我国诉讼费制度的现状和基本特点

我国现行诉讼收费制度的立法经历了从最高人民法院制定规则或作出解释加以规定到国务院制定行政法规的过程，并逐步趋于完善。受我国诉讼费制度形成过程及诉讼费国家规费属性的影响，我国诉讼费在内容、调整对象和规范体系上具有与他国不同的特点。

一、现行诉讼费制度的立法沿革

（一）最高法院《人民法院诉讼费用收费办法》（1989 年 7 月 12 日实施）

1989 年 7 月 12 日最高人民法院发布了《人民法院诉讼收费办法》替代了

---

① 参见《诉讼费用交纳办法》第 13 条规定："案件受理费分别按照下列标准交纳……（五）行政案件按照下列标准交纳：1.商标、专利、海事行政案件每件交纳 100 元；2.其他行政案件每件交纳 50 元。"

② 详见《诉讼费用交纳办法》第 14 条具体条文的规定。

③《诉讼费用交纳办法》第 11 条规定："证人、鉴定人、翻译人员、理算人员在人民法院指定日期出庭发生的交通费、住宿费、生活费和误工补贴，由人民法院按照国家规定标准代为收取。"

1984 年的《民事诉讼收费办法（试行）》。1991 年新《民事诉讼法》施行后，1989 年的《诉讼收费办法》并未废止，只在 1992 年颁布的最高人民法院《关于适用〈民事诉讼法〉若干问题的意见》和最高人民法院的复函①、批复和通知中对诉讼费用作了一些补充性规定。② 1999 年 6 月 19 日，最高人民法院又通过了《〈人民法院诉讼收费办法〉补充规定》，对一些群众反映强烈的问题作出调整，同时，补充规定还对《人民法院诉讼收费办法》的有关规定进行了更为具体的解释。此后，最高人民法院又陆续作了一些司法解释。

与以往的诉讼费立法相比，《人民法院诉讼收费办法》扩大了诉讼费用的收费范围，提高了诉讼费用的收费标准，减少了免交诉讼费案件的种类。但《人民法院诉讼收费办法》仍有待完善，其局限性主要表现为诉讼收费标准偏高，诉讼收费范围模糊，司法救助范围狭窄，对乱收费现象缺少必要的救济措施等。

（二）国务院《诉讼费用交纳办法》（2007 年 4 月 1 日实施）

党的十六届四中全会针对新世纪新阶段我国面临的前所有未有的严峻挑战，第一次明确提出了"构建社会主义和谐社会"的任务和理念。在保障公民通过诉讼途径维护自身合法权益、引导公民理性选择纠纷解决方式、有效利用司法资源等思想的指导下，根据中央关于司法体制和机制改革的统一部署，诉讼收费办法由国务院制定。2006 年 12 月 8 日国务院第 159 次常务会议审议并原则通过了《诉讼费用交纳办法（草案）》，同年 12 月 19 日温家宝总理签署第 481 号国务院令公布，《诉讼费用交纳办法》自 2007 年 4 月 1 日起施行。

《诉讼费用交纳办法》综合考虑了我国诉讼费用收取制度的历史沿革、经济发展水平、诉讼费用的功能等因素，在总结人民法院诉讼收费实践经验的基础上，既注重总结国内经验又注意借鉴国外有益的做法；既注重听取各方面的意见，又注意对典型地区进行调研；既注重解决群众打不起官司的问题，又注意保障人民法院的诉讼经济。其目的在于完善收费办法对于保障公民通过诉讼途

---

① 《最高人民法院关于诉讼费问题两个请示的复函（法函〔1994〕48 号）》：最高人民法院对于山东省高级人民法院鲁高法〔1994〕38 号《关于当事人申请先予执行应否收取先予执行费及结案时如何承担的请示》和鲁高法〔1994〕39 号《关于当事人不缴纳或不能足额交纳案件受理费、上诉费，人民法院按撤诉处理后应否收费的请示》的复函。

② 《最高人民法院关于人民法院不予受理人民检察院单独就诉讼费负担裁定提出抗诉问题的批复》（1998 年 8 月 31 日）：此批复为最高人民法院对河南省高级人民法院关于如题问题的批复，批复主要内容为"人民检察院对人民法院就诉讼费负担的裁定提出抗诉，没有法律依据，人民法院不予受理"。文中通知为《最高人民法院、司法部关于民事法律援助工作若干问题的联合通知》（1994 年 4 月 12 日），通知中详细规定了公民在赡养费、扶养费、抚育费、劳动报酬、工伤等方面提起民事诉讼时可申请法律援助的条件，法律援助机构对公民提出的法律援助申请进行审查的程序以及法律援助和诉讼费的减缓免之间的关系等内容。

径维护自身合法权益，引导公民理性选择纠纷解决方式，有效利用司法资源，促进社会和谐发展。

（三）现行诉讼收费与管理制度的基本内容

诉讼费制度的内容不是简单的"一收一退"，而是以诉讼费的收取为中心，包括诉讼费的救助、退还、救济、管理、监督等在内的一系列有关诉讼费制度运行的程序规定，是保障诉讼费制度有效操作并发挥其应有功能的系统有机整体。

1. 诉讼收费制度

诉讼费收取制度是指以诉讼费的收取行为为核心的有关诉讼费制度的总和，主要包括诉讼费的收取时段、诉讼费的收取项目、诉讼费的救助、诉讼费的分担、诉讼费的救济等内容。

第一，诉讼费的收取时段，指法院在诉讼过程中的哪个阶段收取诉讼费，常见的诉讼费收取时段包括预收取、分段收取及败诉方直接负担。[1]其中，诉讼费的预收取指审判机关对当事人提起诉讼的案件立案并决定受理后，即通知提起诉讼的当事人按照法律规定的标准预先交纳案件受理费，或在当事人依法提出申请事项时，由申请方预先交纳相应的费用；诉讼费的分段收取指诉讼费是随着诉讼程序展开的不同阶段分段收取该阶段的诉讼费；诉讼费的直接负担指审判机关在诉讼程序终结后，依诉讼费的负担结果直接向有负担诉讼费义务的当事人收取相应的费用。我国诉讼费的收取原则上采预收取制度，例外情况下为直接负担。[2]

第二，诉讼费的收取项目，指诉讼费收取的具体名目。《民事诉讼法》第118条将诉讼费分为案件受理费和其他诉讼费用两大类，[3]《诉讼费用交纳办法》第6条将诉讼费界定为：（一）案件受理费，（二）申请费，（三）证人、鉴定人、翻译人员、理算人员在人民法院指定日期出庭发生的交通费、住宿费、生活费和误工补贴。[4]

第三，诉讼费的救助，指对于无力承担法律规定的诉讼费的当事人，在国

---

① 参见王亚新：《社会变革中的民事诉讼》，中国法制出版社 2001 年版，第 284 页。

②《诉讼费用交纳办法》第 20 条规定："案件受理费由原告、有独立请求权的第三人、上诉人预交。被告提起反诉，依照本办法规定需要交纳案件受理费的，由被告预交。追索劳动报酬的案件可以不预交案件受理费。申请费由申请人预交。但是，本办法第 10 条第（一）项、第（六）项规定的申请费不由申请人预交，执行申请费执行后交纳，破产申请费清算后交纳。"

③《民事诉讼法》第 118 条规定："当事人进行民事诉讼，应当按照规定交纳案件受理费。财产案件除交纳案件受理费外，并按照规定交纳其他诉讼费用。"

④ 详见《诉讼费用交纳办法》第 6 条具体条文的规定。

家的救助下能够不受诉讼费的影响而顺利行使诉权。因实施救助的主体是国家，并由法院承担相应职责，上述诉讼费的救助制度又称为诉讼费的司法救助。诉权是国家赋予每个公民平等享有的通过法院解决纠纷的权利，是宪法权利，若因当事人无力交纳诉讼费而使其无法行使诉权，必将造成司法的不公。我国《诉讼费用交纳办法》专章规定了诉讼费的司法救助内容，[①]包括具体的救助措施——诉讼费的缓交、减交和免交，[②]以及救助适用的条件和具体实施措施，[③]通过司法（国家）救助的方式保障当事人诉权的顺利行使。

第四，诉讼费的分担，指诉讼费在当事人之间如何分配、承担，以及在何种情况下免于由当事人承担。诉讼费原则上由败诉方承担。在财产案件中，原告胜诉的比例系法院在判决中支持的部分与其诉讼请求总额的比值，原告的诉讼请求受到法院确认和支持的部分谓之胜诉，所发生的相应的诉讼费由被告承担。原告诉讼请求未获得法院确认或支持的部分视为败诉，所发生的相应的诉讼费由原告自行承担。如果原告就同一非财产性案由提出多项诉讼请求，只要其中的一项诉讼请求获得支持，就可以认定系原告胜诉，案件的受理费由被告承担，仅在全部被法院驳回时由原告承担诉讼费。在例外情况下，诉讼费也有可能由胜诉方负担或当事人免于负担。胜诉方负担的情况指，虽然一方当事人在诉讼中败诉，但该诉讼本身并非因败诉方的过错提起，而系因诉讼中的胜诉方的过错和需要或法院的过失而提起。当事人免于负担的情况指，由于法院过失而提起的诉讼如民事诉讼的二审程序，若该程序的启动确因原审法院的过失造成，其收取的诉讼费应退还给当事人，免于承担相应费用。[④]

第五，诉讼费的救济，指在诉讼费制度运行过程中法院的行为出现违法或不当情节时，当事人要求人民法院变更其行为的途径。在诉讼程序中赋予当事人对其程序上的利益进行救济的权利，系协同主义诉讼模式的一种立法模式。协同主义诉讼模式吸收了当事人主义诉讼模式中体现当事人意思自治特点，并融合了职权主义诉讼模式中充分发挥法官经验与技能的优势，同时为了避免法官职权因没有限制而被滥用的弊端，设置救济程序以使当事人的诉权有能力制约法院的审判权。诉讼费制度作为诉讼制度中的重要环节且关涉到当事人的实

---

①　详见《诉讼费用交纳办法》第六章："司法救助"具体条文的规定。

②《诉讼费用交纳办法》第44条规定："当事人交纳诉讼费用确有困难的，可以依照本办法向人民法院申请缓交、减交或者免交诉讼费用的司法救助。"

③　详见《诉讼费用交纳办法》第45条至第51条具体条文的规定。

④《诉讼费用交纳办法》第27条规定："第二审人民法院决定将案件发回重审，应当退还上诉人已交纳的第二审案件受理费。"

体权益，同样应被赋予司法救济的途径。①如《诉讼费用交纳办法》中规定，当事人单独对人民法院关于诉讼费用的规定有异议的，可向作出决定的人民法院院长申请复核，对人民法院决定诉讼费用的计算有异议的，可向作出决定的人民法院请求复核。②

2. 诉讼费管理制度

诉讼费管理制度是指以诉讼费的管理行为为核心的有关诉讼费制度的总和，主要包括诉讼费的归属与分配、诉讼费的退还、诉讼费的管理和监督等内容。

第一，诉讼费的归属与分配，指诉讼费归何者所有及如何使用。诉讼费属于国家规费，按照《物权法》所有权原始取得的规则，依据法定标准和有效的诉讼费用收缴规则，依据公权力收取的货币应属于国家动产所有权的原始取得，所有权归属于国家。按照国有资产管理体制和管理权限的规定，由财政部门代表国务院行使所有权。同时基于诉讼费的补贴功能，国家财政主管部门有权通过转移支付、行政划拨等方式调整诉讼费，合并为司法经费项目。在国际经验上看，诉讼费的分配受各国对诉讼费的定位及经济环境等一系列因素影响，并无统一的做法。

第二，诉讼费的退还，指法院依据法律规定，对于符合条件的诉讼案件将从当事人处收取的诉讼费部分或全部向当事人返还的活动。我国的诉讼费的收取采预交制度，即由原告或申请人预交。一方面，诉讼费最终由败诉方负担，如诉讼中原告胜诉或者部分胜诉，那么当事人预先交纳的胜诉部分的诉讼费应当退还给原告。另一方面，在某些法定情形下，如调解结案、裁定驳回起诉等，亦会有减收或不予收费的情形发生，当事人已经预交或多交部分的诉讼费也应当予以退还。法院在向当事人退还诉讼费的环节上应做到合法、有序，充分保护当事人的利益不被侵害。

第三，诉讼费的管理和监督，指与诉讼费相关的行政部门对法院收取诉讼费的有关行为的合法性与合理性及已收取诉讼费的分配方式进行管理和监督。我国诉讼费的管理和监督的主要法律依据是《诉讼费用交纳办法》和国务院、

---

① 参见田平安：《民事诉讼法原理（第5版）》，厦门大学出版社2012年版，第160～161页。

② 对法院作出的决定，《民事诉讼法》中规定的救济途径均为复议，如第47条规定："人民法院对当事人提出的回避申请，应当在申请提出的三日内，以口头或者书面形式作出决定。申请人对决定不服的，可以在接到决定时申请复议一次。复议期间，被申请回避的人员，不停止参与本案的工作。人民法院对复议申请，应当在三日内作出复议决定，并通知复议申请人。"第116条："拘传、罚款、拘留必须经院长批准。拘传应当发拘票。罚款、拘留应当用决定书。对决定不服的，可以向上一级人民法院申请复议一次。复议期间不停止执行。"

财政部、最高人民法院发布的相关法规。诉讼费的管理和监督针对的对象是人民法院收取诉讼费的有关行为及已收取的诉讼费，主要包括如下内容。

首先，诉讼费的收取规则应当公示，并使用财政部门的财政票据，公示的内容包括收费标准、收费主体、收费依据、收费范围、收费对象、计价或计费单位、收费票据版样、投诉电话等。人民法院在收取诉讼费时应当根据财务隶属关系分别使用财政部或省级人民政府财政部门统一印制的财政票据。①

其次，已收取的诉讼费（包括案件受理费和申请费）须纳入预算管理，全额上缴财政，实行收支两条线。②所谓诉讼费的收支两条线，是指各级人民法院将依托国家赋予的职能所得收入上缴国库或财政专户，其所需经费由财政部门按预算核拨。其收、支活动处于财政部门的监管之下，从而避免发生滥收乱支现象。③

复次，人民法院收取与退还诉讼费的行为应受到管理和监督。一方面，作出收取诉讼费用决定的单位应与具体收费单位分离，由作出收费决定的人民法院开具缴费凭证，再由当事人持缴费凭证到指定的代理银行进行缴费。对于边远、水上、交通不便地区，基层巡回法庭当场审理案件，当事人提出向指定代理银行交纳诉讼费确有困难的，基层巡回法庭可以当场收取诉讼费。另一方面，我国诉讼费实行预交制度，并根据案件审理结果最终结算，所涉及的法院退费行为同样是诉讼费管理和监督的重要内容。④

---

① 《诉讼费用交纳办法》第 52 条规定："诉讼费用的交纳和收取制度应当公示。人民法院收取诉讼费用按照其财务隶属关系使用国务院财政部门或者省级人民政府财政部门印制的财政票据……"《行政事业性收费标准管理暂行办法》第 27 条规定："除涉及国家秘密外，价格、财政部门应及时将批准的收费标准通知申请人和有关单位，并向社会公布"第 28 条规定："收费单位应在收费地点的显著位置公示收费项目、收费标准、收费主体、收费文件依据、收费范围、收费对象等，接受社会监督"第 29 条："收费单位实施收费时，应到指定的价格主管部门办理收费许可证申领或变更手续，并按财务隶属关系分别使用财政部或省级政府财政部门统一印制的财政票据。"

② 《诉讼费用交纳办法》第 52 条规定："案件受理费、申请费全额上缴财政，纳入预算，实行收支两条线管理。"

③ 参见吕锡伟：《诉讼费用交纳办法释义》，中国法制出版社 2007 年版，第 130 页。

④ 《诉讼费用交纳办法》第 52 条规定："人民法院收取诉讼费用应当向当事人开具缴费凭证，当事人持缴费凭证到指定代理银行交纳。依法应当向当事人退还的，人民法院应当按照国家有关规定办理……在边远、水上、交通不便地区，基层巡回法庭当场审理案件，当事人提出向指定代理银行交纳诉讼费用确有困难的，基层巡回法庭可以当场收取诉讼费用，并向当事人出具省级人民政府财政部门印制的财政票据；不出具省级人民政府财政部门印制的财政票据的，当事人有权拒绝交纳。"第 53 条规定："需要向当事人退还诉讼费用的，人民法院应当自法律文书生效之日起 15 日内退还有关当事人。"

二、现行诉讼费制度的特征

（一）狭义的诉讼费范围

在我国和国外的法学理论界，诉讼费的概念存在广义与狭义两种观点。广义上的诉讼费指当事人因进行诉讼而支出的一切费用，也称"参诉费用"或"实质意义上的诉讼费用"。[1]简而言之，广义上的诉讼费是对"诉讼费"文义上的解释，即当事人参与诉讼所花费的全部费用，它既包括当事人向法院支付的必要费用，也包括当事人参与诉讼可能支出的其他各项费用。狭义上的诉讼费指当事人因参与诉讼而向法院交纳和支付的费用，[2]并且该费用的收取、管理、负担、救助等适用《民事诉讼法》及其他法律、法规中关于诉讼费的规定。

对参与诉讼的当事人来说，伴随诉讼程序的进行，必然发生各项无形的成本和有形的费用的支出。这其中既包括须向人民法院交纳的必要费用，也包括因委托律师、差旅、食宿等支出的其他费用，还包括各类有形或无形的损失。但就我国目前关于诉讼费的立法及司法实践来看，仅发生在当事人与法院之间的各项费用，即狭义的诉讼费才是由诉讼相关法律调整的，是本课题所称诉讼费的范畴。当事人参与诉讼支出的其他费用以及消耗的有形或无形的其他成本不在本课题所称诉讼费的范围内。

（二）调整法院与当事人之间的关系

本课题所称诉讼费的内涵采狭义的理解，特指在法院和当事人之间的因诉讼而发生的必要费用。当事人参与诉讼发生的各项费用中，只有诉讼费是由当事人向人民法院交纳的费用，并由人民法院负责收取、退费、适用司法救助等，并接受与诉讼费有关行政部门的管理和监督。其他因当事人参与诉讼发生的费用虽与诉讼相关，但均是由当事人之间或当事人与其他民事主体基于民事法律关系直接发生，人民法院及与诉讼费制度相关的行政部门并不直接参与。本课题所称诉讼费的内涵采狭义的理解，特指在法院和当事人之间的因诉讼而发生的必要费用。当事人参与诉讼发生的各项费用中，只有诉讼费是由当事人向人民法院交纳的费用，并由人民法院负责收取、退费、适用司法救助等，并接受与诉讼费有关行政部门的管理和监督。其他因当事人参与诉讼发生的费用虽与诉讼相关，但均是由当事人之间或当事人与其他民事主体基于民事法律关系直接发生，人民法院及与诉讼费制度相关的行政部门并不直接参与。

---

① 参见江伟：《民事诉讼法专论》，中国人民大学出版社 2005 年第 1 版，第 317 页。
② 参见江伟：《民事诉讼法专论》，中国人民大学出版社 2005 年第 1 版，第 317 页。

（三）诉讼费规则体现多层次的规范体系

诉讼费虽为国家规费，由全国人民代表大会及其常委会或国务院制定相关法律或行政法规，但诉讼费制度同时也是诉讼制度的重要组成部分，诉讼制度是诉讼费制度的载体。

在立法体例上，诉讼费制度的有关规定始终与诉讼制度相伴相生。新中国成立后，诉讼费制度在 1982 年颁布的《民事诉讼法（试行）》中首次出现。[①]在 1984 年颁布的《民事诉讼收费办法（试行）》中首次对全国法院诉讼收费的范围和标准作出统一规定。[②]随后，最高人民法院 1989 年制定的《人民法院诉讼收费办法》替代了《民事诉讼收费办法（试行）》，1991 年颁布的《民事诉讼法》和 1992 年颁布的最高人民法院《关于适用〈民事诉讼法〉若干问题的意见》均对诉讼费制度作出进一步规定。

第五节　诉讼费规范的立法权归属

《诉讼费用交纳办法》施行之前，我国诉讼费规范主要由最高人民法院制定或解释，在社会各界的质疑下，《诉讼费用交纳办法》的立法主体变更为国务院，但有学者认为，诉讼费立法权应当归属于国家基本法立法机关。

一、关于诉讼费立法权的争论

有关诉讼费法律规范的立法主体问题一直遭受争议。在《诉讼费用交纳办法》实施前，我国主要以最高人民法院《人民法院诉讼收费办法》为诉讼费收费的法律依据。虽然《民事诉讼法》规定，诉讼费征收办法另行制定，但并未明确授权最高人民法院制定诉讼收费办法的权利，而诉讼费的征收主体与规则的制定主体归属于同一个机关，亦有可能造成权力失控甚至滋生腐败。新的《诉讼费用交纳办法》虽由国务院颁布施行，其立法主体的合法性仍然受到学者质疑。我国《民事诉讼法》并未明确授权由国务院制定具体收费办法，而《立法法》第 8 条关于"诉讼和仲裁制度只能制定法律"的规定亦表明相关规则应当由全国人民代表大会及其常委会行使立法权。

---

① 《民事诉讼法（试行）》第 80 条规定："当事人进行民事诉讼，应当依照规定交纳案件受理费。财产案件，除交纳案件受理费外，并依照规定交纳其他诉讼费用。收取诉讼费用的办法另行制定。"

② 参见杨荣新：《民事诉讼法参考资料》第 4 辑第 2 册，法律出版社 1981 年版，第 280～297 页。

从域外情况来看，制定诉讼费相关规则的部门亦有所差异。在德国和日本，诉讼费征收规则属单行法而归属于国会立法权限；在美国，联邦各级法院的首席法官组成的"司法会议"制定适用于各级联邦法院的讼费征收规则；我国台湾地区诉讼费标准的相关规则由其立法机关即所谓的"立法院"制定。①可见，诉讼费的相关立法通常归属于最高立法机关，而以行政法规形式确立的诉讼费用制度，降低了诉费立法上应有的效力位阶。

二、诉讼费立法权归属于全国人大的正当性

首先，《诉讼费用交纳办法》的多处条文规定了诉讼费的交纳标准与程序，这些标准与程序均以诉讼标的、诉讼程序为依托，而非独立存在的交费程序。因此，诉讼费制度依托于诉讼制度，是司法制度的重要组成部分。

其次，《民事诉讼法》对诉讼费设置了专章规定。如 2012 年修订的《民事诉讼法》在第十一章"诉讼费"中第 118 条对诉讼费制度作出了原则性规定。在《民事诉讼法》中规定的"收取诉讼费用的办法另行制定"的立法主体亦应当解释为对诉讼法律部门这一基本法具有立法权限的立法机关。

复次，诉讼费制度属于《立法法》规定的基本法范畴。诉讼费制度在权利性质上不仅属于法院代表国家的公权力行为，也属于当事人法定的诉讼义务负担，属于《立法法》规定的由基本法保留的诉讼制度内容。立法是拥有立法职能的国家机关按照法定的原则和程序生成具有法律意义的规范性文件的活动，立法权是立法主体从事立法活动的依据和基础，立法就是立法主体行使立法权的活动。②诉讼费制度相关法律规范属基本法范畴，因此，应由拥有立法权的机关制定法律。

---

① 参见方流芳："民事诉讼收费考"，载《中因社会科学》1999 年第 3 期，第 131 页。

② 参见陈宏光："立法权概念的评析"，载《安徽大学法律评论》2002 年第 1 期，第 131 页。

第二章 现行诉讼费制度运行情况及存在的问题分析

本课题在对诉讼费制度进行理论分析的同时，还通过调研得到的大量数据对诉讼费制度进行实证研究，以使法学理论与司法实践能够紧密结合、相互支撑。通过代表性地区以及辽宁为地方样本的调研数据显示，《诉讼费用交纳办法》实施后，人民法院受理案件数量普遍大幅增长；收取诉讼费数额出现不同幅度下降，退费数额逐年上升；缓、减、免诉讼费案件数量总体上升，但救助总金额下降。诉讼费大幅下降对案件受理数量产生影响，滥用诉权问题多发，司法资源紧张与案件大幅增长矛盾突出。司法活动的内在规律要求诉讼制度的设计具有科学性和合理性，但目前的诉讼费制度迎合的不科学的司法政策，尤其是一些指导思想的偏离，忽视了司法活动的基本规律，显示出不合理性。在诉讼费收费制度方面，存在诉讼费的调节功能弱化、诉讼费的制裁功能不彰、诉讼费的收费标准公平性有待完善、诉讼费收费规则滞后于新法等问题；在司法救助制度方面，存在司法救助的适用范围及对象过窄、司法救助的审查与法律援助认定程序相互脱离、诉讼费缓交的期限与程序欠缺规范、对欺诈救助申请欠缺制裁规则等问题；在诉讼费管理制度上，存在法院经费保障的有限性妨碍了诉讼收费的公正性、退费程序繁琐阻碍了司法效率、诉讼费监管机制缺失等问题。针对这些问题，需要按照司法改革的要求变革相关的制度设计。

第一节 数据统计的范围与分析方法

本课题在对诉讼费制度进行理论分析的同时，还通过调研得到的大量数据对诉讼费制度进行实证研究，以期使法学理论与司法实践能够紧密结合、相互支撑。

一、数据统计的空间与时间范围

（一）代表性地域样本的选取

本研究实地调研的样本以经济发达地区、经济较发达地区、经济欠发达地区为依据，具体素材来源地域分别为：广东省、上海市；辽宁省、江苏省、湖北省；宁夏回族自治区。这些样本不仅在地理位置上横跨我国的东、中、西部，也在民族构成上包括了汉族为主的区域、多民族聚居区域和部分少数民族聚居区域，充分考量可能影响调研结果的各项地域性差异因素，综合选择上述既具普遍性、又具代表性的区域作为实地调研区域。以调研区域的经济发展程度为主，分析诉讼费与法院案件数量的变动关系，学者研究认为，中国诉讼数量的增长与 GDP 有高度的相关性。[①]

除实地调研区域外，为保障调研的客观性，全面反映我国各地有关诉讼费制度的实施情况，课题组还从各地向最高人民法院报送《诉讼费用交纳办法》实施以来总体情况的反馈表及各省高级人民法院的工作报告中补充搜集了四川省、广西壮族自治区等地人民法院关于诉讼费的数据，供调研课题进行实证分析使用。

（二）数据统计的时间范围

针对上述地域搜集的有关诉讼费制度运行的数据，以《诉讼费用交纳办法》实施日 2007 年 4 月 1 日为分界定点，时间跨度从 2003 年至 2013 年，对 2007 年前后有关诉讼费制度运行的数据进行了整理，特别对《诉讼费用交纳办法》实施后新发现问题对应的数据进行了比较分析，通过对这一阶段有关诉讼费制度运行的数据进行分析，一方面反映出我国《诉讼费用交纳办法》实施前后一直以来存在的共同问题，另一方面反映出《诉讼费用交纳办法》实施后新诉讼费制度出现的问题。

（三）数据统计需要说明的问题

1. 统计数据来源的主要分类

本次调研所采用的数据在来源上包括全国性数据和地方性数据。其中，全国性数据系通过最高人民法院提供给课题组的，由各地法院向最高人民法院报

---

① 研究显示，中国诉讼数量的增长与 GDP 有高度的相关性。1979—2006 年的诉讼年增长率为 9.6%，按照国家统计局的计算，GDP 指数如果以年均增长率为 10.8%。诉讼数量与 GDP；1978 年为 100，2006 年诉讼的年均增长率为 9.6%，2006 年则为 1334.0，其间中国 GDP 指数的相关系数为 0.86，呈强相关。朱景文："中国诉讼分流的数据分析"，载《中国社会科学》2008 年第 3 期。

送《诉讼费用交纳办法》实施以来总体情况的反馈表反映的数据得出。该部分数据全面反映了诉讼费制度在全国多地法院系统的运行状况。地方性数据主要通过课题组制作、发放的诉讼费相关问题调查问卷反馈的数据，结合被调查省份高级人民法院工作报告中关于诉讼费制度的相关数据，综合得出。该部分数据突出反映了《诉讼费用交纳办法》实施前后诉讼费制度相关数据的走势以及诉讼费制度参与者对现行诉讼费制度改革方向的倾向性。

2. 统计数据内容的主要类型

在诉讼费的征收环节上，本次调研所采用的数据以人民法院收案、结案数量及收取诉讼费的金额为主线，同时结合当事人在几类集中的典型类型案件——如劳动争议案件、调解结案案件、申请再审案件中的诉讼费缴费情况，通过整体与局部两个类型的数据对诉讼费的相关问题进行分析。在诉讼费的管理环节上，本次调研所采用的数据主要包括人民法院对收取的诉讼费的管理方式、人民法院的经费保障情况以及人民法院的诉讼费退费情况几个类型。

3. 统计数据反映的主要问题

结合本次调研的内容及目的，调研中采用的数据主要反映了诉讼费在收取和管理上存在的问题。其中，在诉讼费的收取问题上，调研数据主要反映了诉讼费的标准问题、诉讼费的负担问题、诉讼费的司法救助问题、诉讼费的司法救济问题；在诉讼费的管理问题上，调研数据主要反映了诉讼费的归属问题、诉讼费的退还问题、诉讼费的监管问题以及法院的经费保障问题。

4. 当前数据的局限性与分析的可靠性

一方面，本次调研搜集的数据具有局限性。虽然课题组通过各种途径努力使各项数据在最大限度内相匹配，但由于数据来源的方式不同、内容全面程度不同、时间跨度不同，因此，在对比分析中，各项数据在统一性和协调性上具有局限性，分析结果在真实性上可能存在一定程度的瑕疵。另一方面，本次调研搜集的数据具有可靠性。虽然数据在来源、内容上存在差异，但数据的类型多样、信息含量丰富、内容具有针对性，通过科学的统计分析方法足以得出可靠的结论；虽然数据在时间跨度上有所差异，但都提供了横跨 2007 年前后的数据，能够可靠地反映《诉讼费用交纳办法》实施前后关于诉讼费制度各环节的变化及相关趋势。

二、实证分析采用的方法

（一）抽样调查方法

本调研采用了典型调查的非概率抽样方法。首先，参照我国的行政管理体制设置，将全国的省、市、自治区按照地理位置及经济发展水平划分为东部、中部和西部地区。其次，从每个地区中选取若干具有代表性的典型单位（省、市、自治区）进行全面深入的调研。复次，在对具体的典型单位进行调查中，我们根据总体单位的数量和各单位之间的差异状况，又分别对辽宁省采取了"解剖麻雀"式的调研，涉及辽宁省内的 17 个中院和 16 个基层法院；对全国其他省、市、自治区采取了"划类选典"的调研，使研究样本具有代表性。

每个省（市）的调研工作由一个调研组负责，调研工作于 2014 年 4 月至 7 月开展。调查采用问卷和座谈会的方式，其中当事人问卷回收有效问卷 1423 份，另有 77 份问卷因为数据不全、前后回答存在逻辑不一致等问题剔除，问卷的有效收回率为 94.5%；律师调查问卷回收有效问卷 995 份，问卷的有效收回率为 98.5%；立案法官调查问卷回收有效问卷 327 份，问卷的有效收回率为 98.5%；民事审判庭及监审庭法官调查问卷回收有效问卷 1151 份，问卷的有效收回率为 97.8%。各省市的样本数量分布状况见表 2-1。

表 2-1 全国调查问卷分布表

省（市）	调查的城市（县）总数（个）	当事人问卷（份）	律师问卷（份）	立案法官问卷（份）	业务庭法官问卷（份）
辽宁	14	661	486	136	646
江苏	1	28	13	10	19
上海	1	48	39	16	47
宁夏	7	686	457	165	439

（二）数据分析方法

在对调查问卷进行编码和录入及检查整理的基础上，本研究主要使用了两种描述性统计分析方法：

1. 使用频数分布数列反映数据的分布状态和分布特征

使用了频数分布数列对各问卷中的问题进行了描述性统计分析，以反映各问题中所有选项的分布状态和分布特征，进一步，利用分布数列中各组的频数（f）与所有组频数之和的比值计算频率（$f / \sum f$），从而更加清晰地反映样本数据的分布特征。

例 1：统计表中的频数分布数列说明。如在《立案法官调查问卷分析结果》

中的第一个统计量表格第二列及问题 2 对应的频率表所示[①]：调查问卷中提问的问题是："您认为涉土地、房产、林木、车辆等或其他特定物起诉时如何确定标的物价值？"，频率表中"频率"项对应列所记载数字——即选择该问题各选项人数的统计数字，就是该问题各选项选择的"频数"。通过频数数值的对比反映"频数"可以直观反映调研问题各选项的被选情况及数值特征。

　　例 2：统计表中的频率说明。仍以《立案法官调查问卷分析结果》调查问卷中的问题："您认为涉土地、房产、林木、车辆等或其他特定物起诉时如何确定标的物价值？"为例，该问题第一选项在《立案法官调查问卷分析结果》[②]中对应的统计量表格和频率表中所示的频数为 38——即被调查者中有 38 人选择此选项，该组选项频数之和为 134——即对该问题作出有效选择的人数共有 134 人，则该问题的第一选项的频率（$f / \sum f$）值为38/134——即频率表中"有效百分比"项所对应列显示的数值。通过频率数值的对比可以更加清晰地反映数据的分布情况。

　　2. 使用百分比和有效百分比对分类数据进行描述性分析

　　百分比是对于分类数据的一种描述性分析，是一个样本（或总体）中各个部分的数据与全部数据之比，并将该比例乘以 100 所得到的结果。百分比通常用于反映样本（或总体）的构成或结构。[③]

　　累计百分比是将各有序类别或组的百分比从上而下地逐级累加起来的数值，累计到最后一项时就是 100，通过累计百分比很容易看出某一类别（或数值）以上的百分比之和。

　　例 3：统计表中的百分比说明。如在《立案法官调查问卷分析结果》中的第二个频率表所示：[④]调查问卷中提问的问题是："您认为涉土地、房产、林木、车辆等或其他特定物起诉时如何确定标的物价值？"，频率表中"百分比"项对应列所记载数字——即选择该问题各选项者占全部选择者的百分比数值。通过百分比数值的对比可以直观反映调研问题各选项的被选择结果占被调查对象的比例特征。

　　例 4：统计表中的累计百分比说明。仍以《立案法官调查问卷分析结果》中

---

　　① 参见本课题附件 3：《立案法官调查问卷分析结果》中的表格。

　　② 参见本课题附件 3：《立案法官调查问卷分析结果》中的表格。

　　③ 需要注意的是与百分比有关的另一个概念——有效百分比。有效百分比是一个样本（或总体）中各个部分的数据与剔除了缺失值后的全部数据之比，并将该比例乘以 100 所得到的结果，在分组数据不存在缺失值的情况下，有效百分比等同于百分比。

　　④ 参见本课题附件 3：《立案法官调查问卷分析结果》中的表格。

的问题 2 对应的频率表为例：①调查问卷中提问的问题是："您认为涉土地、房产、林木、车辆等或其他特定物起诉时如何确定标的物价值？"，频率表中"累计百分比"项对应列所记载数字——即选择该问题某一选项及位于其上的所有选项者，占全部选择者的百分比数值。通过累计百分比数值的对比可以直观地反映出调研问题某一选项及其以上各选项被选择结果占被调查对象的百分比之和。

第二节　诉讼费收费制度运行的总体情况

本节通过对经济发达地区（广东、江苏）、经济较发达地区（湖北、四川）、经济欠发达地区（宁夏、广西）的代表性法院及作为地方个案样本的辽宁省法院诉讼费运行状况进行描述，反映诉讼费调整对法院受理案件数量变动、诉讼费数额变化的影响。由于本课题中标人为辽宁省高级人民法院，有条件对辽宁省情况进行深入的考察和调研。鉴于《诉讼费用交纳办法》的实施对中级人民法院尤其是基层法院的影响较大，辽宁省数据主要侧重于分析辽宁省具有代表性的中级人民法院及辖区基层法院的诉讼费运行情况。根据城市经济发展水平的不同，分别从经济比较发达、中等和欠发达的城市中选取了沈阳、大连、本溪、丹东、葫芦岛 5 个城市的两级法院作为样本进行各项数据的统计分析。

一、代表性地区诉讼收费制度运行的总体情况

（一）经济发达地区代表性法院诉讼收费的总体情况

1. 广东省法院的基本数据

收案、结案情况。2004 年至 2009 年，广东全省法院受理民商事、行政和执行案件数量总体呈逐步上升趋势，中间 2006 年略有下降，但下降幅度不大。《诉讼费用交纳办法》实施前的 2004 年至 2006 年共受理案件 1836573 件，实施后的 2007 年至 2009 年共受理案件 2126527 件，比前三年上升 15.79%。2004 年至 2009 年，广东全省法院审、执结案件逐年上升。2004 年至 2006 年共审、执结案件 1819120 件，2007 年至 2009 年共审、执结案件 2106369 件，比前三年上升 15.79%。见图 2-1a、图 2-1b。

---

① 参见本书附件 3：《立案法官调查问卷分析结果》中的表格。

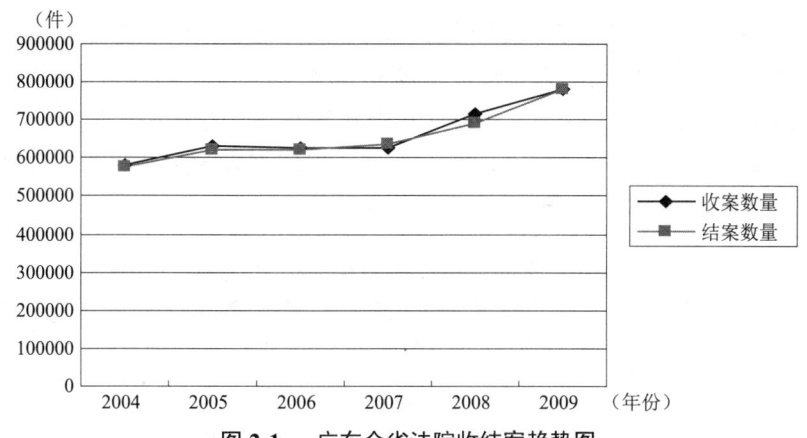

图 2-1a　广东全省法院收结案趋势图

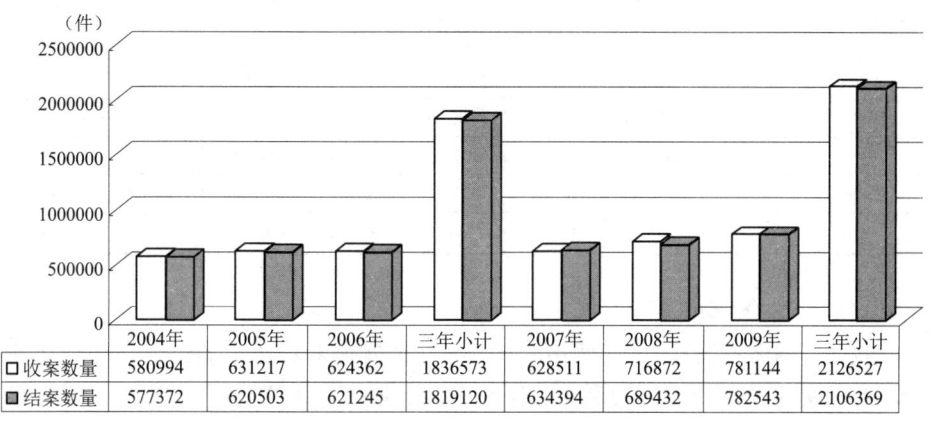

	2004年	2005年	2006年	三年小计	2007年	2008年	2009年	三年小计
□ 收案数量	580994	631217	624362	1836573	628511	716872	781144	2126527
■ 结案数量	577372	620503	621245	1819120	634394	689432	782543	2106369

图 2-1b　广东全省法院收结案数据图

收取诉讼费、退费情况。从广东高院的情况看,《诉讼费用交纳办法》实施后收取的诉讼费数额大幅减少,而退费数额大幅增加,且退费数额占当年收取诉讼费数额的比例逐年上升。《诉讼费用交纳办法》实施前的 2004 年至 2006 年共收取诉讼费数额为 437070348.05 元,实施后的 2007 年至 2009 年共收取诉讼费数额为 341018423.20 元,比前三年下降 21.98%。2004 年至 2006 年退费数额为 56219082.15 元,2007 年至 2009 年退费数额为 86996218.92 元,比前三年上升 54.75%。2004 年至 2006 年退费数额占当年收取诉讼费数额的比例分别为 14.78%、12.74%、11.25%,而 2007 年至 2009 年退费数额占当年收取诉讼费数额的比例分别为 14.34%、28.83%、36.12%。

诉讼费缓、减、免情况。《诉讼费用交纳办法》实施后,广东全省法院办理缓、减、免诉讼费案件数量增长近一倍,缓、减、免诉讼费金额下降近 1/3。《诉讼费用交纳办法》实施前的 2004 年至 2006 年广东全省法院共办理缓、减、免诉讼费案件 94675 件，缓、减、免诉讼费金额为 51485.72 万元，实施后的 2007 年至 2009 年共办理缓、减、免诉讼费案件 183408 件，缓、减、免诉讼费金额为 35065.87 万元，案件数量分别比前三年上升 93.72%，缓、减、免诉讼费金额比前三年下降 31.89%。见表 2-2。

表 2-2　广东全省法院诉讼费缓、减、免数据表

救助情况 年份	减交		免交		缓交		合计	
	案件数量	金额（万元）	案件数量	金额（万元）	案件数量	金额（万元）	案件数量	金额（万元）
2004	515	1565.05	2182	1231.23	26432	9897.46	29130	12693.74
2005	365	1388.80	1887	4786.60	28110	14134.74	30353	20260.14
2006	1227	3057.72	1193	756.05	32772	14718.07	35192	18531.84
三年小计	2107	6011.57	5262	6773.88	87314	38750.27	94675	51485.72
2007	2111	1682.95	2394	446.10	33845	12934.09	38350	14649.11
2008	721	219.57	4601	407.81	26253	9663.11	31575	10290.49
2009	711	205.47	7349	433.13	25425	8487.67	33483	10126.27
三年小计	3543	2107.99	14344	1287.04	85523	31084.87	103408	35065.87

2. 江苏省法院的基本数据

收案、结案情况。《诉讼费用交纳办法》的实施对江苏全省法院产生较大影响，该省法院受理的案件数和审、执结案件数均出现大幅上升。《诉讼费用交纳办法》实施前的 2004 年至 2006 年，该省法院共受理各类案件 1714415 件，实施后的 2007 年至 2009 年共受理案件 2440508 件，比前三年上升 42.35%。2004 年至 2006 年共审、执结案件 1546878 件，2007 年至 2009 年共审、执结案件 2337791 件，比前三年上升 51.13%。见图 2-2a、图 2-2b。

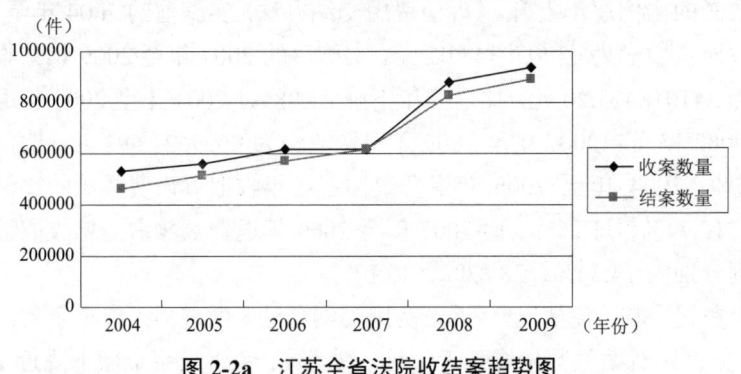

图 2-2a　江苏全省法院收结案趋势图

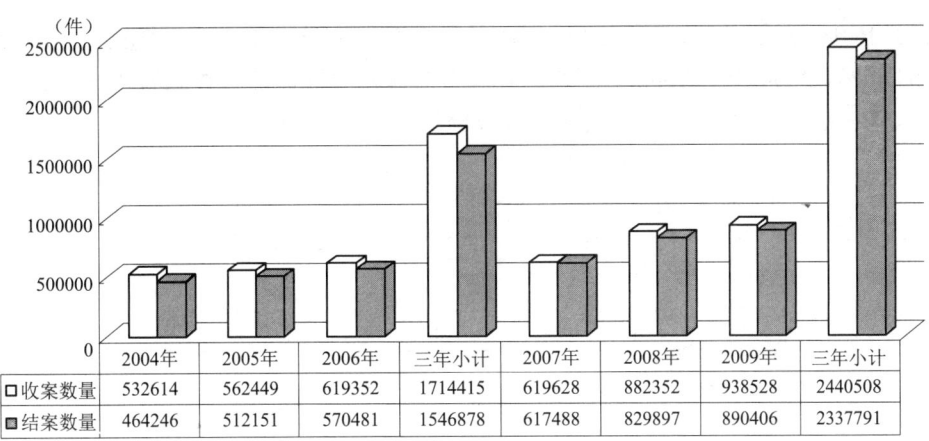

	2004年	2005年	2006年	三年小计	2007年	2008年	2009年	三年小计
收案数量	532614	562449	619352	1714415	619628	882352	938528	2440508
结案数量	464246	512151	570481	1546878	617488	829897	890406	2337791

图 2-2b　江苏全省法院收结案数据图

收取诉讼费、退费情况。《诉讼费用交纳办法》实施后，江苏全省法院收取的诉讼费数额有所上升，但上升幅度远远低于案件增长幅度，若剔除案件数量增加因素，收取的诉讼费数额实际上仍是明显下降。《诉讼费用交纳办法》实施前的 2004 年至 2006 年共收取诉讼费数额为 358269.94 万元，实施后的 2007 年至 2009 年共收取诉讼费数额为 398481.52 万元，比前三年上升 11.22%。2004 年至 2009 年，江苏全省法院退费数额为 126814.15 万元，占诉讼收费总额的 16.60%。

诉讼费缓、减、免情况。《诉讼费用交纳办法》实施前的 2004 年至 2006 年，江苏全省法院共办理缓、减、免诉讼费案件 49602 件，缓、减、免诉讼费金额为 17144.24 万元。实施后的 2007 年至 2009 年，共办理缓、减、免诉讼费案件 45418 件，缓、减、免诉讼费金额为 10449.82 万元，比前三年分别下降 8.44%、39.05%。

（二）经济较发达地区代表性法院诉讼收费的总体情况

1. 湖北省法院的基本数据

收案、结案情况。《诉讼费用交纳办法》实施前的 2004 年至 2006 年湖北全省法院共受理各类案件 859192 件，实施后的 2007 年至 2009 年共受理案件 860215 件，比前三年上升 0.12%。2004 年至 2006 年共审、执结案件 767937 件，2007 年至 2009 年共审、执结案件 800287 件，比前三年上升 4.21%。见图 2-3a、图 2-3b。

收取诉讼费、退费情况。《诉讼费用交纳办法》实施前的 2004 年至 2006 年，湖北高院共收取诉讼费数额 14.55 亿元，实施后 2007 年至 2009 年的收取诉讼费数额为 9.63 亿元，比前三年下降 33.81%。2004 年至 2006 年，退费数额为

10336.08 万元，2007 年至 2009 年，退费数额为 16994.58 万元，比前三年上升
64.42%。2004 年至 2006 年湖北高院退费数额占收取诉讼费数额的 7.1%，2007
年至 2009 年退费数额占收取诉讼费数额的比例增加到 17.65%。

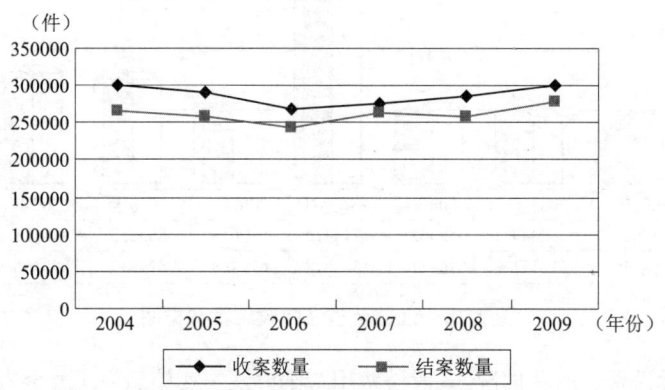

图 2-3a 湖北全省法院收结案趋势图

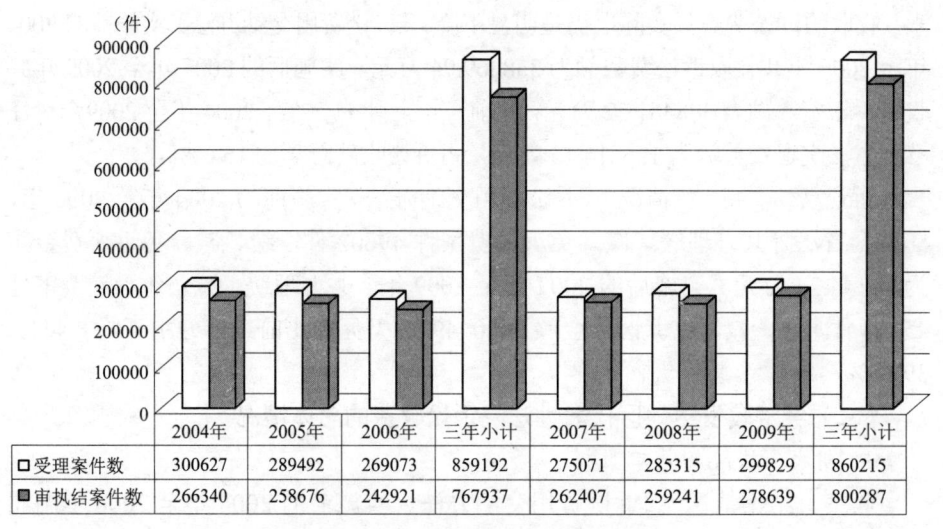

	2004年	2005年	2006年	三年小计	2007年	2008年	2009年	三年小计
□ 受理案件数	300627	289492	269073	859192	275071	285315	299829	860215
■ 审执结案件数	266340	258676	242921	767937	262407	259241	278639	800287

图 2-3b 湖北全省法院收结案数据图

诉讼费缓、减、免情况。《诉讼费用交纳办法》实施前的 2004 年至 2006 年，
湖北全省法院共缓、减、免诉讼费金额 6213 万元。实施后的 2007 年至 2009
年，共缓、减、免诉讼费金额 3198 万元，比前三年下降 50.12%。

2. 四川省法院的基本数据

收案、结案情况。《诉讼费用交纳办法》实施前的 2004 年至 2006 年，四川
全省法院共受理各类案件 1047894 件，实施后的 2007 年至 2009 年共受理案件

1242364 件，比前三年上升 18.56%。2004 年至 2006 年共审、执结案件 960497
件，2007 年至 2009 年共审、执结案件 1147301 件，比前三年上升 21.51%。见
图 2-4a、图 2-4b：

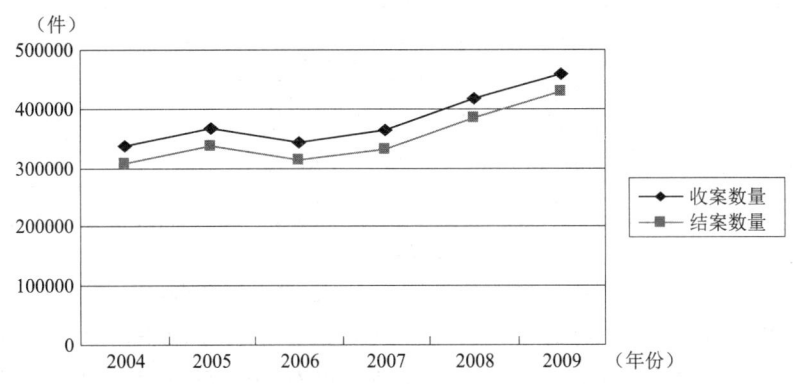

图 2-4a　四川全省法院收结案趋势图

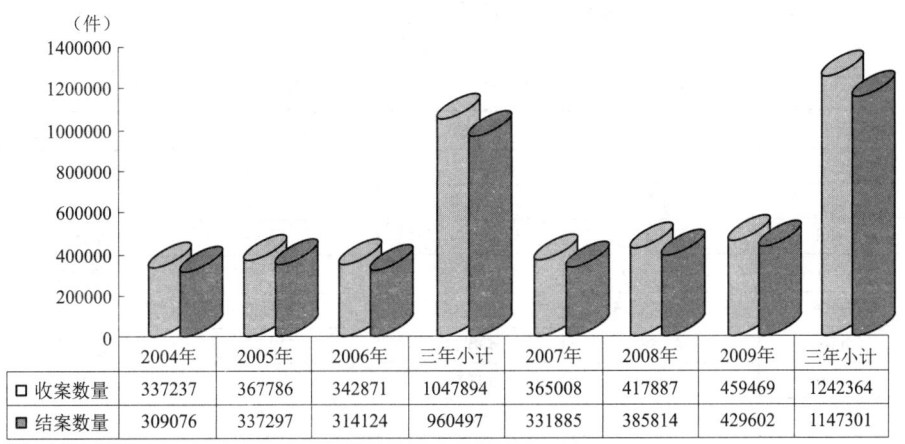

	2004年	2005年	2006年	三年小计	2007年	2008年	2009年	三年小计
□ 收案数量	337237	367786	342871	1047894	365008	417887	459469	1242364
■ 结案数量	309076	337297	314124	960497	331885	385814	429602	1147301

图 2-4b　四川全省法院收结案数据图

　　收取诉讼费、退费情况。《诉讼费用交纳办法》实施后，四川全省法院收取
的诉讼费数额明显下降，退费数额占诉讼费数额的比例上升。《诉讼费用交纳办
法》实施前的 2004 年至 2006 年全省法院收取诉讼费数额为 149795.18 万元，
实施后的 2007 年至 2009 年收取诉讼费数额为 124346.25 万元，比前三年下降
16.99%。2004 年至 2006 年三级法院退费数额为 15580.98 万元，为占诉讼费
数额的 10.47%，2007 年至 2009 年退费数额为 20111.12 万元，比前三年上
升 29.07%，退费数额占诉讼费数额的比例增加到 16.17%。见表 2-3。

表2-3 四川全省法院退费相关数据表

年度	收取诉讼费数额（万元）	退费数额（万元）	退费占诉讼费比例（%）
2004	42295.54	4877.62	11.53
2005	51049.41	4971.84	9.74
2006	56450.23	5731.52	10.15
三年小计	149795.18	15580.98	10.47
2007	43538.33	6123.26	14.06
2008	37850.25	6124.80	16.18
2009	42957.67	7863.06	18.30
三年小计	124346.25	20111.12	16.17

四川省法院诉讼费缓、减、免情况。《诉讼费用交纳办法》实施前的 2004 年至 2006 年，四川全省法院共缓、减、免诉讼费金额为 7215.61 万元。实施后的 2007 年至 2009 年共缓、减、免诉讼费金额为 7102.59 万元，比前三年下降 2.18%。从三级法院诉讼费缓、减、免的分布情况看，省高院和中级法院救助金额上升而基层法院救助金额下降。见表2-4。

表2-4 四川全省法院缓、减、免诉讼费分布表 　　单位：万元

年度	省法院	中级法院	基层法院	合计
2004	98.76	639.24	1588.10	2326.10
2005	201.88	667.46	1715.62	2584.96
2006	205.34	349.36	1749.85	2304.55
三年小计	505.98	1656.06	5053.57	7215.61
2007	67.85	850.38	1291.20	2209.43
2008	43.85	434.73	1539.86	2018.44
2009	490.40	503.67	1880.71	2874.78
三年小计	602.10	1788.78	4711.77	7102.65

（三）经济欠发达地区代表性法院诉讼收费的总体情况

1. 宁夏回族自治区法院的基本数据

收案、结案情况。《诉讼费用交纳办法》实施前的 2005 年、2006 年，宁夏三级法院受理一审民事案件分别为 17068 件、17056 件，增长速度为–0.07%；实施后的 2007 年至 2009 年受理案件分别为 21164 件、26800 件、27280 件，增长速度为 13.5%；比实施前增加了 13.6 个百分点。2005 年、2006 年宁夏三级法院审结一审民事案件分别为 16447 件、16383 件，增长速度为–0.39%；实施后的 2007 年至 2009 年审结一审民事案件分别为 20757 件、26760 件、26541 件，

增长速度为 13.1%；比实施前增加了 13.5 个百分点。

收取诉讼费、退费情况。《诉讼费用交纳办法》实施前的 2005 年、2006 年三级法院收取诉讼费数额分别为 3450 万元、4018 万元，增长速度为 16.5%；实施后的 2007 年至 2009 年收取诉讼费数额分别为 4591 万元、4795 万元、4838 万元，增长速度为 2.65%，比实施前减少了 13.8 个百分点。2005 年、2006 年三级法院退费数额分别为 548 万元、710 万元，增长速度为 29.6%；2007 年至 2009 年退费数额分别为 861 万元、1008 万元、1816 万元，增长速度为 45.3%，比实施前增加了 15.6 个百分点。退费数额占收取诉讼费数额的比例由《诉讼费用交纳办法》实施前的 16.85% 上升到 25.9%。

诉讼费缓、减、免情况。《诉讼费用交纳办法》实施前的 2005 年、2006 年，宁夏三级法院分别办理缓、减、免诉讼费案件 2047 件、2534 件，缓、减、免诉讼费金额分别为 411 万元、403 万元，缓、减、免诉讼费案件数量和金额增长速度分别为 23.8% 和−3.8%；实施后的 2007 年至 2009 年分别办理缓、减、免诉讼费案件 2587 件、2375 件、3321 件，缓、减、免诉讼费金额分别为 529 万元、457 万元、466 万元，缓、减、免诉讼费案件数量和金额增长速度分别为 13.3% 和−6.1%。缓、减、免诉讼费案件数量和金额的增长速度分别比《诉讼费用交纳办法》实施前降低 10.5% 和 2.3%。

2. 广西壮族自治区法院的基本数据

收案、结案情况。《诉讼费用交纳办法》实施前的 2004 年至 2006 年，广西三级法院受理各类案件 564662 件，实施后的 2007 年至 2009 年受理案件 690114 件，比前三年上升 22.17%。2004 年至 2006 年共审、执结案件 579828 件，2007 年至 2009 年共审、执结案件 691724 件，比前三年上升 19.3%。见图 2-5a、图 2-5b。

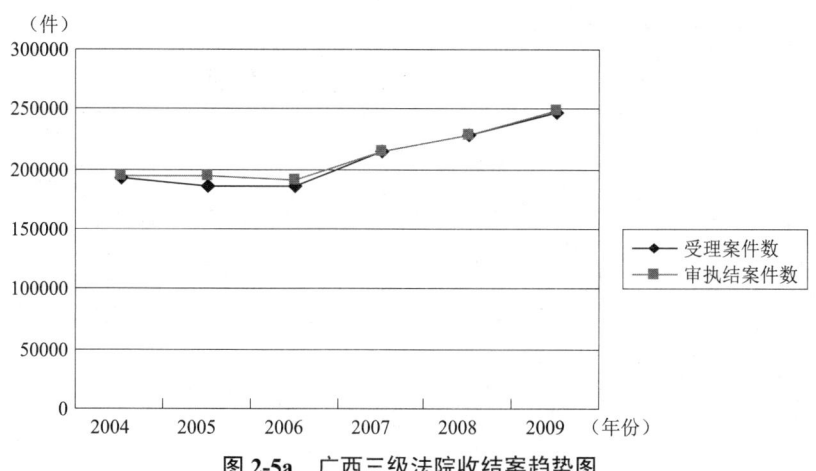

图 2-5a　广西三级法院收结案趋势图

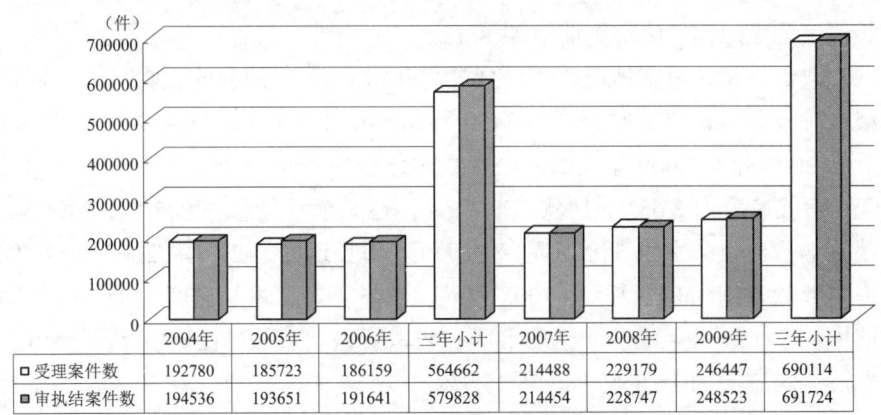

图 2-5b　广西三级法院收结案数据图

收取诉讼费、退费情况。《诉讼费用交纳办法》实施后，广西三级法院收取的诉讼费数额下降，退费数额占收取诉讼费数额的比例上升。《诉讼费用交纳办法》实施前的 2004 年至 2006 年，三级法院收取诉讼费数额为 72832 万元，实施后的 2007 年至 2009 年收取诉讼费数额为 63475 万元，比前三年下降 12.85%。2004 年至 2006 年，三级法院退费数额占收取诉讼费数额的 5% 以下，2007 年至 2009 年退费数额占收取诉讼费数额的比例上升至 10% 左右。

诉讼费缓、减、免情况。《诉讼费用交纳办法》实施后，广西三级法院办理缓、减、免诉讼费案件数量上升但金额下降一半。《诉讼费用交纳办法》实施前的 2004 年至 2006 年，全省法院共办理缓、减、免诉讼费案件 19081 件，缓、减、免诉讼费金额为 13391 万元。实施后的 2007 年至 2009 年共办理缓、减、免诉讼费案件 22372 件，缓、减、免诉讼费金额为 6463 万元，分别比前三年上升 17.25% 和下降 51.74%。见表 2-5。

表 2-5　广西三级法院诉讼费缓、减、免数据表

救助情况　　年份	减交		免交		缓交		合计	
	案件数量	金额（万元）	案件数量	金额（万元）	案件数量	金额（万元）	案件数量	金额（万元）
2004	78	87	192	158	7077	8643	7347	8888
2005	147	64	298	75	6054	2169	6499	2308
2006	57	52	293	69	4885	2074	5235	2195
三年小计	282	203	783	302	18016	12886	19081	13391
2007	127	24	271	101	4205	1843	4603	1968
2008	312	41	319	66	6491	2207	7122	2314
2009	131	15	1330	108	9186	2058	10647	2181
三年小计	570	80	1920	275	19882	6108	22372	6463

二、地方个案样本——辽宁省法院诉讼收费的总体情况

（一）法院收、结案情况

1. 全省法院收案、结案情况

2005 年以来，辽宁全省法院受理各类案件数量总体上呈逐年增长的趋势，2010 年有小幅下降。2013 年全省法院受理各类案件 573549 件，与《诉讼费用交纳办法》实施前的 2006 年相比增幅达 44.8%。其中，2008 年和 2009 年受理各类案件的年增幅超过了 10%。2008 年至 2012 年，全省法院诉前化解纠纷 6.2 万余件，占全省民商事案件的 15% 以上，该数字并不在调研统计数据之列。从审、执结案件情况看，除 2010 年、2011 年有小幅下降外，整体上同样呈现逐年增长的趋势。2013 年审、执结案件数量为 512876 件，与 2006 年相比增幅为 38.4%（见图 2-6）。审、执结案件的增长幅度小于受理案件的增长幅度，一定程度上反映出案件审理周期的延长和案件复杂程度、审理难度的增加。

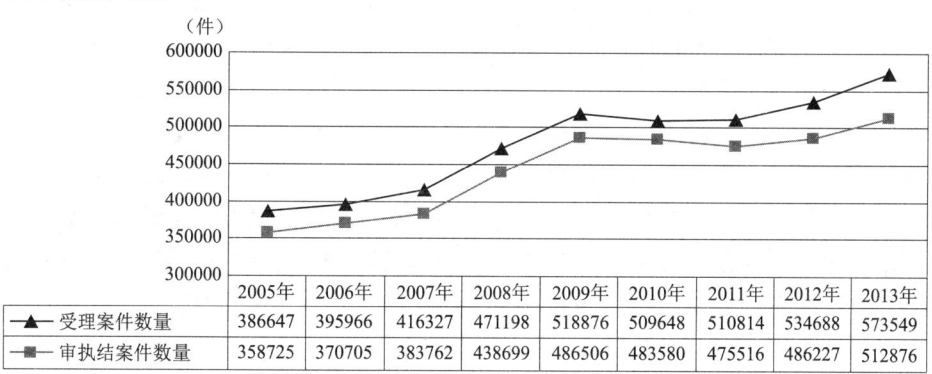

（件）	2005年	2006年	2007年	2008年	2009年	2010年	2011年	2012年	2013年
受理案件数量	386647	395966	416327	471198	518876	509648	510814	534688	573549
审执结案件数量	358725	370705	383762	438699	486506	483580	475516	486227	512876

图 2-6　辽宁全省收案、结案数据图

2. 五市两级法院收案、结案情况

2005 年以来沈阳、大连、本溪、丹东、葫芦岛五市两级法院受理民商、行政、执行案件数量总体呈逐步上升趋势，中间 2010 年、2011 年有小幅回落。2008 年五市两级法院受理案件数量出现大幅增长，同比上升 20.94%。主要原因是根据法发〔2008〕10 号《最高人民法院关于调整高级人民法院和中级人民法院管辖第一审民商事案件标准的通知》、辽高法〔2008〕66 号《辽宁省高级人民法院关于调整各中级法院受理第一审民商事案件级别管辖的通知》，中级、基层法院受理的第一审民商事案件标的额有了较大幅度的提高。见图 2-7。

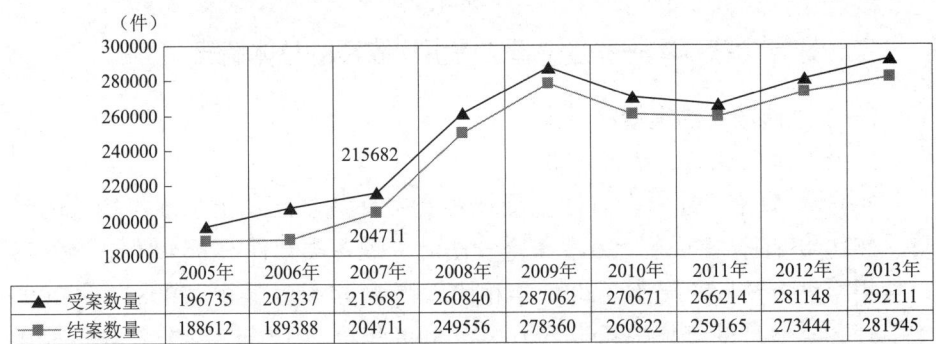

	2005年	2006年	2007年	2008年	2009年	2010年	2011年	2012年	2013年
受案数量	196735	207337	215682	260840	287062	270671	266214	281148	292111
结案数量	188612	189388	204711	249556	278360	260822	259165	273444	281945

图 2-7　五市两级法院收结案数据图

（二）诉讼费变化情况

1. 收取诉讼费情况

从辽宁高院收取诉讼费的情况看,《诉讼费用交纳办法》实施后 2008 年至 2011 年收取的诉讼费数额有一定程度的下降,2012 年开始大幅上升。从五市两级法院收取诉讼费情况看,2005 年至 2010 年收取诉讼费数额变化不明显,2012 年起有明显增幅。五市两级法院诉讼费没有出现明显下降主要有两个原因:一是《诉讼费用交纳办法》实施后,标的额 130 万元以上财产案件及申请支付令案件的诉讼费有所提高;二是 2008 年开始,中院和基层法院受理第一审民商事案件标准提高,受理大标的额财产案件比例上升。但基层法院诉讼费下降比较明显。原因是小标的额财产案件、离婚案件、劳动争议案件、简易程序案件主要由基层法院受理。以立山、庄河、宽甸、老边、彰武五个基层法院为例,《诉讼费用交纳办法》实施后的 2007 年至 2009 年,五个基层法院收取诉讼费出现了大幅度下降,2010 年至 2012 年诉讼费平缓上升,但仍未超过 2005 年的诉讼费水平,直到 2013 年诉讼费才出现大幅增长。见图 2-8a、图 2-8b。

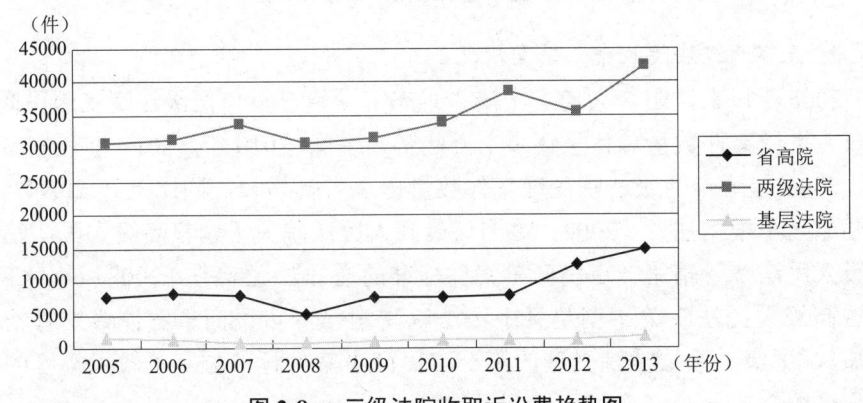

图 2-8a　三级法院收取诉讼费趋势图

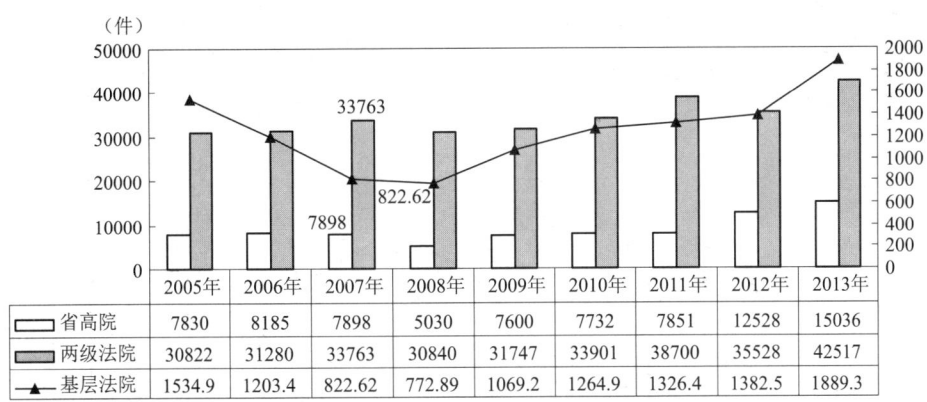

	2005年	2006年	2007年	2008年	2009年	2010年	2011年	2012年	2013年
省高院	7830	8185	7898	5030	7600	7732	7851	12528	15036
两级法院	30822	31280	33763	30840	31747	33901	38700	35528	42517
基层法院	1534.9	1203.4	822.62	772.89	1069.2	1264.9	1326.4	1382.5	1889.3

图 2-8b　三级法院收取诉讼费数据图

2. 退费情况

《诉讼费用交纳办法》实施后，五市两级法院诉讼费退费数额大幅上升，2013 年退费数额为 2006 年退费数额的 3 倍；从退费数额占收取诉讼费数额的比例看，《诉讼费用交纳办法》实施后增长了 10 个百分点（见图 2-9a、图 2-9b）；从所需时间看，大部分法院难以在《诉讼费用交纳办法》规定的 15 日内完成退费。退费案件在民事案件中比较普遍，尤其在基层法院 80%以上的民事案件需要办理退费。由于退费制度的不完善，审批繁多，流程复杂，周期较长，退费积压，极大地增加了法院的工作量。对此，当事人和律师都有很大责难。

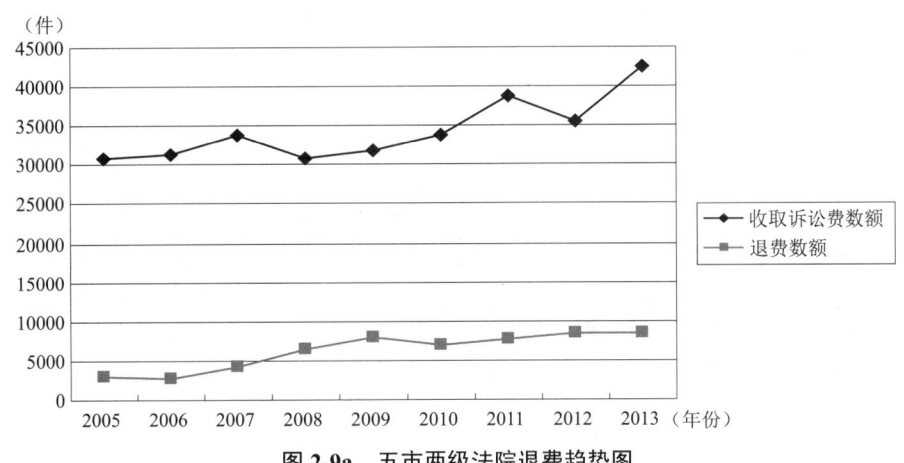

图 2-9a　五市两级法院退费趋势图

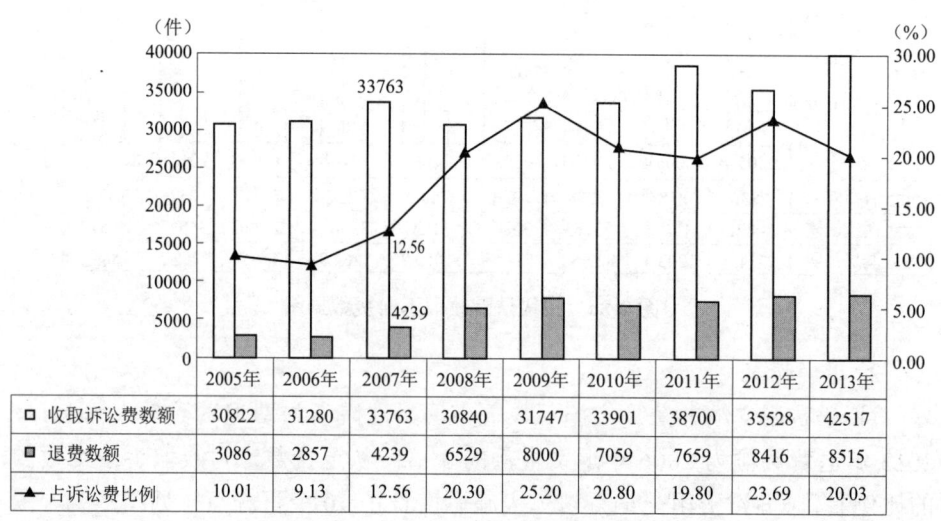

	2005年	2006年	2007年	2008年	2009年	2010年	2011年	2012年	2013年
▢ 收取诉讼费数额	30822	31280	33763	30840	31747	33901	38700	35528	42517
▢ 退费数额	3086	2857	4239	6529	8000	7059	7659	8416	8515
▲ 占诉讼费比例	10.01	9.13	12.56	20.30	25.20	20.80	19.80	23.69	20.03

图 2-9b　五市两级法院退费数据图

3. 诉讼费缓、减、免情况

从全省法院情况看，《诉讼费用交纳办法》实施后，全省法院办理诉讼费缓、减、免案件数量大幅上升，但缓、减、免诉讼费金额有较大幅度的下降（见图2-10a、2-10b）。诉讼费减、免、缓案件类型主要是医疗、交通、工伤、道路交通事故赔偿、抚育、扶养、赡养等案件，救助的对象主要是低保户、下岗职工、残疾人、孤寡老人等经济困难人群。

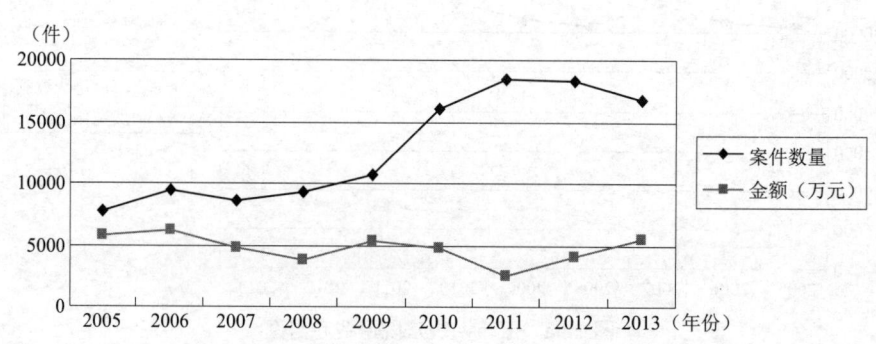

图 2-10a　辽宁全省法院诉讼费减、免、缓趋势图

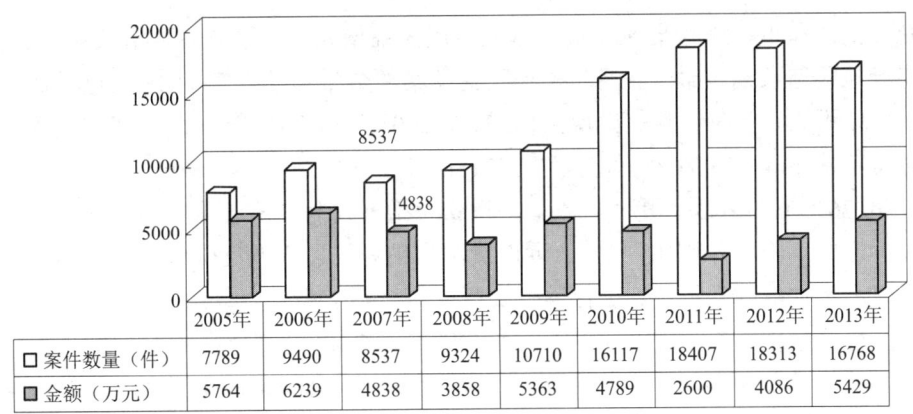

	2005年	2006年	2007年	2008年	2009年	2010年	2011年	2012年	2013年
□ 案件数量（件）	7789	9490	8537	9324	10710	16117	18407	18313	16768
▨ 金额（万元）	5764	6239	4838	3858	5363	4789	2600	4086	5429

图 2-10b 辽宁全省法院诉讼费缓、减、免数据图

从五市两级法院情况看，《诉讼费用交纳办法》实施后，两级法院办理诉讼费缓、减、免案件数量有较大幅度上升，但诉讼费缓、减、免金额有较大幅度下降。缓交诉讼费案件数量和金额所占比例均远远大于减、免诉讼费案件数量和金额。见表2-6。

表 2-6 五市两级法院诉讼费缓、减、免数据表

年份 \ 救助情况	减交		免交		缓交		合计	
	案件数量	金额（万元）	案件数量	金额（万元）	案件数量	金额（万元）	案件数量	金额（万元）
2005	22	1.21	102	13.84	2113	3020.11	2237	3035.16
2006	21	1.45	102	14.34	2299	3383.93	2422	3399.72
2007	105	447.74	66	19.24	2019	1696.26	2190	2163.24
2008	69	324.22	82	13.95	2793	2800.83	2944	3139
2009	54	322.05	101	30.45	4335	2457.83	4490	2810.33
2010	80	10.52	172	78.3	3083	1550.5	3335	1639.32
2011	105	150.06	164	36.77	2972	1358.71	3241	1545.54
2012	60	18.46	774	39.25	2356	1248.41	3190	1306.12
2013	79	5.55	1936	81.67	2327	1461.07	4342	1548.29

三、现行诉讼收费制度运行的总体特点

通过对上述三类代表性地域的六省（自治区）法院及地方个案辽宁省法院在《诉讼费用交纳办法》实施前后各项数据的对比，反映出以下特点：第一，

受理案件和审、执结案件数量总体上出现大幅增长。从区域案件增长幅度看，江苏地区增长幅度最大。湖北省法院受理案件数量虽然在《办法》实施后的三年变化不大，但在近几年出现大幅增长，2008 年至 2012 年湖北全省法院受理各类案件 1743757 件，审、执结 1721506 件，比 2003 年至 2007 年分别上升了 30.76% 和 31.64%。第二，收取的诉讼费数额总体上有不同幅度的下降。导致诉讼费下降的原因主要是，《诉讼费用交纳办法》大幅度降低了 130 万元以下财产案件的收费标准；执行案件实行先执行后收费；当事人调解结案、适用简易程序案件、被告提出反诉等案件，减半交纳案件受理费；对财产案件提出上诉的，按照不服一审判决部分的上诉请求数额交纳案件受理费；对离婚案件、劳动争议、行政案件、财产保全等均大幅降低了收费标准。第三，退费数额及退费占收取诉讼费数额的比例逐年上升。《诉讼费用交纳办法》实施后，人民法院退费案件类型、案件数量越来越多，退费的案件主要有调解、撤销、简易程序、不予受理、驳回起诉、发回重审、原告（上诉人）胜诉退费、当事人在案件审理过程中减少诉讼请求产生的退费等。尤其是 2009 年全国法院确立"调解优先、调判结合"的工作原则后，各地法院调解和撤诉案件所占结案比重越来越大，退费案件在三级法院均非常普遍。第四，缓、减、免诉讼费案件数量总体上升，但缓、减、免诉讼费金额下降。其中，缓交诉讼费的案件数量和缓交金额所占的比重最大。减交、免交诉讼费的案件数量和金额所占比重较小。

第三节　诉讼费收费制度存在的问题分析

《诉讼费用交纳办法》意图通过大幅降低诉讼门槛，方便群众诉讼、保护弱势群体诉权，实现司法为民的宗旨。制度的积极方面主要表现在：一是澄清了以前诉讼费收取中的一些模糊概念，规范化、明确化、统一化地规定了诉讼费交纳范围和交纳程序；二是从审判机关的"收费"到民众角度上的"交纳"，理顺了诉讼费制度上当事人与国家之间的公法关系，由国务院制定法院诉讼费规则，规避了法院作为收费主体的利益冲突，有助于司法公正；三是规定了撤诉、调解结案、在本诉中适时地提出反诉、适用简易程序等情况下诉讼费均减半交纳，减少了当事人负担，提高了司法效率；四是将司法救助制度法制化，并作为一项基本原则在总则部分加以规定，同时以专章做出明确规定，理顺了诉讼费交纳与司法救助制度之间的关系，彰显了司法的人文关怀，对平等保护诉权具有积极的意义。《诉讼费用交纳办法》的实施对于推进民主政治建设的进程、加快和谐社会的建设发挥了积极的作用。但由于诉讼费制度设计过于强调降低收费门槛的保障功能，使诉讼调节与制裁功能缺失，部分诉讼费收费的制度设计违背诉讼效率与公平原则，司法资源紧张与案件大幅增长矛盾突出，司法实践中存在诸多问题亟待解决。

一、诉讼费调节功能的弱化

（一）诉讼费不合理的下调导致诉讼案件总量激增

诉讼费制度的调节功能是指通过诉讼费在宏观上调控案件数量，设置一个适合诉讼渠道容量与分流案件的杠杆。《诉讼费用交纳办法》的收费标准总体上呈现下调趋势，诉讼费制度的立法定位是保障民众"打得起官司"，强化了基本诉权的保护功能。调研数据却显示，在此制度下诉讼费调节诉讼的重要功能被弱化，诉权保障功能与诉讼调节功能严重失衡。目前，我国处于社会体制改革期，社会各种矛盾多发，诉讼费制度在保障诉权与诉讼调节的功能上应当平衡设计，优化司法资源配置，才能发挥解决纠纷的效用。现行制度诉讼费较低，使得诉讼费调节案件数量的功能减弱，一方面导致了各级法院民商事案件数量的大幅增加，加剧了法院案多人少的矛盾；另一方面也在一定程度上影响了其他社会纠纷解决机制作用的发挥。调研数据显示，代表性地区受理案件增长幅度最大的江苏省法院，《诉讼费交纳办法》实施后的2007年至2009年比《诉讼费用交纳办法》实施前的2004年至2006年受理案件数量上升42.35%，且该省2009年之后受理案件数一直居高不下，每年均在90万件以上，到2012年突破了100万件，2013年达到了120万件以上，比2007年受理案件数量增长了一倍。从四川省三级法院情况看，《诉讼费用交纳办法》实施后的2007年至2009年比《诉讼费用交纳办法》实施前的2004年至2006年全省法院受理案件数量上升18.56%，其中，省高院受理案件数量上升160.74%；中级法院受理案件数量上升14.96%；基层法院受理案件数量上升18.31%。再如，2008年上海全市法院共受理一审民事、商事案件21.42万件，审结21.23万件，同比分别上升8.3%和7.4%。其中，审结民事案件16.63万件，同比上升7.3%；审结商事案件4.60万件，同比上升7.4%；审结劳动争议案件1.56万件，同比上升43%；审结知识产权案件1397件，同比上升32.4%。在针对江苏、上海、宁夏法院立案法官的调查问卷中，有62.9%的立案法官认为部分案件诉讼费交纳标准过低，影响了多元纠纷解决机制作用的发挥（见表2-7）。许多本可以由仲裁机构、基层司法行政机构、人民调解组织等分流出去的纠纷大量涌入法院，导致法院陷入"起诉多，上诉多，申诉多，再审多，诉涉上访多"的工作困境，超出了法院的审判能力，不仅使有限的司法资源不能得到合理的利用，降低了司法效率，也不利于整个社会健康有序地发展。

表 2-7　诉讼费降低对多元纠纷解决机制有无影响问题调查结果表

		频数	百分比	有效百分比	累积百分比
有效	有影响	118	61.8	62.8	62.8
	无影响	70	36.6	37.2	100.0
	合计	188	98.4	100.0	
缺失		3	1.6		
合计		191	100.0		

（二）知识产权案件、保全案件、行政案件低收费引起的案件量增长

1. 知识产权案件收费标准存在的问题

第一，收费标准偏低。由于我国经济的快速发展和知识产权保护力度的不断加大，加之诉讼费收费标准过低，各地法院知识产权案件数量成倍地增长。首先，从代表性地区法院的情况看，上海全市法院 2008 年至 2012 年审结各类知识产权案件 1.1 万件，比 2003 年至 2007 年上升 164.9%；湖北全省法院 2008 年至 2012 审结各类知识产权案件 9392 件，比前五年增长 5.5 倍；四川全省法院 2008 年至 2012 年审理各类知识产权案件 2154 件，比前五年增长 2.88 倍；广西全区法院 2008 年至 2012 年审理各类知识产权案件 2413 件，比前五年增长 3.73 倍。最高法院在 2014 年 4 月 25 日发布的《中国法院知识产权司法保护状况（2013 年）》白皮书中披露，2013 年，全国地方法院共审结各类知识产权一审、二审案件 114075 件。其次，在调研地方样本的辽宁地区，2005 年以来，五市两级法院知识产权纠纷持续快速增长，案件数量由 2005 年的 294 件增长到 2012 年的 1675 件，案件增长 5 倍多。见图 2-11a、2-11b。

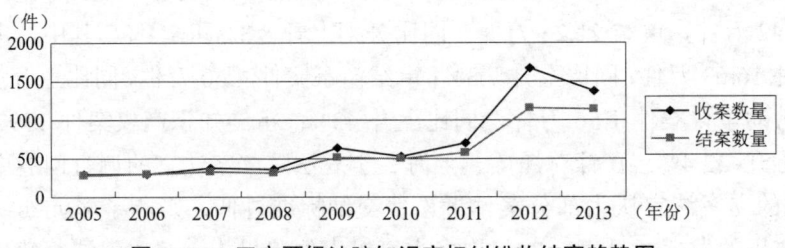

图 2-11a　五市两级法院知识产权纠纷收结案趋势图

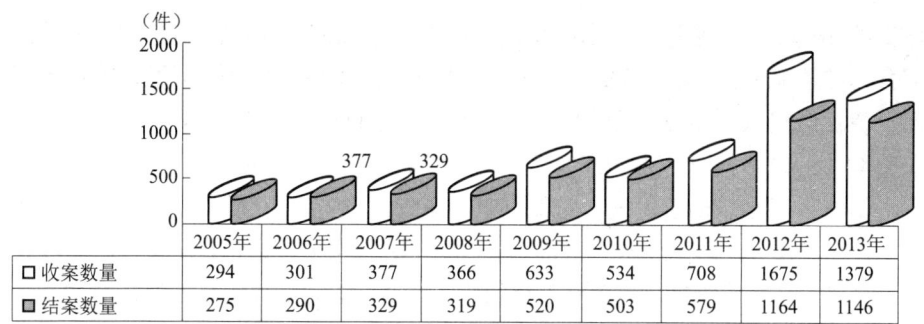

（件）	2005年	2006年	2007年	2008年	2009年	2010年	2011年	2012年	2013年
□ 收案数量	294	301	377	366	633	534	708	1675	1379
▨ 结案数量	275	290	329	319	520	503	579	1164	1146

图 2-11b　五市两级法院知识产权纠纷收结案数据图

知识产权案件的专业性强，审理难度大，现行《民事诉讼法》规定案件管辖权归属省会所在地中级法院。由于全国法院知识产权案件数量的快速增长，为缓解中级法院和高级法院的审判压力，截至 2010 年，最高法院已经确定了 92 个基层法院享有一般知识产权民事案件的管辖权。①2014 年 8 月，全国人大常委会又决定在北京、上海、广州设立知识产权专门法院。但是，增强知识产权审判力量的同时，由于现行知识产权案件收费过低，还需要提高案件的收费标准以调控案件的整体数量。

第二，差异性收费标准不合理。《诉讼费用交纳办法》规定，知识产权案件没有争议金额或者价额的，每件交纳 500 元至 1000 元，有争议金额或者价额的，按照财产案件的标准交纳。实践中当事人单独确认知识产权权属的案件，诉讼费按件收取，每件为 500 元至 1000 元。起诉人如若在确认权属的基础上，又增加了要求赔偿经济损失的诉请，则按财产型案件收费，这就出现了增加诉讼请求反而少交诉讼费的不合理现象。例如，单独请求确认专利权权属的案件，按件收取诉讼费为 1000 元，若又增加诉请要求赔偿经济损失 1 万元，则该案诉讼费按标的收取为 50 元。如此差异性的收费标准颇受争议。调研发现，各地法院在执行收费标准时，涉及是否存在争议金额时，确定收费标准不统一的情况比较普遍。同时，现行规定也给当事人留下了合理规避的漏洞，形成诉讼请求的投机。

2. 保全案件收费标准存在的问题

《诉讼费用交纳办法》第 14 条规定："申请保全措施的，根据实际保全的财产数额按照下列标准交纳：财产数额不超过 1000 元或者不涉及财产数额的，每

---

① 参见最高人民法院下发的法发〔2010〕6 号《关于印发基层人民法院管辖第一审知识产权民事案件标准的通知》，该通知指定了全国 92 个基层人民法院具有一般知识产权民事案件管辖权。

件交纳 30 元；超过 1000 元至 10 万元的部分，按照 1%交纳；超过 10 万元的部分，按照 0.5%交纳。当事人申请保全措施交纳的费用最多不超过 5000 元。"保全费标准采取交费限额不超过 5000 元的 "封顶"规定。调研中发现，现行保全案件诉讼费标准存在以下问题：

第一，保全申请费过低，对保全申请形成了不当的激励。一些诉讼标的额较大案件的当事人，由于保全申请费较低，无论对方当事人是否有转移财产的可能，无论自己诉讼能否胜诉，只要有保全的线索，均会向法院提出财产保全的申请，[①] 过度申请、不当地利用保全程序的现象较为严重，导致法院的保全工作不堪重负。实践中，由于查封的法官满负荷工作，难以完成紧急情况下的保全程序。《民事诉讼法》规定"对情况紧急的，必须在四十八小时内作出裁定；裁定采取保全措施的，应当立即开始执行。"即使法官能够及时作出裁定，也难以在法定期间内实施保全措施。调研座谈中部分法院表示，由于目前异地经济往来频繁，许多查封保全的工作需要到外地进行，5000 元往往连财产保全的基础成本都无法保证，[②] 由于法院经费紧张，容易引发办案人员与当事人"三同"，[③] 形成利益输送的机会。

第二，限额收费标准在不同诉讼标的额的案件当事人之间有失平衡。当事人在申请财产保全时大多以诉讼标的额作为申请财产保全的数额。《诉讼费用交纳办法》设定限额 5000 元的标准是考虑到有的案件财产保全数额巨大，如涉及楼房、轮船等，全部按照比例计算保全申请费会妨碍正当的保全申请。但是带来两方面的问题，其一，诉讼费与保全利益相脱离。例如，申请保全数额近 90 万元的案件，收取 5000 元申请费，而申请保全数额在 90 万元以上的案件同样收取 5000 元申请费。其二，固定收费方式滞后于经济发展水平。近几年，最高法院以诉讼标的额为标准，调整了第一审民商事案件的管辖权。以辽宁地区级别管辖的为例，辽宁省高级法院管辖标的额 1 亿元以上的第一审民商事案件（一方当事人不在辽宁省辖区的 5000 万元以上）；沈阳、大连中级法院管辖标的额为 800 万元以上 1 亿元以下的第一审民商事案件（一方当事人不在辽宁省辖区的 300 万元以上 5000 万元以下）。如此级别管辖划分下，按照现行收费规定，对于上千万乃至上亿元的财产保全数额，申请费 5000 元的限额明显过低。

第三，欠缺行为保全收费的规定。民事保全程序是指人民法院在利害关系

---

① 参见唐全召：《芦淞法院反映财产保全中存在的问题并提出对策》，载于 http://zzzy.chinacourt. org/public/detail.php?id=5818，于 2014 年 6 月 12 日访问。

② 上述资料来源于课题组在辽宁省本溪市中级人民法院调研时获取的信息。

③ "三同"是指办案人员与当事人同吃、同住、同行。

人起诉前或者当事人起诉后，为保障将来的生效判决能够得到执行或者避免财产遭受损失，对当事人的财产或者争议的标的物采取限制当事人处分，或者对其行为加以限制的强制措施。民事保全程序是以保障判决执行为直接目的的体系性子程序，按照保全的客体来划分，分为财产保全和行为保全两种类型。①2012 年修改的《民事诉讼法》将 2007 年《民事诉讼法》第 96 条、第 99 条、第 140 条、第 256 条中的"财产保全"用语修改为"保全"，以涵盖财产保全和行为保全。《民事诉讼法》第 100 条第 1 款②对行为保全增设了规定。行为保全是指对于完成行为的给付请求，因被申请人的行为或者其他原因，可能导致申请人的合法权益遭受难以弥补的损害，或者使判决不能执行或者难以执行的，申请人可以向法院申请制止某种行为或者要求作出某种行为的保全。③行为保全制度的引入，为当事人提供了及时有力的诉讼保障手段、完善我国民事保全制度体系具有重要意义。但是，《诉讼费用交纳办法》对行为保全收费没有明确规定。

3. 行政案件收费标准存在的问题

第一，现行诉讼费标准过低，没有发挥诉讼正向激励作用。

《诉讼费用交纳办法》实施后，各地法院受理行政案件数量有较大幅度的增长。呈现出新类型案件、疑难复杂案件以及民事、行政法律关系交织案件增多，审判难度大，对抗性强的特点。江苏全省法院 2006 年受理行政案件 4685 件，2013 年受理行政案件上升至 6178 件，上升 31.87%；广西三级法院 2008 年至 2012 年审结一审行政案件 19156 件，同比上升 68.39%；湖北全省法院 2008 年至 2012 年审结各类行政案件 26483 件，同比上升 26.4%；湖南全省法院 2008 年至 2012 年审结行政诉讼案件 3.18 万件，同比上升 78.65%，湖南高院审结 945 件，同比上升 146.10%。其中，2012 年全省法院审结行政诉讼案件 9200 件，省法院审结 175 件。④上述问题是诉讼费过低，没有发挥制度的调节功能引致。

第二，收费标准欠缺公平性。审判实践中，除了弱势行政相对人的保护，

---

① 参见段丽丽：《构建中国行为保全制度的思考》，载于 http://www.cnki.net /kcms/detail/，于 2014 年 6 月 12 日访问。

②《民事诉讼法》第 100 条第 1 款规定："人民法院对于可能因当事人一方的行为或者其他原因，使判决难以执行或者造成当事人其他损害的案件，根据对方当事人的申请，可以裁定对其财产进行保全、责令其作出一定行为或者禁止其作出一定行为；当事人没有提出申请的，人民法院在必要时也可以裁定采取保全措施。"

③ 参见肖建国：《行为保全：弥补财产保全不足的创举》，载于 http://www.jcrb.com/procuratorate/theories/essay/201210/t20121019_967042.html，于 2014 年 6 月 10 日访问。

④ 参见佚名：《推行行政审判白皮书》，载于 http://www.chinalawedu.com/new/201301/caoxinyu20130 12916075135125883.shtml，于 2014 年 5 月 30 日访问。

收费标准较低的考虑之外，大量行政案件与财产权益相关。行政案件与财产利益的关系分为两类：一是财产权益内涵较小，案件程序简单；二是财产权益内涵不大，但其复杂程度并不亚于标的额较大的民商事案件。但涉及财产权益内涵的行政案件与民事案件收取的诉讼费却有天壤之别。①由于行政诉讼的被告负举证责任，行政诉讼收费低，促使当事人逐步将原本属于民事诉讼领域的争议转移至行政诉讼，扰乱了应有的诉讼秩序，增加了法院识别案件性质的负担。

第三，易诱发当事人的恶意行为。由于诉讼费标准偏低，当事人往往明知没有胜诉把握，也因诉讼费的低廉而心存侥幸起诉，或采用诉讼拖延策略而提起诉讼，增加对方当事人的诉累，浪费了本已紧张的司法资源。

（三）再审案件免收诉讼费带来的案件压力

2007 年修改的《民事诉讼法》规定，当事人对已经发生法律效力的判决、裁定，认为有错误的，可以向上一级人民法院申请再审。修改后的《民事诉讼法》于 2008 年 4 月 1 日实施后，对法院申诉再审复查工作产生很大影响，三级法院受理民事申请再审案件的数量发生明显变化，基层法院、中级法院受理民事申请再审案件数量大幅减少，大量的民事申请再审案件集中到高级法院。2012 年修改的《民事诉讼法》第 199 条在坚持"申请再审上提一级"规定的基础上，②增加了"当事人一方人数众多和当事人双方为公民的案件也可以向原审人民法院申请再审"的规定，才使中级法院、基层法院民事申请再审案件略有增加。

1. 免收诉讼费规则影响了其审判监督职能的发挥

从代表性地区法院的情况看，广东全省法院自 2008 年以来申请再审案件没有出现大的波动，但从案件的流向看，明显集中到广东高院，2008 年、2009 年及 2012 年广东高院受理的民事申请再审案件均占全省法院申请再审案件的 60%以上。广西三级法院自 2008 年以来受理民事申请再审案件呈小幅下降，广西高院 2008 年受理民事申请再审案件 981 件，2009 年激增到1610 件，2009 年之后广西高院每年受理的民事申请再审案件一直占全区法院的 50%以上。

从辽宁省法院的情况看，辽宁高院民事申请再审案件数量翻倍增长，2008年受理民事申请再审案件数量比上年激增 6.8 倍，2008 年至 2012 年受理民事

---

① 参见孟凡坤：《行政案件上诉率居高不下的原因及对策》，载于 http://www.110.com/ziliao/article-8511.html，于 2014 年 5 月 30 日访问。

② 《民事诉讼法》第 199 条规定："当事人对已经发生法律效力的判决、裁定，认为有错误的，可以向上一级人民法院申请再审；当事人一方人数众多或者当事人双方为公民的案件，也可以向原审人民法院申请再审。当事人申请再审的，不停止判决、裁定的执行。"

申请再审案件数量比 2003 年至 2007 年上升 300%。而辽宁五市两级法院民事申请再审案件数量在 2008 年以后大幅下降，2013 年才略有回升（见图 2-12）。

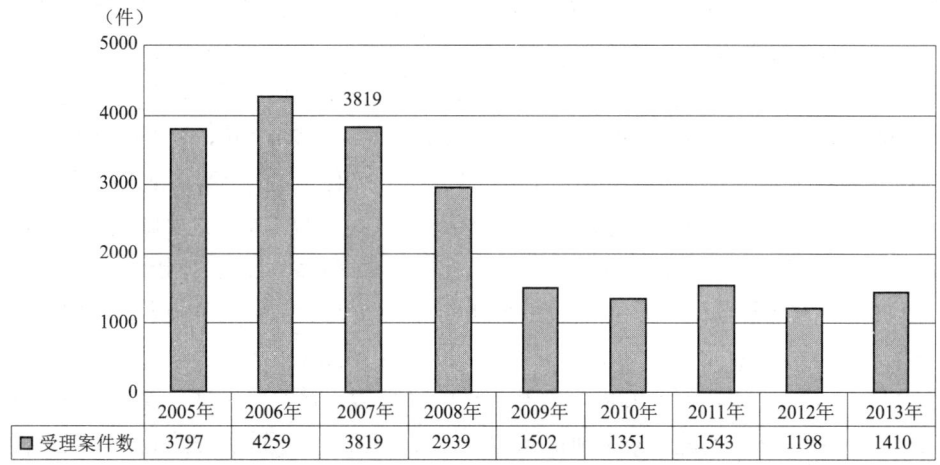

（件）

	2005年	2006年	2007年	2008年	2009年	2010年	2011年	2012年	2013年
▉ 受理案件数	3797	4259	3819	2939	1502	1351	1543	1198	1410

图 2-12　五市两级法院申请再审案件数据图

2. 相同诉讼程序下适用不同的收费标准违背司法规律

修改后《民事诉讼法》对当事人的申请再审权进行了诉权化改造，再审申请只要符合法定形式条件的，法院必须依法受理审查。当事人申请再审与起诉、上诉性质相同，均为行使诉权的行为。而《诉讼费用交纳办法》中只规定了第一审案件受理费和第二审案件受理费。当事人申请再审启动审判监督程序与当事人起诉启动第一审程序、当事人上诉启动第二审程序适用不同的收费标准，影响了诉讼收费结构的合理性。

3. 不利于当事人理性行使诉权，损害了司法权威

调研显示，申请再审案件不收费规则导致部分当事人申请再审较为随意，是当事人非理性行使再审申请权的重要原因。据统计，最高法院立案二庭 2009 年至 2012 年审结的 7227 件民事申请再审案件中，年平均裁定再审率为 25%，且呈逐年下降趋势：2012 年仅为 19.3%，绝大部分当事人提出的再审申请被裁定驳回。

（四）劳动争议诉讼费规则有待完善

《诉讼费用交纳办法》实施后，2008 年《劳动合同法》《劳动争议调解仲裁法》相继实施，劳动仲裁不收费，到法院起诉诉讼费下降为每件 10 元。仲裁、诉讼门槛的降低对劳动者的维权有积极的推动作用，出发点是为了使劳动者尤其是处于弱势地位的农民工等弱势群体及时获得司法救济，有效地维护其基本

的生存权益和其他合法利益。但由于几乎没有诉讼门槛，多数劳动争议案件经过劳动仲裁之后又重新走上诉讼的道路，呈现起诉率畸高、上诉率畸高的趋势。同时，受国际国内经济形势和宏观政策的影响，法院劳动争议案件巨幅增长。

1. 低廉的诉讼费使劳动争议案件激增

从代表性地区法院的情况看，江苏全省法院 2008 年共受理一审劳动争议案件 29862 件，比 2007 年的 12480 件增长了 140%。尤其是 2012 年，受经济下行压力增大、企业成本上升、外贸订单减少和房地产调控政策等叠加因素的影响，企业整体拖欠工资，企业主弃企逃逸现象频发，劳动争议案件数量也随之大幅上升。2012 年新收一审劳动争议案件达 47306 件，同比上升 28.07%，收案数创历史同期收案最高值。[①]海南省海口市美兰区法院 2011 年 1 至 7 月受理劳动争议案件同比上升 96%，上诉率高达 86%。[②]广西全区法院 2007 年至 2009 年共受理劳动争议案件 129945 件，比 2004 年至 2006 年上升 189.1%。宁夏全区法院劳动争议案件自《诉讼费用交纳办法》实施以来呈现快速增长趋势，2013 年全区受理的劳动争议案件比《诉讼费用交纳办法》实施前的 2006 年增加 3 倍多。见图 2-13。

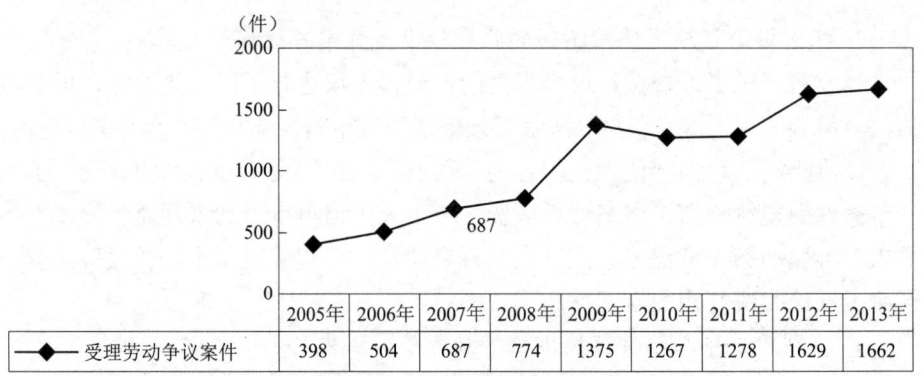

（件）	2005年	2006年	2007年	2008年	2009年	2010年	2011年	2012年	2013年
◆ 受理劳动争议案件	398	504	687	774	1375	1267	1278	1629	1662

图 2-13　宁夏回族自治区法院受理劳动争议案件趋势图

从辽宁省法院的情况看，2005 年以来，辽宁省五市两级法院受理的劳动争议案件数量持续增长，2009 年为劳动争议案件的集中爆发期，同比增加近一倍，之后虽有所回落，但案件数量一直在高位运行。其中，用人单位不服劳动仲裁裁决起诉或申请撤销仲裁裁决案件约占劳动争议案件的 10%。见图 2-14。

---

① 参见夏正芳等：《江苏高院关于劳动争议案件的调研报告》，载于 http://www.civilprocedurelaw.cn/html/fscx_1177_3892.html，于 2014 年 5 月 2 日访问。

② 参见吴晓峰：《海口劳动争议案件为何上诉率畸高》，载于 http://www.legaldaily.com.cn/index/content/2011-08/22/content_2891057.htm，于 2014 年 7 月 8 日访问。

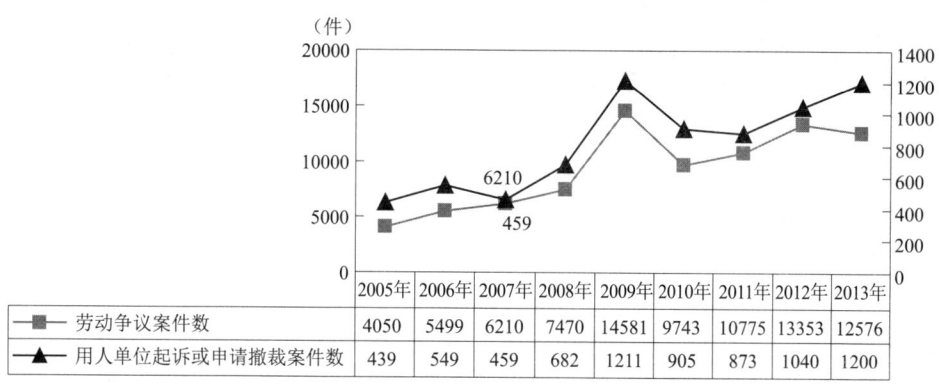

图 2-14 辽宁五市两级法院劳动争议案件数据图

	2005年	2006年	2007年	2008年	2009年	2010年	2011年	2012年	2013年
■ 劳动争议案件数	4050	5499	6210	7470	14581	9743	10775	13353	12576
▲ 用人单位起诉或申请撤裁案件数	439	549	459	682	1211	905	873	1040	1200

2. 低廉的诉讼费引发了滥用诉权的行为

江苏省扬州市中级人民法院在调研中发现，个别不良劳动者以诉讼为目的，专门选取用工不够规范的中小企业为"跳槽"的载体，不断变更工作单位，频繁提起"碰瓷式"劳动争议诉讼，谋取不当利益，社会影响恶劣。以扬州市维扬区人民法院为例，2008 年，该院受理"碰瓷式"劳动争议诉讼 1 人次 4 件；2009 年 2 人次 9 件；而 2010 年 1 月至 10 月，已达 3 人次 19 件。其中，仅钱某 1 人 3 年变更工作单位就超 15 家，提起谋求经济补偿金劳动争议诉讼达 15 件；其他 2 名劳动者以多个用人企业为被告，提起同类诉讼分别为 9 件和 8 件。该法院受理的劳动争议案件中，同一劳动者一年内向不同企业提起劳动争议诉讼的，已占劳动争议诉讼原告人数的 20%以上。"碰瓷式"劳动争议诉讼还有蔓延的趋势。[①]"碰瓷式"劳动争议诉讼实质上是因诉讼成本偏低引发的滥用诉权，危害严重：一是影响企业的发展。"碰瓷式"劳动争议诉讼虽在一定程度上对企业规范用工行为起到推动作用，但也使企业陷入无休止的诉讼状态，阻碍企业的正常发展。二是不利于建立良好的劳资关系。"恶意"的"碰瓷"行为，加剧了企业与员工的对立，使正常的劳资关系变得日趋紧张，严重损害了劳动者的形象，不利于劳动者正常维权。三是容易诱发群体性劳资纠纷。"碰瓷式"劳动争议的原告方往往夸大提起诉讼的预期利益，在其煽动和诱导下，引发群体性劳资纠纷，影响社会稳定。

3. 低廉的诉讼费规则忽略了诉讼费败诉方承担的原则

诉讼费最终由败诉方承担，用人单位是绝大多数劳动争议案件的败诉方。但是，劳动者起诉拖欠工资的用人单位或者是劳动者以劳动争议为由进行诉讼

---

① 参见刘俊、维法："'碰瓷式'劳动争议诉讼影响恶劣"，载《人民法院报》2010 年 10 月 30 日，第 3 版。

的案件，如果是对方败诉，那么立法上给劳动者的诉讼费"红利"实际上被败诉方摘取了"果实"。诉讼费的惩罚功能缺失，无疑会鼓励用人单位恶意欠薪，诉讼中也会导致个别用人单位滥用诉讼程序，故意推迟承担责任的时间。另外，目前劳动争议案件中原告的诉讼请求和诉讼标的额呈逐步增多的趋势，多项诉讼请求和标的额超过 5 万元甚至 10 万元的劳动争议案件越来越多，甚至还出现了要求补偿千万元的天价劳动官司。一些劳动者对诉讼结果期待值过高，也给诉讼代理人不合理收取代理费行为提供了合法的借口，增加了案件审理与和解的难度和诉讼成本，有的劳动者在胜诉后，赔偿金还不够支付律师费用。劳动者打得起官司后却赢不了钱。诉讼费降低的结果与立法初衷背道而驰。

4. 收费成本与退费成本不经济

由于收费标准过低，立法者忽略了收费与退费所消耗的人力、物力成本，劳动争议案件收费的严肃性和公平性受到质疑。调解或者撤诉的劳动争议案件依法减半收费时，法院需要退还原告 5 元案件受理费。劳动争议案件缴费、退费程序引发的附加诉讼成本远高于诉讼费成本，与设立较低劳动争议案件收费标准的本意相违背。劳动争议案件原告胜诉率高，当事人退费耗时费力，为此需要负担远高于此的交通费和误工损失，反而增加了劳动者的诉累，同时也加大了法院的工作量。很多当事人明确表示不需要退费。但法院不完成退费又会导致案件无法及时归档。此种情形下，法院往往让当事人以书面形式向法院表明放弃退费，如此又损害了法院公正的形象。在两难困境下，全国有许多法院对劳动争议案件免收 10 元诉讼费。

二、诉讼费制裁功能不彰

由败诉方负担诉讼费发挥着对违法或违约当事人的惩戒功能，诉讼费标准的降低削弱了诉讼费的制裁功能。目前我国的市场经济还不完善，社会诚信缺失的现象还相当普遍，恶意诉讼制裁机制尚未建立，减轻对违法者的惩罚力度必然会助长当事人滥用诉权的行为。根据辽宁地区针对民事审判法官"在您审理的案件中，当事人是否存在滥诉的行为，如果有，该行为与诉讼费收取标准是否存在关联？"的调查问卷结果显示，55.3%的法官认为有一定关系，27.5%认为有必然关系（见表 2-8）。针对辽宁地区律师"您是否经历过对方当事人滥用诉权的情形，如果有，你认为这样的行为与诉讼费交纳办法有关联吗？"的调查问卷结果显示，44.3%的律师认为有一定关系，16.4%认为有必然关系（见表 2-9）。由于部分案件诉讼费惩罚功能的缺失，一些明知胜诉把握不大的当事人抱着侥幸心理到法院起诉，一些当事人通过恶意诉讼阻却权利人行使权利，利用管辖异议、上诉、申诉等程序性权利让民事法律关系处于不确定状态，拖延履行义务的时间。过低的违法成本增加了守法者权利受到侵害的可能性。即使判恶意诉讼方败诉，依照"谁败诉谁负担诉讼费"原则，对其最不利的结果也只是承担为数不多的诉讼费，而人民法院却为此耗费了本来就很有限的审判资源[1]。现阶段诉讼费用的惩戒功能多见于理论和思考层面，应有的震慑和预防属性较弱，更深层次的惩处不诚信行为的功能远未发挥。

表 2-8　民事法官对当事人滥诉与诉讼费关系问题的调查结果表

		频率	百分比	有效百分比	累积百分比
有效	有必然关联	79	16.3	16.4	16.4
	有一定关联	213	43.8	44.3	60.7
	没有关联	134	27.6	27.9	88.6
	不好说	55	11.3	11.4	100.0
	合计	481	99.0	100.0	
缺失	系统	5	1.0		
	合计	486	100.0		

表 2-9　律师对当事人滥诉与诉讼费关系问题的调查结果表

		频率	百分比	有效百分比	累积百分比
有效	有必然关系	174	26.9	27.5	27.5
	有一定关系	350	54.2	55.3	82.8
	没有关联	109	16.9	17.2	100.0
	合计	633	98.0	100.0	
缺失	系统	13	2.0		
	合计	646	100.0		

（一）管辖权异议案件的过低收费案件引发滥诉问题

管辖权异议制度是指法院受理民事案件后，当事人依法提出该法院无本案管辖权的主张，以求排除法院不合法的管辖，维护自身合法权益的救济制度。民事管辖权异议制度是民事管辖制度的重要组成部分，在民事诉讼中具有重要的地位，管辖权异议制度是否有效运行是评价诉讼程序正当性和判决有效性的标准之一。《诉讼费用交纳办法》第 13 条第 6 项规定："当事人提出案件管辖权

---

[1] 参见廖永安："《诉讼费用交纳办法》之检讨"，载《法商研究》2008 年第 2 期，第 149 页。

异议，异议不成立的，交纳 50 至 100 元的案件受理费。对一审驳回管辖异议的裁定不服提起上诉的，不交纳案件受理费。"调研发现，由于管辖权异议案件收费不合理，被告滥用管辖异议权，故意拖延诉讼的问题严重，表明现行诉讼费制裁功能缺失。保障管辖权异议制度的运行，需要改进管辖权异议的收费标准，强化诉讼费的制裁功能。

1. 权利滥用现象多发

调研中发现，在《诉讼费用交纳办法》实施后，辽宁省五市两级法院管辖权异议案件的受理数量未出现明显变化，但从结果上看，异议不成立被驳回的案件所占比例较高，平均为 75% 左右。见图 2-15a、2-15b。

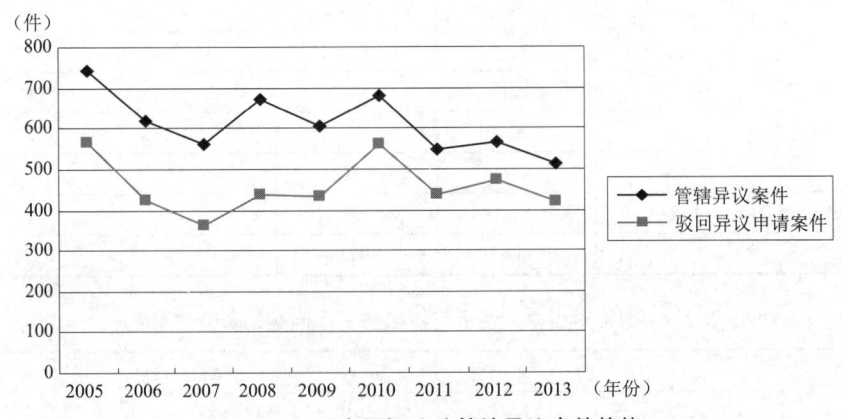

图 2-15a　五市两级法院管辖异议案件趋势

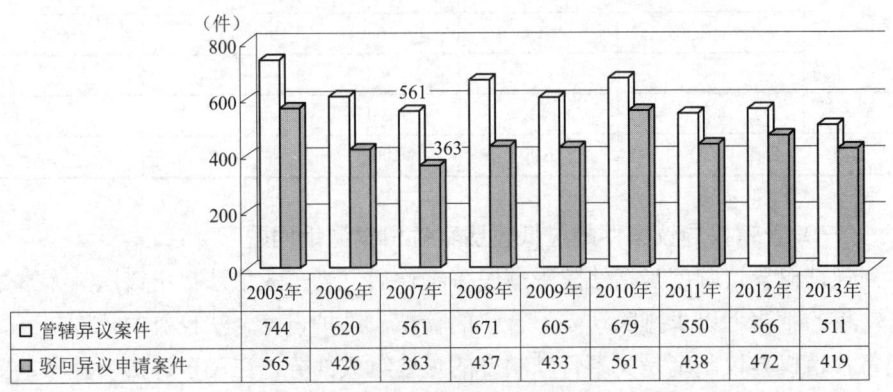

	2005年	2006年	2007年	2008年	2009年	2010年	2011年	2012年	2013年
管辖异议案件	744	620	561	671	605	679	550	566	511
驳回异议申请案件	565	426	363	437	433	561	438	472	419

图 2-15b　五市两级法院管辖异议案件情况

滥用管辖权异议的危害后果是严重的。一方面损害了对方当事人合法权益。当事人在管辖异议问题上是否存在合理的异议理由并非构成管辖异议的主因，大多数提出管辖异议的当事人试图通过异议程序拖延诉讼，使合法权利人无法及时地救济权利；同时，因异议程序增加了诉累和不必要的程序负担，也增大了权利人的成本支出，构成隐形的财产权损害。另一方面，滥用管辖权异议降低了司法效率，妨碍了正常的诉讼秩序。滥用管辖异议权的过程所占用的无益程序通常表现为：法律规定，被告应在答辩期15日内提出异议，而多数当事人却在答辩期最后一天邮寄管辖异议申请，或送申请至法院；法律规定，一审审查管辖异议申请，作出裁定；而被告收到裁定书后仅在上诉期满最后一天提出上诉；法律规定了诸多的异议审查程序，如上诉状副本送达给原告；一审法院整理卷宗移送到二审法院；二审法院针对管辖异议上诉进行审理，作出裁定，再送达各方当事人；二审法院将卷宗退回一审法院；一审法院重新指定举证期限，重新安排开庭。上述过程至少可以拖延审限四五十天。①

2. 诉讼费制度的制裁功能失灵

面对如此严重的程序滥用与浪费现象，现行诉讼费制度没有设计出有效的制裁规则。第一，诉讼费收取在操作层面存在困难。依据《诉讼费用交纳办法》规定，当事人提出的案件管辖权异议不成立的，交纳50元至100元的案件受理费。该费用系管辖权异议被驳回后再由当事人交纳。实践中，申请人不予补交的情况较为普遍；第二，现行规定没有预设不交诉讼费的法律后果，诉讼费规则没有发挥行为预先指引和事后惩罚的作用。

（二）虚假调解、恶意调解欠缺诉讼费制裁措施

调解结案能有效地节约审判资源，化解社会矛盾。审判实践中，大量民事纠纷通过法院的调解化解，取得了良好的社会效益。但是调研发现，目前司法实践中一些案件当事人恶意串通，虚构民事法律关系，隐瞒或捏造案件事实，利用诉讼程序骗得法院调解书，利用虚假调解达到逃避债务，躲避执行的目的。一些案件当事人以调解作为拖延给付、减轻履行义务的手段，调解结案后债务人不履行义务，案件仍需进入强制执行程序。虚假调解、恶意调解让受害人对国家司法机关的公正性和权威产生质疑，引发和激化了新的社会矛盾，也造成司法资源的严重浪费。究其原因，是成本与收益的失衡给虚假调解、恶意调解提供了可乘之机。"当诉讼变得更便宜和更快捷时，许多人会受到鼓舞"。《诉讼费交纳办法》实施后，当事人诉讼成本的降低，诉讼保护所支出的负担已不再给当事人造成顾虑，而调解结案更可享受诉讼费上的"奖励"。进行虚假调解、恶意调解的成本低廉，这在一定程度上放纵了当事人的违法行为。由于缺乏诉

---

① 参见季玲玲：《被告滥用管辖异议权的调查与思考》，载于 http://www.cnki.net/kcms/detail/，于2014年7月10日访问。

讼费制裁措施，一些当事人在利益驱动下有恃无恐，将非法目的通过诉讼调解合法化。虚假调解、恶意调解不但严重损害了国家、集体、他人的合法权益，也侵害了审判机关正常的诉讼秩序，亵渎了法律的权威。应强化对虚假调解、恶意调解的诉讼费惩戒功能。

（三）败诉方交费义务规则未覆盖全部裁判的情形

司法裁决是设定法律义务的方式之一，合法义务通过司法裁决能够赋予其强制效力。诉讼费的义务纳入司法裁决范围，能确定义务主体、义务的范围、履行义务方式和期限交纳义务，固定诉讼费的交纳义务，并便捷义务诉讼费权利义务关系的实现。《诉讼费用交纳办法》第30条规定："第二审人民法院改变第一审人民法院作出的判决、裁定的，应当相应变更第一审法院对诉讼费用负担的决定。"按此规定，第一审案件裁判应包括诉讼费负担事项；第二审判决、裁定在变更一审裁判结果时，二审裁判也应调整诉讼费负担。但是，现行规定对诉讼费的相关裁决事项并没有覆盖全部裁判变更的程序，如再审程序；裁判对诉讼费事项的处理规定还不够全面。

《诉讼费用交纳办法》没有规定承担连带责任的当事人败诉时诉讼费的负担方式。连带责任是指两个以上的民事主体因不履行连带债务或共同实施侵权行为而共同承担民事责任的方式，其中任一责任主体均有义务应权利主体的请求承担全部的责任。[1]关于连带责任的当事人败诉时诉讼费的负担方式，司法实践中有以下三种做法：第一，由各连带责任人平均分摊；第二，各连带责任人负连带责任；第三，根据具体情况由主债务人承担。各地法院采取不同的责任分配方式。为统一诉讼费责任的承担和责任的公平分担，《诉讼费用交纳办法》对此应予明确。

《诉讼费交纳办法》对案件胜诉后如何实现预交诉讼费当事人的费用追偿权未明确规定。实践中各地做法不同：一是由法院直接向胜诉原告退还；二是法院判决胜诉原告直接向败诉被告主张追偿权。调研显示，司法实践中，大部分法院采取的方法是被告直接向胜诉原告支付因败诉所需承担的诉讼费，不自动履行义务的，经预交费当事人申请，由法院强制执行。

三、诉讼费收费标准公平性有待完善

（一）财产案件与非财产案件欠缺统一的划分标准

案件的财产性与非财产性区分是我国现行诉讼费制度确定收费标准的依据之一。财产性案件通常按照诉讼标的物的金额收取诉讼费。非财产性案件通常

---

[1] 参见郭晓霞："连带责任制度探微"，载《法学杂志》2008年第5期，第105页。

实行等额制,采取按件计征的收费方式。《诉讼费用交纳办法》第13条将民事案件区分为"财产案件"与"非财产案件",规定"其他非财产案件每件交纳50元至100元"的诉讼费。非财产案件又分为"离婚案件""侵犯姓名权、名称权、肖像权、名誉权、荣誉权以及其他人格权案件""知识产权案件""劳动争议案件""行政案件""管辖权异议案件"。但由于未对财产案件和非财产案件的概念进行界定,造成司法实践中对"其他非财产案件"比较难掌握,立案法官在判断某些案件是财产性或非财产性的问题上存在分歧,诉讼费计算问题多有争议,同类案件在不同法院收费不一的情况时有发生,亟待规范。

(二)特殊案件诉讼标的额计算方式不清晰

1. 复合型诉讼

复合型案件是指同时具有财产性和非财产性诉讼请求的案件。我国诉讼费交纳相关规定中,对财产案件和非财产案件收费均做出了规定,但欠缺对两者诉求相混合的复合型诉讼案件案件交费的规定。实践中各地做法不一,有的地区按照财产案件收费,有的则按照非财产性案件按件收取。

2. 确认之诉和变更、解除、撤销合同诉讼

由于《诉讼费用交纳办法》没有对确认之诉和变更、解除、撤销合同之诉单独做出相关规定,在司法实践中同类案件在不同法院收费存在差异的现象经常发生。确认合同效力之后必然涉及履行,确认权属之后必然涉及更名过户,有效的合同与合法的权属必然对应着现实的财产内容,是按件收费还是按照财产标的收费在实践中争议很大。相类似的变更、解除、撤销合同之诉也存在此类的问题。根据江苏、上海、宁夏法院立案法官对"变更、解除、撤销合同诉讼如何收取诉讼费"的调查问卷结果显示,56.8%的立案法官认为应按财产案件交纳诉讼费,37.7%的立案法官认为应按非财产案件交纳诉讼费(见表2-10)。

表2-10 立案法官对变更、解除、撤销合同诉讼收费标准问题的调查结果表

		频数	百分比	有效百分比	累积百分比
有效	按件交纳	69	36.1	37.7	37.7
	根据合同标的额, 按照财产案件标准交纳	104	54.5	56.8	94.5
	其他	10	5.2	5.5	100.0
	合计	183	95.8	100.0	
缺失		8	4.2		
	合计	191	100.0		

3. 离婚案件

《诉讼费用交纳办法》规定"离婚案件每件交纳 50 元至 300 元。涉及财产分割，财产总额不超过 20 万元的，不另行交纳；超过 20 万元的部分，按照 0.5% 交纳"。实践中，离婚案件当事人首次提出离婚时，如对方当事人不同意离婚，大多法院都会以夫妻感情尚未破裂为由，驳回起诉，按财产性质计收的诉讼费法院不予退还。这一规定产生了不公平的结果，因为当事人既没有达成离婚的诉求，也没有实现析产的目的，却无谓地交纳了审查请求的诉讼费。

课题组在调研中发现，自 2005 年以来，辽宁省五市两级法院离婚案件数量居高不下，一直在 23000 件以上，并有小幅增长（见图 2-16a、2-16b）。在基层法院审理的民事案件中，离婚案件数量大、比例高。

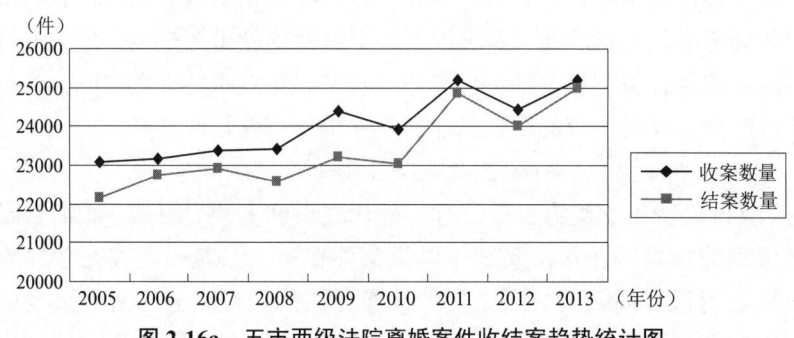

图 2-16a　五市两级法院离婚案件收结案趋势统计图

	2005年	2006年	2007年	2008年	2009年	2010年	2011年	2012年	2013年
□ 收案数量	23086	23163	23389	23438	24401	23949	25207	24427	25217
■ 结案数量	22137	22739	22929	22584	23226	23027	24849	23999	24984

图 2-16b　五市两级法院离婚案件收结案情况统计图

离婚案件涉及财产分割的收费问题与当事人的诉讼利益密切相关，有必要进行调整。

4. *破产衍生案件*

破产衍生诉讼是指以破产企业为一方当事人，以实体权利义务纠纷为内容的民事诉讼。[①]基于破产程序，会产生一些与该程序相关的如破产债务人履行合同、追收破产债务人对外债权、撤销破产债务人处分财产行为、确认破产债务人处分财产行为无效等诉讼，也就是破产衍生诉讼，或指与破产程序有关的民商事诉讼。

《诉讼费用交纳办法》第 42 条规定："依法向人民法院申请破产的，诉讼费用依照有关法律规定从破产财产中拨付。"办法第 14 条第（6）项还规定："破产案件依据破产财产总额计算，按照财产案件受理费标准减半交纳，但是，最高不超过 30 万元。"上述条款均未对破产衍生诉讼收费进行规定。司法实践中对于该类案件如何收费常常发生争议，应加以规定。

5. *诉讼标的额不确定或诉讼标的物为特定物的诉讼案件*

诉讼标的额不确定的案件主要有以下三种情况：一是当事人争议的标的额在诉讼期间动态不确定。比如，合同纠纷中约定的违约金和债务利息的数额，常因诉讼中清偿过程、审理期限等因素发生增减；当事人争议标的额在起诉时至裁判生效前也可能会变化。这些均影响案件受理费的准确计收。二是当事人争议的标的额因市场价格的变动不确定。常见于当事人签订合同时标的物的价格与诉讼时的市场价格间的差异。三是因计征标准不统一产生的标的额不确定。当事人主张分割标的物的一部分，如遗产继承案件，家庭共有财产分割案件。按照遗产全部价格还是当事人主张部分价格确定标的额，办案法官有不同的认知。调研显示，上述情况各地法院有三种收费方式：第一，只对已确定的标的数额依标准征收案件受理费；第二，对于不能确定标的数额的部分，不征收案件受理费，或者为方便征收案件受理费，要求当事人必须在起诉时确定标的数额；第三，对不确定标的金额的诉请，法院不予审理。对于分割财产案件，一律按涉案标的物总额计算诉讼费。鉴于各地做法差异较大，且涉及了当事人的实体利益能否得到保障问题，应做出明确规定。

在诉讼标的物为特定物的案件中，比如特定的房屋、土地、林木、车辆以及文物等特定物，起诉时标的额难以确定，诉讼费计算存在一定的困难。加之一些当事人采取规避交纳诉讼费的手段，又增加了计费的难度。对此，也应做

---

① 参见梁闽海、陈长灿："论破产衍生诉讼的审判方式——以适度强化职权审判方式为视角"，载《法学》2011 年第 2 期，第 102 页。

出规定。

6. 复数上诉人案件

依《诉讼费用交纳办法》第17条规定，对财产案件提起上诉的，按照不服一审判决部分的上诉请求数额交纳案件受理费。依《诉讼费用交纳办法》第22条规定，双方当事人都提出上诉的，上诉案件诉讼费由当事人分别预交。上述规则对于同一方当事人存在多名上诉人分别上诉的情况没有做出明确规定。上诉人在原审中处于共同原告或者共同被告的地位，形成同为一方上诉人复数的情况。但行使上诉权时，同一方的上诉人的利益可能并不一致，可能分别有自己独立的不服一审判决的上诉请求，甚至上诉请求互相对立。此时如何预收上诉费，因收费办法没有明确规定，实践中争议比较大。调研发现，对此问题，各地法院做法不一。某些法院将案件当事人分为原审原告方、原审被告方、原审第三人方，同一方当事人（同为原告或同为被告或同为第三人，下同）虽为两人或两人以上人上诉，不论上诉理由是否相同，法院均按一方当事人仅预收一份上诉费，不再分别预收上诉费；而有的法院则不论原审同一方上诉请求是否一致，均按照上诉人的人数分别收取上诉费；还有的法院根据原审同一方上诉请求是否一致、是否存在独立或对立情形，区分情况来决定收取上诉费的份数。上述情况亟须统一收费标准。

（三）程序转换后欠缺诉讼费补交规则

诉讼中随着程序的转换，会出现诉讼资源支出的增加和诉讼标的额的增减，需要重新核定诉讼费。但《诉讼费用交纳办法》对此规定不够明确，应予规范。

1. 简易程序转为普通程序

调研显示，自2005年以来，辽宁省五市两级法院适用简易程序案件数量逐年上升，其中每年有15%～20%简易程序审理的案件转为普通程序审理（图2-17）。由于现行法律和司法解释对简易程序转为普通程序规定过于原则，程序转换的实践操作很不规范，也影响诉讼费标准的合理确定。调研发现，一些法院为多收诉讼费，将可以按简易程序进行审理的案件确定为按普通程序审理。由此带来当事人不合理的诉讼费负担，使法院、法官同当事人的关系出现摩擦。各地法院对适用简易程序案件收取诉讼费的做法不一：有的立案时按普通程序收取诉讼费，审结后向当事人退还一半诉讼费；有的立案时按简易程序减半收取诉讼费，转为普通程序审理的，通知原告在指定时间补交另一半诉讼费，逾期未补交，按撤诉处理；有的法院在当事人未按照普通程序补交诉讼费的情况下，仍继续按普通程序审理案件，由于诉讼费收费部门和合议庭信息欠缺沟通，结案时，补交诉讼费问题往往无人问津。

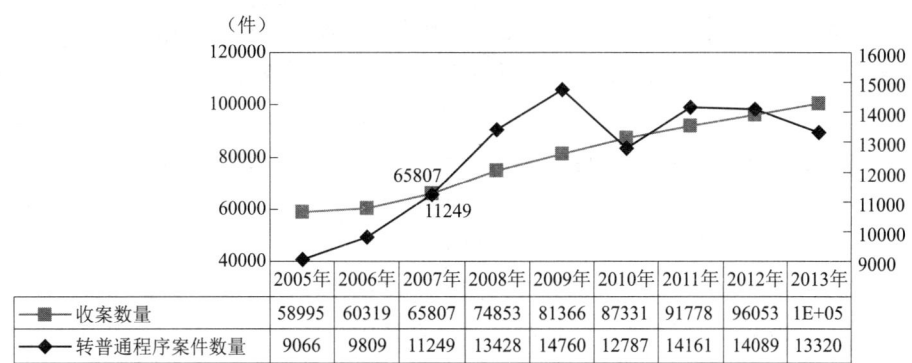

（件）	2005年	2006年	2007年	2008年	2009年	2010年	2011年	2012年	2013年
■ 收案数量	58995	60319	65807	74853	81366	87331	91778	96053	1E+05
◆ 转普通程序案件数量	9066	9809	11249	13428	14760	12787	14161	14089	13320

图 2-17 五市两级法院简易程序案件情况

2. 督促程序和公示催告程序转入诉讼程序

依《诉讼费用交纳办法》规定，督促程序申请支付令的费用是财产案件费用的 1/3，如果从督促程序转入诉讼程序，存在按照诉讼程序补交诉讼费的问题。督促程序案件适用的前提是具有给付金钱、有价证券的义务，属于财产性质且债权债务关系明确的案件，一旦进入诉讼程序，应按财产标的额计算诉讼费。支付令失效后，案件审理转入诉讼程序，如果不补交诉讼费，就会导致有些当事人为规避诉讼费，滥用支付令申请，损害正常诉讼秩序的不利后果。因此，有必要对督促程序和公示催告程序转入诉讼程序的诉讼费补交规则作出规定。

（四）调解案件收费标准与司法资源的消耗不匹配

《诉讼费用交纳办法》实施后，全国各级法院民事纠纷大幅上升，在司法资源有限的情况下，法院需要寻求快速高效的方式解决各种纠纷，以及时化解社会矛盾，维护社会的稳定。一方面，在法官的主导下促成双方自愿达成和解协议，维系了和谐的人际关系，有利于纠纷的彻底解决和取得良好的社会效果。另一方面，调解更加迅速、有效地化解了法院上诉率高、申诉率高和"执行难"的问题，缓解了法院的审判压力，节约了司法资源。适当降低调解案件收费标准有利于激励当事人选择调解方式结案。但诉讼费标准应与司法资源的消耗相一致，案件消耗司法资源越多，费用应该越大；消耗司法资源越少，费用越小。调研发现，调解结案诉讼费减半收费与司法资源的消耗不匹配。

首先，调解比照撤诉收费不合理。撤诉是指原告在法院受理案件后至判决宣告前撤回起诉的行为，是当事人对自己诉讼权利的自由处分，法院消耗司法成本较少。而调解则是在人民法院的主持下，双方当事人就民事争议平等协商，达成协议，解决纠纷的诉讼活动。在当前法院案多人少，司法公信度不高，法院职业尊荣感降低的情况下，法官为避免矛盾激化、案结事了，促使双方当事人通过调解方式解决纠纷，法院付出了相当多的审判力量，投入了较大的精力。调解程序与撤诉程序相比，两者消耗的司法资源有所不同，诉讼费上亦应有所区分。

其次，诉讼费减半收取只是当事人选择调解的一个因素，但不是决定性因素，对于当事人的激励差异也因事、因人而异。《诉讼费用交纳办法》实施后，当事人自愿接受调解的可能性增加，对调解率的上升有一定的促进作用。但当事人是否愿意接受调解方式又会受到很多因素的制约：一是诉讼费支出占诉讼成本的比例。诉讼成本包括当事人为诉讼而必须支出的受理费、律师费、鉴定费、调查取证费、交通费、材料费、误工费及当事人诉讼耗费的时间和损失的机会，对于诉讼费本身收费就不高的案件如小额诉讼、劳动争议案件，调解结案减半收取诉讼费的激励作用不大。根据江苏、上海、宁夏地区民事诉讼当事人对"诉讼过程中，哪项成本最高？"问题的调查结果显示，选择"律师费最高"的当事人占53.1%；选择"时间和误工费成本最高"的当事人占21.8%；选择"诉讼费最高"的当事人占12.7%；选择"评估费、鉴定费最高"的当事人占12.4%。二是权利人是否自愿放弃一部分利益。接受调解意味着权利人作出一定的让步，放弃一定的利益。当权利人预计对方有足够能力进行偿还和负担诉讼费时，往往不愿意选择调解方式解决纠纷，因诉讼费最终由败诉方承担，有胜诉把握的权利人不会过多考虑。三是对诉讼调解的信赖度。由于当前社会诚信度不高，一些被告缺乏诚信意识，达成调解后不自动履行者占大多数，导致许多原告对诉讼调解的信赖度下降，不同意进行调解。

根据各江苏、上海、宁夏地区民事诉讼当事人的调查问卷结果显示，对"诉讼费减半收取是否成为您考虑调解的因素"这一问题，选择"是"的当事人占22.2%；选择"不是"的当事人占32.8%；选择"仅仅是一个考虑因素，但没有决定性作用"的当事人占45%（见表2-11）。可见，调解案件诉讼费减半收取并

表2-11　减半收取诉讼费是否成为当事人考虑调解的因素的调查结果表

		频数	百分比	有效百分比	累积百分比
有效	是	165	21.7	22.2	22.2
	不是	244	32.0	32.8	55.0
	仅仅是一个考虑因素，但没有决定性作用	335	44.0	45.0	100.0
	合计	744	97.6	100.0	
缺失		18	2.4		
合　计		762	100.0		

不能成为当事人自愿选择调解解决争议的重要考虑因素。在当前法院案多人少，司法公信度不高，法院职业尊荣感降低的情况下，法官为避免矛盾激化、案结事了，促使双方当事人通过调解方式解决纠纷，往往需要投入较大的精力。调解结案与原告撤诉结案法院消耗的司法资源有所不同，表现在诉讼费上亦应有所区分。

　　复次，调解案件与普通裁决案件收费不宜差异过大。近年来，法院案件质量评估体系将调解率作为一项审判效果考核指标，用以评估调解化解社会矛盾的效果。各级法院非常重视案件的调解率，全国法院的调解率始终保持在较高水平，诉讼调解工作难度越来越大，调解率的上升空间已接近极限。而在调解率最高的基层法院，法官又普遍面临案件多、审限紧的压力，有时调解结案的难度甚至超过了裁判的难度，调解案件与普通裁决案件相比，审理程序及耗费的司法资源相当，《诉讼费用交纳办法》对调解案件诉讼费减半收取，二者收费标准差距过大，不尽合理。

（五）督促程序收费标准抑制了程序的有效利用

　　督促程序是指法院根据债权人的申请，以支付令催促债务人限期履行债务的程序。督促程序是以支付令催促债务人履行债务，债务人若在法定期间内对支付令不提出异议又不履行其债务的，则该支付令即具有强制执行力，所以，督促程序又称支付令程序。督促程序是一种简便的程序，专门用于解决债权债务关系明确而债务人无正当理由不偿还债务的案件。[1]《诉讼费用交纳办法》第14条规定："依法申请支付令的，比照财产案件受理费标准的1/3交纳申请费。"调研发现，司法实践中督促程序的适用率较低，甚至有被搁置的危险。如，上海虹口区法院2005年、2006年、2007年分别受理申请支付令案件26件、18件、21件，2008年至2013年每年受理申请支付令案件下降到3件以下。再如，辽宁五市两级法院2005年受理申请支付令案件886件，2013年已下降至51件。见图2-18。

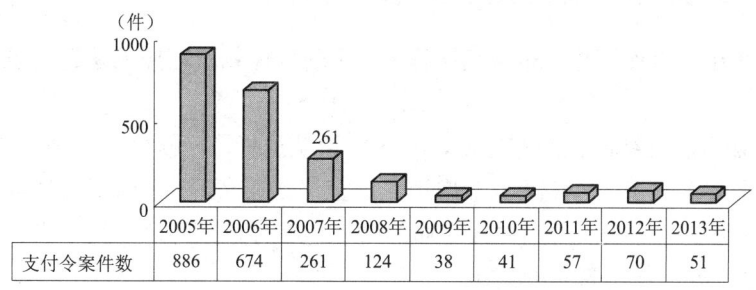

（件）								
	2005年	2006年	2007年	2008年	2009年	2010年	2011年	2012年	2013年
支付令案件数	886	674	261	124	38	41	57	70	51

图2-18　五市两级法院受理申请支付令案件数据图

---

　　① 参见吕锡伟：《诉讼费用交纳办法释义》，中国法制出版社2007年1月，第90页。

（六）减半收费存在重复计算的规则漏洞

《诉讼费用交纳办法》第 15 条规定："以调解方式结案或者当事人申请撤诉的，减半交纳案件受理费。"第 16 条规定："适用简易程序审理的案件减半交纳案件受理费。"《诉讼费用交纳办法》第 18 条规定："被告提起反诉、有独立请求权的第三人提出与本案有关的诉讼请求，人民法院决定合并审理的，分别减半交纳案件受理费。"但是，上述规定中并没有规定同一案件中存在多种减半交纳诉讼费的情形。各地法院就上述问题的规则适用存在争议，做法不一。第一种方法，适用简易程序审理又以调解结案的，视为存在两种减半收取诉讼费情形，收取全案费用的 1/2，即只允许减半收取一次。第二种方法，诉讼费可两次减半收取，即收取全案诉讼费的 1/4。有必要对法院减半收取诉讼费的次数进行明确，解决司法实践中执法标准不统一的问题。

（七）执行案件的收费标准未体现义务履行方式的多样性

"执行难"是我国法治建设进程中一大顽疾，既削弱了司法的权威，又影响了社会和谐。解决执行难是一项系统工程，要在综合治理的基础上采取可行性的综合措施。诉讼收费制度作为我国司法体系的重要组成部分，制度改进时应发挥促进生效裁决执行的积极作用。《诉讼费交纳办法》中没有对执行和解案件诉讼费承担问题作出区别于普通执行案件的规定，不利于强化义务人自动履行义务和促进双方执行和解。另外，审判实践中大量不予执行仲裁裁决的申请、执行异议和申请执行复议案件需要法院利用司法资源加以审查，但《诉讼费用交纳办法》中并未作出交纳诉讼费的规定。当事人利用异议、复议程序拖延执行的情况相当严重。这不仅不利于及时保护胜诉当事人实现诉讼利益，也加剧了执行难问题。

四、诉讼费收费规则滞后于《民事诉讼法》

（一）小额诉讼程序、司法确认程序、实现担保物权程序无法适用既有的收费规则

《诉讼费用交纳办法》实施后，民事诉讼法进行了两次修改，现行 2013 年《民事诉讼法》增加了小额诉讼、申请实现担保物权之诉、确认调解协议之诉等多个案件类型，这些类型案件与普通的财产型案件审理程序有所差别，在诉讼费的标准上亦应作出特殊的规定。

目前，全国各地区的小额诉讼案件收费标准各有差异。《上海法院开展小额诉讼审判工作实施细则（试行）》明确了 7 类 1.5 万元以下的民事案件将适用小

额诉讼方式，实行一审终审，最快 2 至 3 天就能结案，诉讼费用仅为 10 元。[①]
从 2011 年 7 月 1 日起，深圳各基层法院启动民商事案件小额速裁试点工作。
试点期间，小额速裁案件一律免收诉讼费用。[②]云南省为保障小额诉讼的良好
推广，部分基层法院对此类案件免收或减收诉讼费，结案率达 97%。[③]福建省
漳州市中级法院在适用小额诉讼程序审理案件时，诉讼费按照有关规定减半
收取。[④]从以上情况看，各地法院在小额诉讼的收费上主要采取减半收取诉讼
费、定额收费 10 元、免收诉讼费三种形式。《诉讼费用交纳办法》有必要予以
统一规定。

关于司法确认程序的收费问题，最高法院 2011 年 3 月 21 日出台的《关于
人民调解协议司法确认程序的若干规定》第 11 条规定："人民法院办理人民调
解协议司法确认案件，不收取费用。"该规定在实施过程中，各省级高院又制定
了本地的细则，确立相同的免收费规则。如，浙江省高级人民法院印发《关于
人民调解协议司法确认的若干意见》的通知、浙高法〔2011〕244 号第 23 条、
江苏省高级人民法院 2012 年 12 月 25 日发布的《关于人民法院审理确认调解
协议案件若干问题的讨论》第 10 条，对此类案件均作出了不收取费用的规定。
实施中为申请人节约了诉讼成本，收到了良好的社会效果，应将该规定转化为
普遍适用的规则，增加到诉讼费制度中。

对于实现担保物权的案件，各地法院存在三种收费方式：第一种是参照《诉
讼费用交纳办法》关于特别程序的收费标准，按件收取申请费；第二种是以申
请实现抵押物权标的额为依据收取诉讼费。第三种是不收费。例如，浙江省高
级人民法院 2012 年 12 月 25 日通过的《关于审理实现担保物权案件的意见》第
7 条规定："实现担保物权案件不收取案件申请费用。"江苏省无锡市滨湖区法
院曾适用新《民事诉讼法》规定的实现担保物权特别程序，对一起标的额高达
9100 万元的金融机构申请实现担保物权案件依法裁定，案件适用特别程序审

---

① 参见宋宁华：《上海法院开展小额诉讼审判工作实施细则（试行）出台》，载于 http://sh.eastday.
com/m/20121226/u1a7089154.html，于 2014 年 6 月 30 日访问。

② 参见张玲：《深圳法院系统启动小额速裁试点，诉讼费全免》，载于 http://roll.sohu.com/20110630/
n312086374.shtml，于 2014 年 6 月 30 日访问。

③ 参见普嘉：《云南小额诉讼费用减免，结案率 97%》，载于 http://news.xinmin.cn/shehui/2013/09/24/
22020616.html，于 2014 年 6 月 30 日访问。

④ 参见杨艳娜：《小额诉讼程序将在漳州推广》，载于 http://www.fjsen.com/d/2013-01-26/content_10470849.
htm，于 2014 年 6 月 30 日访问。

理，不收取任何诉讼费用。①由于《民事诉讼法》的修改是在 2007 年制定《诉讼费用交纳办法》实施之后，《诉讼费用交纳办法》所规定的特别程序并不包含此后新规定的实现担保物权案件，此类案件在既有收费规则中并不明确。按件收取、按申请标的额收取甚至不收费，各有一定的根据。为保障收费的公正和执法的统一，立法上有必要明确收费规则。

（二）现行的诉讼费负担规则与公益诉讼案件性质相冲突

公益诉讼是指对污染环境、侵害众多消费者合法权益等损害社会公共利益的行为，法律规定的机关和有关组织向法院提起的诉讼。②公益诉讼是《民事诉讼法》2012 年修改时新增的案件类型。公益诉讼具有以下特征：

1. 公益诉讼的公益性

原告提起公益诉讼的目的是为了维护社会公共利益。公益诉讼案件的类型包括：一是污染环境、侵害众多消费者合法权益的行为损害公共利益的案件。二是其他损害社会公共利益的案件。公共利益的基本内涵是指在特定历史条件下，从私人利益中抽象出来能够满足共同体中全体或大多数社会成员的公共需要，经由公共程序并以政府为主导所实现的公共价值。③公益诉讼的公益性要求诉讼费的负担和分担与一般民事诉讼有所区别，即为实现公共价值而产生的诉讼费由公共分担和社会分担。

2. 原告主体的法定性

民事公益诉讼的起诉主体具有法定性。依现行《民事诉讼法》规定，只有"法律规定的机关和有关组织"才有资格提起公益诉讼。这里"法律规定的"不仅限定"机关"，还限定"有关组织"。起诉主体的法定性意味着该类主体提起公益诉讼，不受一般起诉条件即《民事诉讼法》第 119 条第（1）项规定的"与本案有直接利害关系"的限制。④通常意义上说，与具有"直接利害关系"且包含"私人利益"的普通民事诉讼的原告相比，此类主体提起诉讼的动力在于维护公共利益，诉讼对自身利益无直接的关联，激发和保护公益诉讼原告提起诉

---

① 参见滨湖法院研究室：《9100 万担保物权，打官司不用交诉讼费》，载于 http://wxbhfy.chinacourt.org/article/detail/2013/03/id/930802.shtml，于 2014 年 7 月 4 日访问。

②《民事诉讼法》第 55 条："对污染环境、侵害众多消费者合法权益等损害社会公共利益的行为，法律规定的机关和有关组织可以向人民法院提起诉讼。"

③ 参见奚晓明：《〈中华人民共和国民事诉讼法〉修改条文理解与适用》，人民法院出版社 2012 年版，第 93~94 页。

④ 参见奚晓明：《〈中华人民共和国民事诉讼法〉修改条文理解与适用》，人民法院出版社 2012 年版，第 94 页。

讼的积极性是设计诉讼费规则的基本出发点。

3. 诉讼效益的社会性

公益诉讼的裁判效力超出了传统民事诉讼的既判力范围，可以扩展到没有参加诉讼的利害关系人，最终受惠于特定领域的社会公益。公益诉讼的判决效果指向不同于普通民事诉讼所针对的既往行为，还指向诉讼时尚未发生的潜在侵害行为。所以，如果说普通民事诉讼是为了解决纠纷，公益诉讼则兼有行为调整和公共政策形成的功能。[①]公益诉讼效益的社会性要求其诉讼费制度的设计要考虑 "取之于民，用之于民" 的公益原则，这为建立诉讼费依托的公益资金提供了依据。

公益诉讼的公益性、原告主体的法定性、诉讼效益的广泛性，这些特征决定了其诉讼费规则应具有特殊性。目前的起诉前预交诉讼费规则会形成对公益诉讼的诉权限制，使诉讼标的额较大和申请鉴定等费用较高的环境公益诉讼难以启动。

第四节　司法救助规则存在的问题分析

从调研情况看，各地法院司法救助案件数量虽有了较大幅度的上升，但司法救助金额下降，减交、免交诉讼费的案件数量和金额占司法救助案件的比例不高。可见，即使诉讼费收费标准降低，由于制度设计的疏漏和国家人权司法保障政策的强化，司法救济范围仍需扩张，制度程序仍需细化。

一、司法救助的适用范围、对象过窄

《诉讼费用交纳办法》以列举的方式对司法救助的对象及范围进行了规定，但因客观的复杂性，难以穷尽需要救助的特殊群体。如诉讼前陷入困境或因经济暂时困难交不起诉讼费用的小微企业、从事非营利性社会服务活动的民办非企业单位，濒临破产或发不出工资的特殊企业，目前情况下均无法得到司法救助。在针对江苏、上海、宁夏地区诉讼当事人的调查问卷中，仅有 12.5% 的人尝试过申请司法救助（见表 2-12）；在对未尝试申请司法救助的原因调查中，41.1% 的当事人认为获得审批十分困难，33.5% 的当事人认为手续过于繁琐，17.6% 的当事人不知晓法律关于司法救助的规定。

---

① 参见潘申明：《比较法视野下的民事公益诉讼》，法律出版社，2011 年 9 月第 1 版，第 13 页。

表2-12 诉讼当事人对是否尝试申请司法救助问题调查结果表

		频数	百分比	有效百分比	累积百分比
有效	尝试过	95	12.5	12.5	12.5
	没有尝试过	325	42.7	42.8	55.3
	想过但没有尝试过	289	37.9	38.1	93.4
	根本不考虑	50	6.6	6.6	100.0
	合计	759	99.6	100.0	
缺失		3	0.4		
合计		762	100.0		

从国外立法情况看，日本、法国、德国司法救助的主体一般为自然人，但在特殊情况下，法人或其他团体组织也可以成为救助的对象。如在日本，作为民事诉讼当事人的法人或其他团体组织如果有发不起工资等情形的就能够成为救助的对象；在法国，机构总部设立在法国且经费收入不足的非营利法人可以申请诉讼救助；在德国，职务上的当事人、法人或有当事人能力的社团在特殊情况下也可以申请诉讼费用救助。从我国的情况看，除了具有公益性质的社会福利机构和救助管理站外，司法救助只针对自然人，特别是诉讼费用的免交只适用于自然人。比较外国法和我国现阶段的实际，上述规定已不能适应司法救助理念和司法救助实践的需求，理由主要表现为以下三点：一是目前我国正处在社会转型期，法人与自然人之间、法人与法人、法人与其他经济组织之间的矛盾占社会矛盾总量的大部分。把法人、其他经济组织列为司法救助的对象，更有利于依法调整经济关系，稳定经济秩序和化解社会矛盾，从而更好地实现司法救助的价值理念；二是法人或其他组织从其设立时起就享有许多与自然人相同的权利；三是从审判实践来看，最高人民法院曾在一定的阶段针对特殊的案件作出司法救助的规定，而这些规定所涉及的司法救助对象大都是法人。

二、司法救助的审查与法律援助认定程序相互脱离

目前，欲打官司而又经济困难的当事人如果既想在申请诉讼费缓交、减交、免交等司法救助的同时，又想向法律援助机构申请法律援助，需分别向法院和司法局提供其经济确有困难的证明材料，并由两家分别审查其是否符合规定。由于法院和司法局是两个独立的申请审查程序，所要求的具体条件和手续有所不同，申请人为了获得批准，需要在两个部门之间来回奔波。法律援助和司法

救助两项制度互相脱节，使原本就经济困难的当事人获得救助的成本增高，这违背了法律援助与司法救助制度的本质与目标。其他社会救助制度也未实现与上述救助制度相衔接，分别由各部门按照不同规定和程序进行，造成的浪费和带来的不便更是不胜枚举。另外，目前单一的司法救助方式不能适应司法实践的需要。人民法院的司法活动既覆盖民事案件，也覆盖行政、刑事案件；既涵盖一审程序、二审程序，也涵盖执行程序。目前当事人提出的司法救助主要集中在民事的一审、二审程序。而司法实践中已经将司法救助的对象拓宽至刑事被害人、申请执行人、涉诉信访人等，救助方式也拓宽至法律援助、提供经济帮助等。这使得实践执行中需要根据新的社会政策拓宽的救助对象、救助方式缺乏法律支撑。

三、诉讼费缓交的期限与程序欠缺规范

在司法救助实践中，缓交诉讼费案件数量和金额占诉讼费司法救助的比例最大，问题也最多。比如，批准缓交诉讼费后是否确定缓交期限、缓交期限内当事人未交纳诉讼费是否应按自动撤回起诉（上诉）处理、法院准予缓交诉讼费的同时设定了缓交期限，当事人认为法院自行设定的缓交期限没有法律依据等。调研发现，实践中法院对申请人是否符合"经济确有困难"的审查在各地差异较大。以缓交诉讼费的审批权限为例，根据辽宁地区"您所在法院缓交诉讼费的审批权限属于？"的调查问卷结果显示，大部分法院由分管院长或院长审批决定，少数法院由分管庭长或庭长审批决定，个别法院由法官决定，实践中各地标准不一，差异巨大。目前大部分法院司法救助由分管院长或院长审批决定的实际情况，与司法改革的核心制度设计——让审理者裁决，让裁判者负责——有巨大差距。关于缓交的期限，有的法院缓交至开庭前，有的法院缓交至判决前，有的法院缓交至判决时。诉讼费缓交期限及审查程序缺乏相关的规范，不利于司法实践中进行统一规范的操作。

四、欺诈救助申请欠缺制裁规则

任何司法救助都是一把双刃剑，既能达到救济的目的，也给部分人提供了滥用救济的机会。《诉讼费用交纳办法》实施后，诉讼费司法救助给当事人带来了很多便利。但是，司法实践中，也存在部分当事人提供虚假材料骗取司法救助的情况。最高人民法院《关于对经济确有困难的当事人提供司法救助的规定》中对此作出了规定。课题组认为，应该将该项规定吸纳到《诉讼费用交纳办法》中进行统一规定，在司法救助制度做到便民、利民的同时，也应该对那些通过提供虚假材料骗取司法救助的当事人进行惩戒。

第五节　现行诉讼费管理
制度存在的问题分析

一、法院经费保障的有限性妨碍了诉讼收费的公正性

（一）法院经费保障收支脱钩政策未能彻底落实

1996 年国务院《关于加强预算外资金管理的决定》明确了"收支两条线"管理内容。[①]1998 年最高人民法院下发了《关于认真贯彻落实"收支两条线"规定的通知》，要求各级法院严格执行最高人民法院和财政部联合制定的中办发〔1998〕4 号文件，认真贯彻落实"收支两条线"规定。[②]2007 年国务院《诉讼费用交纳办法》第 52 条规定：案件受理费、申请费全额上缴财政，纳入预算，实行"收支两条线"管理。即法院诉讼费、罚没款等非税收入，全额上缴财政，纳入综合财政预算统筹安排，并通过国库集中支付，实行收缴分离、收支脱钩。《诉讼费用交纳办法》实施以来，各地法院按"收支两条线"管理要求，诉讼费全额上缴财政，但经费保障收支脱钩政策未能从根本上得到落实。

调研发现，各地法院经费直接受到地区发展水平的影响，即使在同一地区，司法经费的保障水平也存在不一致的现象，只有部分经济发达地区的法院实现了真正意义上的"收支两条线"管理，经费得到全额保障，在大部分经济中等或欠发达地区，普遍存在地方财政安排预算资金方面的"收支挂钩"或者"明脱暗挂"现象。一些地方由于财力有限，财政部门在安排预算经费时，往往根

[①] 国务院《关于加强预算外资金管理的决定》（国发〔1996〕29 号）规定："预算外资金是国家财政性资金，不是部门和单位自有资金，必须纳入财政管理。财政部门要在银行开设统一的专户，用于预算外资金收入和支出管理。部门和单位的预算外资金收入必须上缴同级财政专户，支出由同级财政按预算外资金收支计划和单位财务收支计划统筹安排，从财政专户中拨付，实行收支两条线管理。"

[②] 1998 年 6 月，中共中央办公厅、国务院办公厅《关于转发财政部、国家发展计划委员会、监察部、公安部、最高人民检察院、最高人民法院、国家工商行政管理局关于加强公安、检察院、法院和工商行政管理部门行政性收费和罚没收入"收支两条线"管理工作的规定的通知》（中办发〔1998〕4 号）规定："……各级公、检、法、工商部门行政性收费和罚没收入按规定及时、足额分别上缴国库或财政预算外资金专户。各级公、检、法、工商部门的业务支出，由财政部门根据各单位业务支出范围、办案经费开支范围和有关装备项目及标准，按照预算内外资金结合使用的原则，统一核定。"

据诉讼收费的多少来考量。如广东省中山法院，诉讼费纳入年度预算，市财政局视法院诉讼费的收取多少进行相应审批，在审核下年度专项办案经费预算时，基本上与单位上报的下年度诉讼费收取计划数相持平。一些地方的办案经费很大程度地依赖收取的诉讼费用，地方财政以收代支或以收定支，将诉讼费调控后按一定比例返拨给法院作为办案经费。如辽宁沈阳市法院近几年市财政财力安排在2000万元左右，其余经费全部依靠诉讼费返还收入，大约7000万元。以2008年为例，沈阳市财政预算安排8146万元，其中5182万元经费依靠诉讼费返还收入。辽宁丹东市法院市财政把诉讼费收入作为预算收入的一部分，预算时，上缴的诉讼费15%沉淀，85%作为法院经费收入。广西柳城县法院，该县所需经费，县财政没有全部纳入预算，诉讼费收入与法院经费直接挂钩，县财政对该院经费拨款多年来基本是以收定支，多收多拨款，少收少拨款。还有一些地方由于担心中央政法转移支付资金提高后，可能会出现诉讼费应收不收的情况影响地方财政的非税收入，把以收定支作为激励手段，甚至下达诉讼费收费指标。法院经费的缺口主要依靠省拨专项经费、中央和省级政法转移支付资金、向地方财政申请专项经费、诉讼费返还收入或以下年经费补上年缺口等方法予以解决。

（二）司法经费保障不足带来如下后果

第一，司法资源紧张与诉讼案件大幅增长的矛盾日益突出。近几年各地法院人员编制虽有所增加，但空编人数较多，一线审判岗位人数所占比例不高，《诉讼费用交纳办法》的实施以及工资制度改革后，法官办案补助、福利待遇全部取消，法院受理案件数量大幅增长，法官工作量上升而待遇下降，人员流失较为严重，案多人少的矛盾成为突出问题。

从宁夏三级法院2012年司法资源配置情况看，法院当年增加人员编制211人，但实际空编人数为273人，审判岗位人数为1127人，占在编人数的53%，年人均办案数为72.4件，2012年有102人从法院辞职或调离法院。其中，宁夏石嘴山市惠农区法院司法资源配置情况如下：2012年未增加人员编制，定编人数为109人，但实际空编人数为13人，审判岗位人数仅为23人，占在编人数的23.96%，年人均办案数为113件，当年有5人从法院辞职或调离法院。从上海闸北区法院司法资源配置情况看，2012年未增加人员编制，定编人数为273人，但实际空编人数为38人，审判岗位人数为139人，占在编人数的59.15%，年人均办案数为56.78件，当年有9人从法院辞职或调离法院（见表2-13）。

表 2-13　宁夏三级法院、宁夏惠农区法院、上海闸北区法院
司法资源配置比较表

法院	宁夏三级法院	宁夏惠农区法院	上海闸北区法院
定编人数	2397	109	273
新增编制	211	0	0
实配人数	2124	96	235
审判岗位人数	1127	23	139
人均办案	72.41	113	56.78
流出法院系统人数	102	5	9

从辽宁五市两级法院司法资源配置情况看，2011 年至 2013 年定编人数略有增加，从 6368 人增加到 6559 人，共增编 191 人。但从实配人数看，人员严重短缺，2011 年五市两级法院实配人数 5929 人，到 2013 年减少到 5662 人，共减少 267 人。2011 年至 2013 年共有 273 人辞职或调离法院系统。2013 年法院空编人数已达 897 人。2011 年至 2013 年五市两级法院从事审判岗位的人数有所增加，从占在编人数的 57%增加到 62%，人均办案数由 73.52 件增加到 77.2件（见表 2-14）。许多基层法院民商事法官人均年结案在 100 件以上，在部分案件较多的基层法院法官人均年结案在 200 件以上较为普遍，法院案多人少矛盾十分突出。

表 2-14　辽宁五市两级法院司法资源配置表

年　份	2011	2012	2013
定编人数	6368	6551	6559
实配人数	5929	5907	5662
审判岗位人数	3405	3474	3538
人均办案	73.52	74.7	77.2
流出法院系统人数	67	97	109

第二，增加了法院利用司法权寻租的风险。在一些经费缺口较大或经费无法保障的基层法院一定程度上存在着严格控制诉讼费的缓、减、免或超额收取诉讼费的情况。各地法院普遍聘用大量的司法辅助人员，聘用人员经费缺乏正常的保障机制，加大了法院的经费压力。因诉讼费与法院办案经费的充足度紧密相关，一些法院将诉讼费作为开源的重要手段，在利益驱动下出现竞争案源、

违法收案的现象；一些上级法院碍于下级法院诉讼费收费困难，违规指令管辖分配一审案件；一些地方以诉讼费为杠杆，对辖区内法院的司法活动进行不正当调控或非法干预。同时为了获得较大比例的诉讼费财政返还，司法权还可能通过经济杠杆被其他权力寻租，加重司法行政化和地方化的风险，妨碍司法中立。

二、退费程序繁琐阻碍了司法效率

《诉讼费用交纳办法》第 52 条第 2 款规定："诉讼费用的缴库和退费的具体办法由国务院财务部门商最高人民法院另行制定。"《诉讼费交纳办法》实施 7 年后的今天，诉讼费退还办法仍未出台，给法院的诉讼费退还工作带来了诸多问题。退费的流程复杂，效率低下，退费周期长，当事人反映较为强烈，律师界一致诟病，已远远不能适应日益快捷的社会生活的需要。主要问题有：

（一）退费方式差异大，退费不及时现象突出

从调研情况看，由于退费制度不完善，各地法院诉讼费退还方式存在较大差异，退费不及时问题较为突出。各地法院主要采取以下四种退费方式：

第一种方式是从财政专户的退费备用金账户里直接汇入当事人账户。这种方式所需时间不长，一般 10 个工作日内就可以完成退费转账手续。如江苏省大部分法院设立了退费备用金专户，备用金专款专用，采取按比例核拨的方式，由法院财务部门设专门科目进行核算，每月月底根据退费情况予以补足。

第二种方式是当事人提交申请退费所需材料，法院内部审核后，上报同级财政部门，由同级财政部门从法院上缴当地财政的诉讼费用中直接退费支付至当事人提供的银行账户中。从当事人提交正确资料至退费成功需 15 日左右时间。

第三种方式是法院内部审核汇总当事人的退费申请后，报同级财政部门审批。同级财政部门初审认为无误后交银行办理退库手续，再将退费款项划入当事人提供的银行账户。退费所需时间受财政拨付资金是否及时的影响。如广东佛山中院、高明法院退费基本上需要 3 个月左右时间。

第四种方式是当事人提交申请退费所需材料，法院内部审核批准后，在法院办公业务经费中先垫支退费资金，再据实核算。此种方式往往受到法院经费实际状况的影响。如四川部分中、基层法院退费采取法院垫支方式，因经费紧张常常不能及时退费。

（二）退费审批程序低效率

各地法院普遍存在退费手续复杂，审批程序繁琐的问题。退费时当事人需要提供的材料包括：退费申请书、裁判文书、法院的退费通知书、人民法院诉

讼费收费专用票据原件（法人提供复印件并加盖公章）、申请人签名的退费收款收据（单位出具退款收款收据，加盖公章或财务章）、身份证复印件（本人不能办理需有委托手续）、银行账号信息等。退费审批环节往往包括承办法官—庭长—主管院长—财务主管—同级财政—银行，需要经手审批或具体办理的人员较多，不能做到方便快捷退费。

（三）小额退费程序繁琐

小额退费需要当事人亲自来办理，有时因金额过低，办理所耗费的时间、路费成本远高于退费数额，当事人不愿意办理或放弃办理，出现申请不及时或不申请退费的情况，使得结案后案卷因无当事人办理退费手续，诉讼费长期挂账，影响了案件归档质量和效率。在针对江苏、上海、宁夏地区诉讼当事人"如果法院可以退费 20 元以下，但需要您或者您的代理人亲自到法院办理，您会来吗？"的调查中，73.4%的当事人选择不会来法院办理。见表 2-15。

表 2-15　退费 20 元以下当事人是否会到法院办理问题的调查结果表

		频数	百分比	有效百分比	累积百分比
有效	会	185	24.3	26.6	26.6
	不会	510	66.9	73.4	100.0
	合计	695	91.2	100.0	
缺失		67	8.8		
合计		762	100.0		

（四）法院承担退费义务后诉讼费难以追缴

《最高人民法院关于〈适用诉讼费用交纳办法〉的通知》（法发〔2007〕16号）第 3 条规定，"……对原告胜诉的案件，诉讼费用由被告负担，人民法院应当将预收的诉讼费用退还原告，再由人民法院直接向被告收取，但原告自愿承担或者同意被告直接向其支付的除外。"实践中，遇有被告缺席或公告送达的案件，费用退给原告后再向被告收取难以实现，诉讼费的巨额流失难以避免。以广东高院为例，《诉讼费用交纳办法》实施后，该院向胜诉方退费，但由于败诉方不主动履行，强制执行效果不佳，造成每年败诉方拖欠的诉讼费用高达 3000万元以上。

（五）财政资金不能及时补偿法院承担的退费款项

有些地区，中级法院及基层法院除将收取的诉讼费上缴同级财政外，同时还要将一定比例的诉讼费缴入省级统筹专户，而退费只能在缴入当地财政的诉讼费中支付，造成法院退费后出现一定比例的倒贴，加重了法院的经费负担。

三、诉讼费监管机制缺失造成诉讼费流失

（一）外部监管机制的缺失

2010 年 10 月 20 日实施的《人民法院司法巡查工作暂行规定》规定了司法巡查制度，即上级人民法院对下级人民法院的领导班子建设、司法业务建设、司法队伍建设情况进行巡回检查。该规定对于检查的内容和类别没有明确包含诉讼费收取和管理。依据《诉讼费用交纳办法》规定，价格主管部门、财政部门有权依法对诉讼费用进行管理和监督，并对违反《诉讼费用交纳办法》规定的乱收费行为依照法律、法规和国务院相关规定予以查处，规范的重点是收费标准问题，没有涵盖诉讼费管理的全部事项。且实践中价格主管部门无法监管，而由审计、财政部门代行之。

（二）内部监管的非中立性

2007 年 9 月 30 日最高人民法院实施《关于诉讼收费监督管理的规定》，将诉讼费的监管主体规定为法院内部的监察部门，该《规定》第 13 条要求："各级人民法院监察部门负责受理对违反规定收取诉讼费用行为的举报，并查处违反规定收取诉讼费用的行为。"法院的纪检监察部门——监察室，只负责查办违纪违法案件，其职责范围不包括诉讼费的监管。加之《诉讼费用交纳办法》将对诉讼费用进行管理和监督的主体明确指定为价格主管部门和财政部门，法院内部监督部门——监察室就无权对诉讼费收取直接干预，使得监察室对诉讼费的监管存在制度授权的真空。同时，由于监察部门属于法院内设的机构，无法保障监督的中立性和公正性。

第三章 改进现行诉讼费制度的 方向和依据

　　现行诉讼费制度存在的问题说明，诉讼费制度具有制度变迁的必要，需要更有效率的制度替代。按照制度变迁的原理，当制度的供给和需求基本均衡时，制度才会稳定。而制度变迁的可行性取决于外界环境的变化或自身理性程度的提高。本章的研究目的是，分析改进现行诉讼费制度的可行性条件和代表性国家的诉讼费改进的立法经验，重点透析国家治理能力现代化方略和"四五司法改革"对诉讼费制度改进的助推作用，以及接近正义运动下诉讼费制度改革的国际趋势；同时，提出诉讼费制度改进的宏观方向：以司法公正为指引，实现司法为民的理念，强化弱势群体的司法保障，确立公平兼顾效率的制度改进原则。

第一节 现行诉讼费制度结构性 改进的总体方向

　　根据调研情况的实证研究和理论分析，课题组认为，改进现行的诉讼费制度在宏观上应以司法公正为指引，基于司法为民的理念，保障基本诉权，完善司法救助制度，根据诉讼效率与诉讼公平原则，发挥诉讼费制度的激励和引导公平配置诉讼资源的效用，以适应"四五司法改革"的大势。在微观制度设计上，应结合法的稳定性和经济"新常态"的国家发展阶段性特征，对诉讼费收费制度在维持基本收费标准不变的前提下进行结构性调整；创新诉讼费的交费、退费和管理制度。

一、以司法公正为指导思想，强化诉讼费制度的正当性

司法公正是指司法权运作过程中各种因素达到的理想状态，其基本内涵是法院司法活动的过程和结果要体现公平、平等、正当、正义的精神。司法公正是司法制度的基本要求和最高原则。诉讼费制度是诉讼制度的子制度，诉讼费制度的改进只有以司法公正为理念指引和原则导向，理念检验制度和创新相关制度，才能使诉讼费制度在顶层设计上符合法治中国的长期性目标，彰显社会正义。

（一）我国现行诉讼费制度存在的问题严重侵蚀了司法公正

司法公正要求程序正当，公平、平等地保障民众接近正义的权利；在公权力与私权利、私权利各方当事人之间平衡冲突的利益关系；依法约束公权力的运行，保证司法行为的中立和廉洁。首先，检视我国现行的诉讼费制度存在着弱势群体司法救助的范围有限、程序不透明、救济低效率问题，归结于诉权平等实质保障的缺失，结果是普通民众宪法上的诉权无法在程序法上实现，民众不能在经济条件不平等的情况下平等地享受司法福利；其次，检视我国现行诉讼费制度存在的调节功能弱化、滥诉行为制裁功能不彰问题，是对诉讼费本质的背离。最后，诉讼费"收支两条线"不能完全落实，收费、退费不便捷，监管机制不协调本质上凸显了公权力与私权利关系中制度的公平性和司法廉洁性问题。

（二）以司法公正为指引，才能使诉讼费制度在宏观层面上跟进司法改革的大势

诉讼费制度的改进构建于"四五司法改革"确立的公正司法制度条件。2006年《法院诉讼费用收费办法》出台于"诉讼费收支两条线"的管理体制，但由于司法经费保障制度并不完善，法院审判活动难以摆脱受制于地方财政，相当程度上依赖收取诉讼费弥补办案经费的困局。"四五司法改革"将实行省级以下司法经费由省级财政统管、中央统一拨付的独立司法经费保障制度，解决了传统经费体制下妨碍司法公正实现的制度性障碍。排除了直接、间接地影响司法公正的财政约束，使司法获得政治上、裁判权上的自主。现行诉讼费制度的改进所奠基的新的体制环境，对于建立公正、科学、透明的诉讼费收取和管理制度的深层次意义不可低估。

（三）基于司法公正的原则才能厘清诉讼费性质的认知，强化收费行为正当性

在司法经费依赖于地方财政的传统体制下，司法人员的认知和实际的制度运行均显示诉讼费具有较强的补偿功能，即以填补国家司法活动支出为基本目

的。在调研中，许多基层法院的法官由于司法程序的支出与当事人诉讼费交付的比例失衡，提出诉讼费过少难以抵补程序的耗费，要求提高诉讼费；有些甚至默许利用司法裁量权超范围收取诉讼费的行为，认为这种行为具有目的上的合理性。不可否认，即使司法经费实现国家财政完全的供给，诉讼费仍具有增加国家财政的客观效果，但将其制度定位于优先实现补偿功能是极其有害的，在性质上违背了诉讼费国家规费的本质，将诉讼费的法律地位蜕化、等同于行政收费，并为一些法院的违法收费、违规收案提供口实。成本补偿观点的理念错位在于，作为诉讼费基础的司法权降低为行政权，法院会脱离法律和公共利益，基于自身的费用计算，衡量案件的受理和裁决，受制于地方利益、部门利益，诉讼费收取过程中法院就变成了案件利益的经济人。按照公共治理的要求，国家承担管理社会公共事务的职能，司法活动产生的司法费用属于国家应承担的公共支出，诉讼费是国家规费而非法律个体的收费或者对司法成本的补偿费用，国家授权司法机关行使审判权发生的司法成本在制度收益上通过社会稳定、保障公民的私权等机会成本加以平衡。在经费上的独立性才能保障国家司法的独立性和公益性。认识国家司法支付行为的法定义务性和正当性，有助于区分司法权与行政权，实现收费规则法定、程序法定，强化诉讼费监管与约束的改进，维护司法公正。

（四）把握司法公正的要义才能合理规范诉讼费规则

按照司法公正的要求，诉讼费的制度规范应体现公平对待、机会平等的内涵。诉讼费制度受到不同国家的法系传统、文化传承、国家财力等多种因素的共同影响，而体现出多样化的状态，但共同的特点是基于制度的存在国情、法律实施的条件，体现机会平等、司法资源公平配置的公正标准。这些标准构成了包括我国在内的各国诉讼费制度的共性，也是改进诉讼费制度的标尺和依据。

我国现行诉讼费制度中存在着部分诉讼费标准不合理、收费标准不妥当问题；诉讼费规则中的收费对象划分还有待强化科学性和合理性，例如，实践中，对于争议的财产案件与非财产案件性质界定、财产的标的额的评估确定等问题，还存在争议和不同的收费方法，出现了同类案件不同法院适用不同收费标准的不公平问题。这些问题严重地妨碍了司法公正，应通过精细化收费规范，实现司法裁判的正义价值。

二、以司法为民的理念，保障基本诉权、强化司法救助

诉讼费制度改进采用结构性的制度调整方式，即对于特殊案件降低收费或者免收费；对部分案件增加收费和调整收费标准，以防止诉讼费收费整体水平

的大幅度变化带来的当事人维权成本的过度动荡。结构性改进的制度目标是：第一，基于保障基本诉权的要求，维持现行社会可接受的诉讼收费一般标准；第二，对于特殊社会弱势群体，实行倾斜性保护，扩张司法救助，提升权利保障水平。

（一）维持现有的基本收费标准，保障普通民众打得起官司

1. 维持现有基本收费标准体现了国家的公共责任

司法程序的目的是权利的救济与纠纷解决，诉讼费的支付与收取具有矫正正义的性质，因为矫正正义主要是以程序规范的形式对失衡的分配正义进行纠错。作为一种程序的正义，它的功能在于通过在当事人间对程序权利资源的分配促进实体正义的实现。就诉讼费所涉及的民事诉讼和行政诉讼来说，救济程序以公民请求权的方式启动。由于诉讼费具有确认原告行使诉权的法律效果，诉讼费制度设计担负着保障公民获得普遍的国家司法服务的职能。因此，当今法治国家的诉讼费制度改革确立了基本诉权保护下的一般交费原则和标准，并使之与社会整体水平、民众的司法成本负担能力相适应。司法为民，保障基本诉权更为社会主义司法制度所倡导。所谓司法为民，在国家和民众关系上要求国家要保障任一社会成员能够公平地从政府、市场和社会获得自己生存与发展的权利机会和权利的救济条件。维持现有基本收费标准体现了国家对于司法公共支出的负担原则和社会治理的公共责任。

2. 维持现有收费标准符合我国"新常态"的经济阶段性特征

从最高人民法院《人民法院诉讼收费办法》到国务院《诉讼费用交纳办法》，我国诉讼费的水平变动显示出新旧规则结构性调整、整体上稳定衔接的趋势，其意义在于：在国家和国民的经济水平持续稳定增长的情况下，保持诉讼费在规则上的相互衔接和标准上的基本平衡。"新常态"是定义的中国经济发展阶段未来相当长时期的核心特征，即未来我国经济增速将迎来换挡期，从高速增长期向中高速平稳增长期过渡。"新常态"透视了我国宏观政策未来的选择，并决定着诉讼费制度改进的方式选择。研究显示，中国诉讼数量的增长与 GDP 有高度的相关性。在"新常态"经济特征下诉讼费制度改革应是平稳而渐进的。中国经济网整理的 10 年来中国经济数据显示，我国 GDP 增速从 2012 年起开始回落，2012 年、2013 年、2014 年上半年增速分别为 7.7%、7.7%、7.4%，告别过去 30 多年平均 10%左右的高速增长。①由此，诉讼费的整体水平应顺应经济

---

① 参见佚名：《习近平新常态表述：新在哪里，常在何处》，载于 http://finance.sina.com.cn/china/2014 0810/124619965335.shtml，于 2014 年 8 月 12 日访问。

发展的整体趋势。同时，由于我国人口众多、地域辽阔，各地经济发展不平衡，按照法的秩序安定性原理，维持适度的诉讼成本水平对于充分发挥司法的功能，保护社会公众正当地行使诉权，维系社会的法治秩序具有重要意义。[①]

（二）通过司法救助，促进实质意义上的诉权平等

除了完善一般交费原则和标准之外，诉讼费制度改进应强化弱势群体救助制度。我国处于社会经济转型时期，城乡分离发展的社会二元结构和经济转型时期产生的众多弱势群体，需要更为有效的司法救济制度。而现行诉讼费制度仍局限于司法经费体制和有限的救济范围，存在救助的行政程序与司法程序难以有效率地衔接等障碍，亟须强化相关的制度安排加以改进。将完善司法救助作为重要的制度内容，对于生存性权利的救济应实行司法救助，扩张司法救助的范围，简化认定程序，完善诉讼费收取的缓、减、免制度，应是诉讼费改进的重要内容。

强化弱势群体诉讼费司法救助的意义在于：

1. 履行人权司法保障的国际义务

20 世纪 60 年代以来，诉权已发展为宪政层次上的基本人权，各国接近正义运动的制度变革均通过努力降低诉讼成本鼓励民众寻求司法正义。一般性可行性路径就是完善本国的法律援助制度使更多的贫困者能够获得权利的救济，实现权利救济机会的均等、司法人权保障的实质正义。司法救助制度的发展和完善也是我国诉权现代化转型的应有之义。2012 年 6 月，国务院新闻办公室发布了第二个以人权为主题的国家规划——《国家人权行动计划（2012—2015年）》。新的行动计划拟将民众获得公正审判的权利作为人权的重要内容纳入宪法保护的范畴，提出以诉讼程序为载体，通过放宽民事诉讼中的起诉条件，建立小额诉讼制度、公益诉讼制度等保障当事人的诉讼权利。我国的民事诉权要超越单纯的诉讼法意义而实现向宪法诉权的转型，必须将公共利益孕育的弱势群体保障的公共政策融入其中，完善与起诉条件、各类诉讼程序运用密切相关的诉讼费缓、减、免制度，有利于彰显我国尊重与保障司法人权的国际形象，推动司法改革大背景下的制度创新。

2. 满足国家治理现代化的要求

司法救助的社会属性是从司法过程的民生性出发，以民本主义为理念基础，体现社会主义司法的人文关怀。[②]在制度范畴上，司法救助属于国家治理中的社

---

① 参见邓志伟、江华、陈小真："诉讼成本及其控制"，载《人民司法》2008 年第 17 期，第 17 页。

② 参见左卫民："十字路口的中国司法改革：反思与前瞻"，载《现代法学》2008 年第 6 期，第 61 页。

会治理问题。因为社会治理的目标之一是解决"社会资源和社会机会合理配置"问题。按照社会资源公平配置原则促进实现公平正义是社会建设与治理的本质。民生为重、百姓至上是社会治理的出发点和归宿点。所谓民生为重，社会学的衡量标准就是国家要保障任一社会成员能够公平地从政府、市场和社会获得自己生存和发展的社会资源和社会机会，来支撑自己的物质生活和精神生活。社会资源与机会的公平配置，从积极意义上，能够相应形成各种能够良性调节社会关系的社会组织和社会力量；从消极意义上，能够形成应对社会矛盾、社会问题和社会风险的新机制、新实体和新主体。[①]

司法救助具有诉权保障的功能，使当事人即使在特殊困难的情况下，面对权益争议和权利侵害仍能够获得国家稀缺的审判资源，有效地解决纠纷、实现权利救济。改进现行的司法救助制度能推进我国社会治理的现代化程度。一方面，通过司法救助完善制度，强化民众主观上对社会公平的共同认可、认同，增强司法公信力和司法的感召力，形成新的社会正能量。另一方面，通过完善司法救助制度能够消除和控制社会风险。因为司法救助因其面向社会特殊群体的特点，面临的往往是基本生存、基本权益的保障问题，具有公共性和普遍性。通过司法救助将争议引入审判程序，能够使民生问题、敏感问题作为社会动向较直接、迅速地向有关部门反馈，政府决策机关能及时地掌握各种涉及稳定社会风险的动向，及时、妥当地回应各种普遍的利益关切，化解社会冲突。

三、以公平兼顾效率的价值目标，设置差异化的收费规则

程序法制度以公平兼顾效率为价值目标，公平兼顾效率同时也构成我国诉讼法的基本原则。效率价值是指优化配置司法资源，使得有限的程序资源产出最大的经济效益和社会效益，[②]标准是司法资源得到最佳的配置。公平价值是指程序资源和程序权利的均等化配置，标准是程序资源的合理利用。公平兼顾效率是指，通过诉讼资源的优化和合理配置，使诉讼活动和诉讼程序的运行产生最大的经济性节约和最大的社会效益。诉讼费制度牵涉到从当事人起诉到裁判执行各诉讼阶段，直接制约着各类诉讼程序机制的功能发挥，因而决定着诉讼制度价值的实现，因此，诉讼费制度是否体现公平兼顾效率的价值判断是衡量其制度先进性的整体性标准。研究发现，一方面，诉讼费公平配置诉讼资源的作用没有充分发挥，表现在：现行的诉讼费制度背离了程序受益者负担的

---

① 参见郑杭生：《促进公平正义，社会建设的本质》，2012年10月17日，理论版。

② 参见胡铭："论诉讼效率的提高与资源配置的优化"，载《甘肃社会科学》2005年第1期，第71页。

基本原理和按照诉讼资源的耗费确定收费标准的公平原则，涉及公共利益的案件还没有按照公益性设置特殊的收费标准和程序。例如，申请支付令案件比照一般财产案件具有及时方便，节约诉讼成本的特点，但《诉讼费用交纳办法》规定，申请人按照案件受理费的三分之一交纳诉讼费。与原来按照 100 元交纳的标准相比，大额的支付令案件诉讼费显著地增加，同时又没有规定债务人异议时的退费制度，因此，引起了调研中显示的支付令申请案件大量下降。本应引导更多无争议债权救济的便捷程序，由于诉讼费规则与程序导向的冲突，被当事人被迫放弃。另一方面，现行的诉讼费制度由于降低了原有的诉讼费标准，部分案件存在着收费标准和免收费范围不合理，诱发当事人不经济、甚至过度利用司法程序问题，导致诉讼案件大幅度上升，现有的审判资源难以保障公正地审理案件，诉讼费的诉讼调节功能失灵，妨碍了诉讼费制度的效率价值；（从比较法经验的分析、调研信息显示、诉讼费制度的法理论证，其指向的共同性结论就是）：达成诉讼费制度公平兼顾效率的价值目标，应通过改进诉讼费的制度设计，按照差异化的方式调整现行的诉讼费标准和收费程序。

（一）通过制度激励强化调节功能，实现制度效率

制度激励功能是行为经济学和制度经济学共同的分析工具。按照行为选择理论，行为人是理性的，厌恶风险的心理取向可以改变行为的选择而做出风险规避，使行为结果有利于自己利益的最大化。制度经济学认为，制度的激励功能是通过规则形式事先公布的，通过传递信息、引领观念、指导行为达到改变人们行为的效果。按照激励的方向，制度激励分为正向激励和负向激励两个方面。在诉讼费制度激励的功能设计上，首先，鉴于现行诉讼费制度存在调节功能弱化、制裁功能不彰的问题，应发挥诉讼费正向激励功能，以分流案件，引导当事人选择非诉讼或者简便、适宜的程序；其次，应发挥诉讼费制度的负向激励功能，对滥诉行为，强化诉讼费的制裁功能。

1. 通过正向激励，分流案件

调研显示，现行诉讼费规则实施以来，法院受理案件总体上呈现上升趋势。这种结果的出现当然是由于多方原因。在客观上，经济社会加快转型使我国进入比较特殊的社会矛盾凸显期，由此带来国际上相同历史时期同样面临的"诉讼爆炸"；在主观上，由于司法能力的增强带来的受案范围相对扩张，一些过去不予受理的纠纷逐渐纳入法院的受案范围；一些新型纠纷也常被受理，尤其是行政诉讼的发展导致的行政案件的增加。当然，司法不公问题导致的生效判决没有发挥定纷止争的效果，反而一定程度上引发了新的纠纷和派生纠纷，也导致法院处理案件总量增加，但是，诉讼费制度对案件总量增长的因果关系难辞

其咎。因为诉讼费是诉讼调节的杠杆，通过诉讼费收费标准的浮动和负担的变化，会形成调节当事人救济选择和案件数量的调节空间。我国《民事诉讼法》《行政诉讼法》虽然没有规定交纳诉讼费作为当事人起诉和行使诉权的必要条件，但是事实上，在当事人不交纳诉讼费或者申请缓交、减交、免交诉讼费而未经法院准许的情况下，诉讼程序无法启动。在实证意义上，1999 年《人民法院收费办法》实行开始后，曾发生过由于申请再审不收费，其再审改判率较高，当事人放弃二审上诉权，在判决生效后直接申请再审，导致大量再审案件增加的不正常现象。

诉讼费调节诉讼的原理在于：作为诉讼程序启动的必要条件，诉讼费是牵动程序选择的潜在因素，费用机制是程序的重要推动力。[①]诉讼费标准和负担对于诉讼程序选择的影响过程包括：第一，决定某一程序的启动，主要表现在诉讼与非诉讼救济机制的选择，普通程序与特殊程序、简易程序之间的选择；第二，决定程序的运转，主要表现在当事人上诉权、再审申请权、执行权的行使等；第三，诉讼主观心态的选择。主要表现在当事人诚实地诉讼、合理行使诉权还是虚假诉讼、欺诈诉讼；第四，决定结案方式，如选择判决结案或者法院调解结案。诉讼费还能够发挥预防和减少权利义务争执的效果。因为诉讼费原则上由败诉方负担，无理争执之人将导致因他人诉讼而负担费用。无形之中将有疏减讼源之作用。[②]正是诉讼费制度的激励功能，各类诉讼程序才能在立法的预设和调整之下得以运转。

基于诉讼费调节诉讼的内在机制，在各国的诉讼体制中，诉讼费机制与诉讼文化、国家政策、法院的司法能力以及律师制度构成影响诉讼发展的结构性条件。在比较法的经验中，德国《民事诉讼法》一方面通过明确、严密的规范强化了一般案件的收费标准，使原告在选择诉讼程序时对诉讼成本与诉讼收益审慎考量；另一方面通过诉讼费"奖励"引导当事人选择非诉讼制度处理纠纷。德国《民事诉讼法》第 98 条规定，约定和解的费用，在当事人间没有其他合意时，视为相互抵消。[③]中国台湾地区"民事诉讼法"立法者认为，"反诉"为一项既兼顾了被告利益又兼顾了诉讼经济的简便程序，为了鼓励被告利用此项程序，避免另行起诉，以减轻讼累，故明文规定了"本诉与反诉的诉讼标的相同

---

① 参见王福华："费用推动程序"，载《法学家》2010 年第 6 期，第 83 页。

② 参见杨建华、郑杰夫：《民事诉讼法要论》，北京大学出版社，2013 年版，第 105 页。

③ 《德国民事诉讼法》第 95 条、第 96 条。参见[德]罗森贝克、德施瓦布等：《德国民事诉讼法》，李大雪译，法律出版社 2007 年版，第 56 页。

者，反诉不另外征收裁判费"。①有学者在研究国外群体诉讼时发现，诉讼成本的多寡会影响人们对于群体诉讼的实际利用。英国由于采用"严格的诉讼费机制"，以"群体诉讼令"管理诉讼费，当事人费用负担较重，虽然发挥了遏制滥诉的作用，也增加了维权成本；而澳大利亚群体诉讼的费用主要为立案登记费用，只具有象征意义，律师费采用当事人分摊的方式。因而后者的群体诉讼实践要活跃于前者。②

基于我国现行诉讼费制度导致的案件集中、降低司法效率、影响司法公平的问题，应通过诉讼费的制度调整，激发调控功能。其途径是：

第一，促进案件向诉讼外分流。按照调节案件总量的要求，将部分案件纳入收费的范围，例如再审案件、第三人撤销之诉、申请实现担保物权案件应当收取诉讼费；再如，调整知识产权案件、行政案件的收费标准。由此通过结构性调整，适度地提高一般财产案件的收费水平。案件总量调控的直接后果是依据当事人必要诉讼费的支出，将确需司法救济的权利争议集中于法院，协调诉讼与非诉讼的纠纷解决共同机制的关系，优化法院的资源配置，提升司法的效率。因为一方面司法效率原则要求按照现代纠纷解决的多元机制，发挥司法、社会自治等多元纠纷处理途径的整合效用。另一方面，非诉讼纠纷的解决具有便捷、合意、当事人主义与较多市场化的特点，最终能达成实现当事人程序和实体自治的根本目的，使被救济的原权利回归私权本性。

第二，促进案件向普通程序之外分流。为解决诉讼迟延的问题，许多国家采取了诸如民事诉讼程序改革、设立小额法院、近邻法院、消费者法院等专门法院等方面的举措。这些改革措施的直接目的是为提高诉讼效率，避免迟到的正义，而且客观上降低了当事人诉讼成本，因为缩短了诉讼时间，减少了当事人相应的诉讼耗费，相应的诉讼费配套以低廉"制度奖励"的激励方式。我国《民事诉讼法》修订后，通过分离普通程序与简易程序、设置小额诉讼、司法确认程序、担保物权实现程序等，以纠纷解决的需求配置适宜的程序机制，使程序分类呈现出日益强化的趋势，通过诉讼费制度将集中于普通程序的案件向较为简易、便捷的程序分流条件已经具备。因此，在诉讼费制度设计上应降低简易程序、特殊程序的收费标准。此时，诉讼费制度是国家规制某一程序的"指挥棒"，用来释放国家对某一诉讼程序的立场和态度。

---

① 参见王甲乙、杨建华、郑健才：《民事诉讼法新论》，（台北）三民书局 2009 年版，第 92～98 页。
② 参见王福华："费用推动程序"，载《法学家》2010 年第 6 期，第 87 页。

2. 通过负向激励，强化对滥诉行为的制裁

制度的负向激励是指对于不当诉讼、以侵权为目的的诉讼，设置处罚性的诉讼费规则，惩罚滥用诉讼资源的行为。滥用诉讼资源的行为统称滥用诉权，即指滥用诉讼权利。它是随着现代法的不断发展，诉讼主体权利扩大而出现的负面产物。滥用诉权的含义是，当事人违背权利的目的而行使权利。以诉讼行为实施的诉讼阶段为标准，可将其类型划分为：滥用起诉权、滥用管辖异议权、滥用上诉权和滥用强制执行申请权。①诉讼权利滥用的危害是多方面的：首先，违背了司法程序维护正当利益的公共目的；其次，直接损害了相对人的实体利益和诉讼利益；再次，发生社会成本，浪费了稀缺资源，增加了司法机关对无益诉讼的程序损耗，甚至引发司法欺诈、虚假诉讼等严重损害司法权威和司法秩序的社会后果。为了预先防范和阻却滥用诉权行为，各国均通过诉讼费的负向激励功能，赋予司法机关对滥用诉权行为的惩治权。

诉讼费制度对于滥用诉权行为的负向激励原理在于：规定诉讼费由败诉方负担和对滥用行为人增加诉讼收费，昭示了国家司法权对于滥诉行为持否定态度。因此，诉讼费制度作为法定的公示的规则，通过对恶意诉讼、滥用程序行为的制裁性负担而发挥警示、制约的行为引导作用，促使当事人正当地行使诉权。即在民事诉讼过程中，法院一旦发现拖延诉讼、恶意诉讼等不当诉讼行为时，可以判令违背诚实信用原则的一方当事人承担因此而发生的一切诉讼费，并赔偿对方当事人因此而受到的损失。通过诉讼费的征收标准、费用负担及相关程序等制度的设置和运行，使得当事人在提起诉讼和诉讼过程中不得不考虑滥用权利的后果，从而自觉规范其行为。

对于滥用诉权行为实行负向激励的正当性，源于权利行使的禁止权利滥用和诚实信用原则。现代社会纷繁的利益诉求和激烈的权利纷争使传统法学理论从强调个人本位转变为注重社会本位。禁止权利滥用的原则要求权利行使承担对他人、对社会的义务，"权利应负义务""个人权利行使尊重他人权利"的观念成为主流的行为价值判断标准。诚实信用原则是民事实体法的一般条款和公认的基本原则，要求人们以守信、善意的道德原则行事，在程序法上尊重司法秩序和诉讼中法院与当事人的信赖关系。由此，当事人恶意利用程序权利获得有利的诉讼结果时，法院可以根据信义原则否定他所期待的结果。同时，由于良好的诉讼秩序对诉讼顺利进行有着极为重要的意义，诚实信用原则要求当事

---

① 参见方晓阳："禁止诉讼权利滥用的法理分析——以日本为主视角的研究"，载《福建法学》2003年第3期，第10页。

人严格依法行事，不得任意制造事端、破坏正常的诉讼秩序，即使获得某种诉讼上的权利和利益，但是根据诚实信用原则，法院有权否定之。[①]

诉讼费制度对于滥用诉权行为的负向激励功能，是程序处罚功能的体现，也是国际上诉讼费制度的惯例之一。日本《民事诉讼法》在其第 2 条"法院和当事人的职责与义务"项下规定："法院应为民事诉讼公正迅速地进行而努力；当事人进行民事诉讼，应以诚实信用为之。"[②]在诉讼费制度上，日本对滥用上诉权者采取交付 10 倍于上诉手续费罚金的规则，对滥用诉权行为直接予以经济制裁。《德国民事诉讼法》第 95 条规定：无益的攻击或者防御方法的费用，即使其在本案中胜诉，也可以作为败诉方负担原则的例外，而由诉讼行为人自行承担；当事人提出无益上诉者，其上诉费由提起上诉的当事人承担。[③]

我国《民事诉讼法》第 13 条规定："民事诉讼应当遵循诚实信用原则。"禁止诉权滥用是诚信原则的具体适用。我国诉讼费规则中也曾规定对不当诉讼行为的诉讼费处罚。例如，1999 年《人民法院诉讼收费办法》规定：依照《民事诉讼法》第 179 条第 1 款，向人民法院申请再审的案件，当事人依照《办法》的有关规定交纳诉讼费用；当事人对一审判决或者裁定未提出上诉，一审判决或者调解书已经发生效力后，当事人又提出申请再审的，人民法院经审查决定再审的案件，依照《办法》规定交纳诉讼费用。但是，调研显示，《诉讼费用交纳办法》关于诉讼费的制裁功能还有待进一步强化，在日益增长的劳动争议案件、管辖权异议案件中不合理收费标准助长了当事人的滥权行为；败诉方诉讼费的交纳义务在判决的宣誓中还不明晰。发挥诉讼费的负向激励功能必须通过完善规则，彰显诉讼费的制裁功能。

（二）通过规则调整，促进程序资源的合理配置

诉讼费制度的公平价值是指诉讼费的收取应促进程序资源和程序权利的均等化配置，实现诉讼资源的合理利用。诉讼费制度能够通过诉讼成本的公平分担，确保司法资源在程序需求不同的纠纷解决中妥当、均衡地使用。各国诉讼费制度向我们展示出共同的结构性区分的规律，即按照案件的诉讼与非诉讼性质、案件的财产与非财产性质、案件审理程序的繁简性、诉讼阶段的不同性、诉请的标的数量不同确定收费依据。例如，我国台湾地区"民事诉讼法"规定：

---

① 参见方晓阳："禁止诉讼权利滥用的法理分析——以日本为主视角的研究"，载《福建法学》2003年第3期，第11页。

② 参见白绿炫：《日本新民事诉讼法》，中国政法大学出版社 2000 年版，第 4 页。

③ 《德国民事诉讼法》第 95 条、第 96 条。参见[德]罗森贝克、德施瓦布等，《德国民事诉讼法》，李大雪译，法律出版社 2007 年版，第 56 页。

对于其变更或追加后诉讼标的的价额超过原诉讼标的的价额的，当事人就其超过的部分应该补征裁判费。[①]可见，诉讼费制度不仅要实现效率价值，还要保持合理配置诉讼资源的公平价值。

诉讼费与案件诉讼所需资源利用关系的衡量具有相当的技术性质，要求细化诉讼费的规范性，按照诉权和诉讼程序的内在规律判断两者的关系。由于我国现行的诉讼费制度规范性上还存在着诸多的模糊问题，诉讼费收取的公平依据还有待细化。例如，欠缺社会公益案件的收费规则、财产案件与非财产案件的厘定标准、如何调整程序转换或者当事人请求权变更时的诉讼费数额，实践中多有争议。基于诉讼费制度的公平价值考量，有必要对此方面的问题提出明确的规范。

第二节　代表性国家和地区诉讼费制度改革的经验和借鉴

在20世纪70年代以来全球性"接近正义"司法改革大背景下，大陆法系和英美法系各代表性国家普遍开展了改革诉讼费的制度探索和卓有成效的实践。诉讼费制度呈现出以司法救助、保证基本诉权和强化诉讼费调节诉讼的功能，构建诉讼外多元纠纷解决机制为特征的发展趋势。借鉴两大法系诉讼费制度改革的经验，在诉讼的现代转型和诉权平等保护理论支撑下，能够推进我国建立公平兼顾效率的诉讼费制度。

一、诉权理念的变革促进诉讼费制度的改革

（一）两大法系诉权现代化转型的共同趋势

在传统理论上，通常将民事诉权辨别为程序意义的诉权和实体意义的诉权。程序意义的诉权是指当事人享有程序法上的救济权益，有权向法院起诉，请求维护本人的权益或在诉讼中停止辩白等；实体意义上的诉权是指被告向法院提出实体上的请求的权益和被告能够经过法院反驳被告的请求和反诉的权益。实体意义诉权的完成必须依托程序意义上的诉权。

"二战"以后，日本学者依据宪法关于"任何人在法院承受审讯的权益不得剥夺"的规则开展了宪法诉权说。该学说将宪法上所规则的公法性质的人民享

---

① 参见王甲乙、杨建华、郑健才：《民事诉讼法新论》，（台北）三民书局2009年版，第92～98页。

有承受审讯的权益与诉权相分离，主张应将宪法上所保证的诉讼受益权引进诉权理论。

此时，民事诉权已超越了单纯的诉讼法意义而完成了向宪法诉权的转型。传统的诉权概念也逐步被裁判请求权、诉诸司法权、程序保证请求权、接近正义权、接近司法权等现代话语所取代。由此，诉权的现代转型首先表现为许多国家确认承受司法裁判权是人民享有的一项由宪法保证的根本权益，诉权维护呈现宪法化的趋向。诉权的现代转型还表现为许多国际法文件对当事人的诉权保证作了明白规则。例如，1966 年《公民权益和政治权益国际条约》将"接受公正审讯的权益"（right to afair trial）作为民主法治社会中公民所享有的一项根本人权。诉权保证的国际化趋向正是在这种大背景下产生的。

诉权的现代化转型在我国立法也有突出的体现。2012 年 6 月，国务院新闻办公室发布了第二个以人权为主题的国家规划——《国家人权行动计划（2012-2015 年）》。新的行动计划将民众获得公正审判的权利作为人权的重要内容纳入宪法保护的范畴，提出以诉讼程序为载体，通过完善民事诉讼中的起诉、受理和开庭前准备程序，建立小额诉讼制度、公益诉讼制度，完善保全制度、证据制度、送达制度、裁判文书公开制度和审判监督程序等，保障当事人的诉讼权利。由此，我国的民事诉权已经超越了单纯的诉讼法意义而实现了向宪法诉权的转型，并力图在宪法和法律构筑的恢恢法网中对诉权予以具体有效的保障。在诉权保障宪法化和国际化的趋势下，我国对民事诉讼制度作出适时全面的调整，无疑顺应了诉权理念的发展规律。此举不仅有助于进一步提升人权保障的制度化和法治化水平，而且对于保障人民的各项基本权利、实现人权事业的全面发展均具有重要而深远的意义。

（二）诉权的现代转型对诉讼费制度的影响

诉讼费制度是各国诉讼制度中的一项不可或缺的制度。诉讼费用与诉讼权利一样，与当事人的切身利益密切相关。而诉讼费用制度的科学性与合理性在一定程度上决定了民众能够接近司法的程度。诉权的现代化转型把其提高到宪法权利的高度上，因此，对与诉权密切相关的诉讼费用制度的改革和研究也就显示出了独特的理论意义和现实意义。

诉权现代化转型对诉讼费制度的影响表现如下：

第一，诉讼费制度对公民的诉讼观念起着重要的引导作用。诉讼法制度现代化的实现，不仅需要建立一套与市场经济的内在要求相契合的诉讼制度，而且要求社会成员需具有相应的诉讼观念与之配合、协调。人们对诉讼的感性认识往往决定着他们对运用诉讼手段来解决纠纷的期望值的大小，诉讼观念作为公民意识在诉讼领域的表现为法治秩序提供着内在驱动力。公民的诉讼观念内在地指导着人们的诉讼行为，而与此同时，诉讼制度又会对公民的诉讼观念产生反作用，两者是相互促进相互影响的关系。

第二，诉讼费用制度体系下的司法救助制度制约着当事人诉权的实现程度。公民将私人纠纷提请法院运用公权力予以解决是宪法赋予的权利，而这一权利的实现让普通民众真正接近司法、享受司法福利，诉讼费用制度起着至关重要的作用，也就是说，宪法赋予的当事人利用诉讼解决纠纷的权利不应因诉讼费用的不合理而受到侵害和干扰。日本学者川岛武宜认为，要支付的诉讼费用和漫长的诉讼时间使诉讼尤其是金钱诉讼即使胜诉也变得无意义，尤其是在通货膨胀不断发展的现状中更是如此。因此，如果诉讼费用制度不合理，只会让"所谓的接近正义对于普通民众来说变成一件可望而不可即的奢侈品"。这就使得司法救助制度在诉讼费制度体系中起了至关重要的作用。

第三，诉讼费用制度是各类具体诉讼制度功能发挥和协调运转的导向器。诉讼费用的高低对诉讼的适用率将有直接的影响。当事人的案件得到法院受理后，诉讼费用制度就成为当事人面对的第一项具体制度，也成为影响当事人诉讼选择的重要因素。

例如，对调解和撤诉的诉讼收费如果与判决收费相同，则会打击当事人达成调解的积极性，对申请再审案件的收费规定不合理可能会导致当事人规避上诉程序。另外，适当的强化诉讼费会引导当事人对诉讼外纠纷解决机制（ADR）的选择，促进司法资源的合理配置。

二、通过诉讼费的制度刚性强化诉讼调节功能

民事纠纷的大量涌入与司法资源的紧张是各国普遍面临的难题，多元纠纷解决机制的创设与发展为各国解决上述难题提供了契机与方法。多元纠纷解决机制的意义就是能够使案件分流，满足当事人不同价值取向和不同层次的需求。为此，两大法系国家都纷纷设置了多样化的非诉纠纷解决程序。诉讼费是当事人进入诉讼程序的第一道门槛，其对当事人对纠纷解决机制的选择有着重要的影响。通过调整诉讼费制度与诉讼成本机制引导当事人选择非诉程序解决纠纷，既能化解司法压力，又能使当事人树立不以诉讼为限的多元纠纷解决途径理念，培育和强化公民社会自治能力，促进和充分发展每一种纠纷解决途径机制各自的优势。诉讼费的制度调节功能主要表现为以下两方面：一是诉讼费制度刚性调节诉讼的功能。通过诉讼费的制裁功能防止滥诉、节约司法资源，形成诉讼费正向引导和负向惩罚的制度平衡；二是诉讼费引导纠纷机制选择的功能。在

诉讼程序内引导当事人选择简化的民事程序，提升诉讼效率。

1. 以律师费或审判费用为司法成本控制诉讼总量

诉讼费制度是各类具体诉讼制度功能发挥和协调运转的导向器。诉讼费用的高低对诉讼的适用率将有直接的影响。当事人的案件得到法院受理后，诉讼费制度就成为当事人面对的第一项具体制度，也成为影响当事人诉讼选择的重要因素。两大法系的各国对诉讼制度的具体设计和改革（如诉讼费用的构成、负担原则、交纳标准等），其目的之一就是要充分发挥诉讼费调节诉讼的作用。

美国和法国在各自的司法改革的进程中分别确立了"廉价司法主义"和"无偿司法主义"，诉讼费的低廉和无偿使得这两个国家看起来没有了进入诉讼的门槛，但是，它们高额的律师费用却使得这两个国家的当事人必须要慎重起诉。在德国和日本，混合主义诉讼模式使得其审判成本较高，相应其诉讼费用中的审判费用设置得也较高，这就使当事人在选择诉讼时不得不计算诉讼成本。另外，两大法系对于各国诉讼费负担原则的选择是一致的，都选择"败诉方负担原则"。这一方面体现了对违法者的惩罚，重要的是可以起到使"原告方慎重起诉、被告方慎重应诉"的作用。

2. 通过调整诉讼费负担规则防止滥诉

德国《民事诉讼法》第 67 条规定违反诚实信用原则发生的费用负担。对于因一方违反诚实信用原则未履行通知等义务，导致对方发生诉讼费用的，不论何方胜诉，该部分诉讼费用由违反此义务方负责。

德国《民事诉讼法》第 97 条对上诉费用作了两项规定，其一是当事人提起无益的上诉时，上诉费用由该当事人负担；其二是一审败诉的当事人在上诉审中，因提出的新主张而胜诉，如此种主张在原审中即能提出者，上诉费用由胜诉当事人负担其全部或一部分。日本法在败诉方负担原则之外，做了以下例外的规定，以下费用不由败诉方负担：一是对于因胜诉方当事人从事了在伸张自己权利或进行防御时所做的并无必要的行为而产生的费用；二是因诉讼延迟而增加且应归责于胜诉方当事人的费用；三是因败诉方当事人在有必要伸张自己权利或进行防御时从事了一定行为而发生的费用，法院可以命令胜诉方当事人负担其中的部分或全部。

在英国，赋予法院作出诉讼费用命令的权利，这种命令能够更有效地激励当事人负责任地为诉讼行为，或者能对当事人不合理的行为产生更有效的威慑力。

3. 诉讼程序内促进当事人简化程序的选择

为解决诉讼迟延问题，许多国家采取了诸如民事诉讼程序改革、设立小额法院、近邻法院、消费者法院等专门法院等方面的举措。在英国的审判费用没有依诉讼标的金额比例收费的具体规定，特别在小额诉讼中，诉讼费用的比例可能高于诉讼请求的金额，有可能等于、甚至超过案件的争议金额。为了解决诸如小额诉讼的诉讼费用过高的问题，英国法规定了固定诉讼费用制度。

三、通过精细化收费规范保障诉讼费制度公平

对于诉讼当事人和法院而言，诉讼费制度的程序正当性最直观地表现为收费内容、收费程序的法定性及可预测性。比较各国（地区）的诉讼费收费规范，在大陆法系国家中，日本、德国和我国台湾地区都对诉讼费制度进行了精细化立法，英美法系中的英国更是在民事诉讼规则之外制定了超过八万字的《有关诉讼费用的规则及诉讼指引》来规范诉讼收费。

日本有关诉讼费用的内容被规定在民事诉讼法第四章中分 3 节 26 条，除此之外，专门制定了《民事诉讼费用等的法律》，具体详细地列举了裁判费用以外的收费种类、各类特殊案件的收费标准以及其他各种收费事项。我国台湾地区的诉讼收费制度被规定在"民事诉讼法"第三章中分为 5 节共 67 条，对诉讼标的价额的核定、诉讼费的计算和收取、诉讼费用的负担和担保以及诉讼救助都有详细的规定。德国的诉讼费制度被规定在《民事诉讼法》以及《法院费用法》中，对于多数人诉讼、部分胜诉等问题的诉讼费用负担问题以及法官对诉讼费用的自由裁量权限等都有详细的规定。

精细化的诉讼费用收费规范能够使诉讼费制度的功能得到优化，有助于实现我国司法改革的目标和国家治理体系的现代化，便于诉讼费的科学化、标准化管理。另外，诉讼费收费规范的精细化在一定程度上能够防止法官在诉讼费用方面滥用自由裁量权，防止法官在办理案件中利用审判权寻租，让法官有法可依、依法收费。从当事人的角度考虑，精细化的收费规范有利于当事人对诉讼费用的预测，可预测的诉讼费用可以减少当事人对利用司法的顾虑及对法院和法官的不信任，能够鼓励其利用司法程序解决纠纷。

四、通过扩张司法救助范围保障弱势群体的诉权

诉讼费的收取从总体上体现了诉讼费制度的防止滥用诉权、促进司法资源合理配置的功能。但其无法体现诉讼费制度保障诉权、促进正义实现的功能。只有在陷入法律困境中却又无力支付诉讼费用的人们能够公正、顺畅地接受法律救助接近利用司法维护自己权益时，诉讼费制度保障诉权、促进正义实现的功能才能得以体现。

各国的诉讼费制度改革无一例外都在以降低当事人的诉讼成本、保障当事人的诉权为最终目标。但是，在如何降低当事人的诉讼成本、诉讼费用占诉讼成本的比例以及案件受理费的收费标准等问题上各国的理解各不相同。从我们考察的大陆法系及英美法系的国家和地区来看，单纯地以降低诉讼收费来降低诉讼成本、保障弱势群体的诉权的做法，几近为零。美国的廉价司法主义并不是由于其降低了诉讼费用，而是在其多年来形成的法律传统和国家、民主意识的环境中应运而生的。我国《诉讼费用交纳办法》是在老百姓反映打不起官司的背景下制定出台的，其应对诉讼成本过高的办法就是对大部分案件降低了诉讼收费，时至今日观其效果，虽然在诉权保障上发挥了些许作用，但是过低的诉讼费导致诉讼门槛过低，案件数量井喷式增长以及滥用诉权问题严重，利大于弊的共识已经达成。

如何使诉讼收费既能起到防止滥诉的作用又能使弱势群体都能打得起官司。各国的解决方法是一致的——健全司法救助、法律援助制度。我国现行法规虽然规定了诉讼费用减缓免，但制度的设计缺乏可操作性，导致各地适用不统一，没有完全实现制度设计保障困难当事人打得起官司的初衷。借鉴外国和中国台湾地区的经验，结合我国国情健全司法救助制度、制定法律援助法是我国诉讼费改革以至于司法改革的重要任务。

第三节　改进现行诉讼费制度的可行性

考察我国现行诉讼费制度运行的条件发现，党中央提出的实现国家治理现代化的治国方略为诉讼费制度改革提出了新的理论思维；"四五司法改革"为诉讼费制度提供新的制度基础和规则导向；多元纠纷解决机制的成熟能够保障诉讼费制度改进的顺利推进。我国法治国家的建设与发展证明，改进诉讼费制度的条件已经成熟。

一、现代化的治国方略为诉讼费制度改进提供了制度理性

2013 年党的十八届三中全会提出："全面深化改革的总目标是完善和发展中国特色社会主义制度，推进国家治理体系和治理能力现代化。"国家治理体系和治理能力现代化的核心是通过法治途径实现治理资源的优化。按照现代化国家治理的要求，作为司法制度的诉讼费制度应从强化体系的协同和制度能力的提升两方面达成这一目标。因为首先，国家治理体系就是规范社会权力运行和维护公共秩序的一系列制度和程序，它包括规范行政行为、市场行为和社会行

为的一系列制度和程序，政府治理、市场治理和社会治理是现代国家治理体系中三个最重要的层级体系。国家治理体系的现代化是指各类制度的协同化。诉讼费调整国家在纠纷解决制度中规费的收取、程序及管理问题，与诉讼程序制度、司法权配置制度、诉权保障等多种制度形成互动的有机关系。强化诉讼费制度与国家治理的体系协同，其基本要求是与相关制度同步改革推进，与正在进行的司法改革、诉讼制度改革相协调。"注重改革的系统性、整体性、协同性，"[①]诉讼费制度的完善是其应有之义。其次，国家治理能力的现代化是指创新传统的治理理念和治理制度，发挥治理资源的最佳效益。对于司法制度，就是实现司法理念的变革和制度效率的提升。我国处于社会转型时期，诉讼费改进作为系统性、整体性司法制度还滞后于多变的社会治理需要和利益诉求，必须变革理念，创新制度，调动和提升自身的制度能力，实现国家治理能力现代化的目标要求。

1. 现代国家治理理念提供了新的司法理念

诉讼费的改进首先要求弘扬中国特色的诉讼文化，发挥国家治理的本土资源优势。我国传统诉讼文化为"无讼文化"，面对民事纠纷，主流社会的观念倡导通过道德感化减少和阻却诉源，以多方调解等手段达到息讼的目的。现代社会的社会矛盾纠纷在实质上是冲突的利益关系，因此协调和解决手段注重"强调传统文化、社会和谐目标，长期合作的利益博弈"等传统理念的传承，在平衡各种利益诉求与制度冲突中，既凸显诉讼费在司法机关定纷止争、维护社会稳定中的作用，又防范司法资源的有限性与当事人纠纷的无限性之间的冲突。发挥诉讼费制度的调节诉讼、构建诉讼与非诉讼的纠纷解决协调机制十分必要。另外，现代诉权理论正在进行理念和制度的转型，发展出宪政诉权理论和纠纷解决权利理论。我国的诉权理论和制度还滞留在传统的基本法诉权和司法诉权层面，现有的诉讼费制度以纠纷的单一司法解决为理论基础，难以破解"权力丛林""诉讼爆炸"带来的司法困局。因此，更新司法理念，提升司法功能，改进诉讼费制度已经迫在眉睫。提升诉讼费对于纠纷解决的制度能力，凸显司法权在现代社会的多元平衡功能，激活诉讼费的杠杆作用，整合保护基本诉权、制裁滥诉行为的制度功能，创新诉讼费制度。

2. 提升国家社会治理能力为诉讼费的制度改进提供了新思维

在现代法治国家，社会纠纷解决机制是一项公共事务，属于国家治理的范围。虽然各种纠纷产生于社会个体之间，但若将解决纠纷单纯当作个体的

---

① 参见《中国共产党第十八届中央委员会第三次全体会议公报》。

职责，不能将纠纷纳入社会治理范畴，维护公共秩序，国家、社会承担纠纷解决的公共职能将弱化。为了提升诉讼费改进在国家社会治理能力方面的需要，诉讼费应发挥影响争议主体激励纠纷解决机制的选择，抑制和调节诉讼的多重制度功能，代表着国家对于诉权保护的价值取向以及解决公共事务的导向。我国诉讼费制度只有回应国家治理现代化的新要求，才能明确改进方向，激发制度能力。①

二、司法改革的目标为诉讼费改进提供了制度路径

我国司法改革的制度设计始终坚持以建设公正、高效、权威的司法制度为目标。诉讼费制度的改进与我国司法制度的改革在目标上具有内在的一致性。"四五司法改革"方案的指导思想是：在继续抓好中央确定的司法体制和工作机制改革事项的基础上，从人民群众的司法需求出发，以维护人民利益为根本，以促进社会和谐为主线，以加强权力监督制约为重点，紧紧抓住影响司法公正、制约司法能力的关键环节，进一步解决体制性、机制性、保障性障碍，优化司法职权配置，规范司法行为，建设公正高效权威的社会主义司法制度，为保障社会主义市场经济体制顺利运行，为中国特色社会主义事业提供坚强可靠的司法保障与和谐稳定的社会环境。"四五司法改革"的核心是调整司法职权配置，加强权力监督制约，促进司法独立。主要的改革内容包括政法经费保障、司法职权重新配置、规范司法行为、落实宽严相济政策、加强政法队伍建设等方面。因此，国家司法改革的目标为诉讼费制度改进提供了路径。在司法改革的目标设计下，有步骤、分层次地推进诉讼费改进不仅是具体诉讼制度的完善也是落实司法改革的重要环节。在司法改革的目标下，以司法权功能的实现为前提，以当事人权利保护和救济为主线，在诉讼费的收取、管理等环节全面展开协调一致的改革是诉讼费改进的科学路径。

三、司法改革方案为诉讼费改进奠定了制度基础

围绕到 2018 年年初步建成具有中国特色的社会主义审判权力运行体系这一目标，"四五司法改革"纲要针对八个重点领域提出了 45 项改革举措。其中，健全的司法行政事务保障机制要求更新现行诉讼费制度的基础，它的改革将为诉讼费的功能实现提供制度保障，为司法的独立运行提供科学依托，为人权司

① 参见最高人民阿远司法改革办公室，"多元纠纷解决机制：十年改革路"，载《法制资讯》2013 年第 4 期，第 42 页。

法保障的落实提供制度支持。

（一）司法管理体制的变革为实现诉讼费的制度功能提供了制度保证

"四五司法改革"为健全法院司法行政事务保障机制推出的改革举措是：配合中央有关部门，推动省级以下地方法院经费统一管理机制改革；严格"收支两条线"管理，地方各级人民法院收取的诉讼费、罚金、没收的财物，以及追缴的赃款赃物等，统一上缴省级国库。"四五司法改革"的发布为诉讼费改进提供了新的制度前提。

现行的诉讼费制度是既有的司法行政化体制下设置的。在司法地方化的背景下，由于不能实现司法经费的独立，诉讼费用的补偿功能被不当地强化，一些基层法院为了补偿办公费用，违规收案、违规收费问题多有发生，诉讼费的防止滥诉、调节诉讼的功能受到抑制。"四五司法改革"将实行中央与省级两级财政保证司法经费制度，法院的经费相当程度上脱离地方的行政约束，改变司法行政化的趋向，有利于诉讼费按其原本的制度功能独立，保障司法中立。因为司法审判权实质上是一种裁判权，而司法行政化的弊端是使司法权按照行政方式运行。如果将法院的审判组织、审判活动与司法行政组织、司法行政管理活动混同，审判行政化的倾向将侵蚀社会的公正，[①]产生"司法依赖于行政"的现象，导致司法机关角色定位偏差。由于现行的司法机关行政管理体制存在着诸多弊端，改善现存司法行政管理体制，将司法审判权与司法行政权相分离。司法改革的"去行政化"效应为诉讼费制度功能的回归提供了良好的契机。

（二）司法管理体制的改革保障了诉讼费制度的独立运行

我国高度行政化的司法管理体制不仅导致法外因素渗透到审判工作中影响了法院的独立审判，而且导致司法机关显现出地方化的特征，这会破坏大众对司法独立性和中立性的信赖，破坏法制统一、减损司法公信力。"去地方化"作为我国司法改革制度的着力点之一，其目的就在于使司法机关摆脱对相关地方政府部门的依附地位，而摆脱依附地位的基础之一就是司法机关的"经济独立"。这就对司法机关日常经费的管理提出了更高的要求，相应地，法院能够在诉讼费完全"收支两条线"基础上、以司法中立为标准，强化诉讼费的收取和管理，同时对新的司法经费体制下的诉讼费构建提出了更规范的要求。只有在逐步去行政化的司法管理体制下开展诉讼费制度的改进，才能保证具体改革方

---

① 参见任永安："论司法行政化及其解决之道"，载《暨南学报（哲学社会科学版）》2009 年第 5 期，第 63 页。

案和制度设计的独立运行。

（三）人权司法保障原则为诉讼费改进提供了制度内容

现代法治国家，司法功能的核心是正确处理审判权与诉权的关系，全面实现诉权保护，为解决社会纠纷提供有效救济。"四五司法改革"将强化人权司法保障的力度作为基本原则，保证当事人获得司法救济权，后者主要应当通过司法救助制度加以践行。

第一，针对现行诉讼费制度中司法救助的局限，应因地制宜地借鉴国外的诉讼费制度经验，降低诉讼带来的社会成本和道德成本，促成诉讼合作，保障当事人接近司法的诉权实现，为有经济困难的当事人营造一条通向司法之门的"绿色诉讼通道"，保障有经济困难的当事人能及时行使诉权。[①]对社会弱势群体提供倾斜性保护，让社会中的纠纷能够及时纳入司法救济体系，并合理引导纠纷的解决是人权司法原则的题中之意。

第二，诉讼费的收取标准应与时俱进。诉讼费的收取要将诉权保护与规制滥用诉权两者有机结合，在保障全体公民不因诉讼费用过高而放弃司法救济的同时，也不应因诉讼费用过低而使滥用诉权的行为有所抬头。所以，只有诉讼费制度的改进在诉权保护和规制滥用之间找到平衡点，才能满足平等地对公民诉权进行保护的司法民主需求，才能实现司法改革要求的公平兼顾效率的目标。

四、多元纠纷解决机制促进了诉讼费制度的改进

现有的社会纠纷解决机制能够承接诉讼费的诉讼分流功能。诉讼制度的首要功能是解决纠纷，但并非所有的民事纠纷都进入民事诉讼程序。司法救济就其所解决的个案数量而言，可能不到全部民事纠纷的千万分之一，绝大多数民事纠纷都通过自力救济（如自行和解或亲友调停）和社会救济（如人民调解和第三者仲裁）消化了。[②]然而，民事诉讼是民事纠纷的最后和最高层次的救济。因此，现代诉权保障理论已从司法救济权利转为纠纷解决权利，诉讼外多元纠纷解决机制成为与诉讼配合、衔接的机制，要实现两者的协调，诉讼案件的分流是前提条件。

诉讼费制度改进的重要目标是强化案件分流功能，提高审判对必须司法裁

---

① 参见李卓："和谐社会视野下诉权保护问题研究"，载《理论界》2005 年第 9 期，第 79~80 页。

② 参见傅郁林："分界.分流.分层.分类：我国民事诉讼制度转型的基本思路"，载《江苏行政学院学报》2007 年第 3 期，第 110 页。

决的纠纷的程序效率,该目的的实现必须依赖可供选择的非诉讼纠纷解决机制的健全和发展为前提条件。而我国现行的多元纠纷解决机制的制度建设已经具备了承接诉讼分流之后的纠纷案件的条件。自《人民法院第二个五年改革纲要(2001—2008)》提出建立"多元化的纠纷解决机制"的改革任务开始,经过《人民法院第三个五年改革纲要(2009—2013)》制度建设,我国建立了诉讼与非诉讼相衔接的多元纠纷解决机制。在改革开放后的三十多年间,我国的非诉讼多元纠纷解决机制已经形成体系:从早期的工商部门的经济合同仲裁发展到商事仲裁,进而在多个领域建立了专门的仲裁制度;从人民调解发展到行业调解、行政调解、商事调解等,形成了社会各力量共同参与的多元纠纷解决体系;从单一的诉讼调解到法院与诉外各类调解组织的诉调对接,发展成诉讼与非诉讼相衔接的纠纷解决机制。[①]

强化诉讼费制度调节功能之后,能进一步发挥法院在分流案件中的主导作用,在民事纠纷处理中政府干预与社会自治之间的界限;在私法技术上识别纠纷本身有"适合于审判和不适合于审判"的情况,并将后者暂时排除在司法管辖之外;被纳入司法管辖范围的纠纷也不排除其他途径并存,留待纠纷各方根据各自的客观需求和主观取向择优选择处理纠纷的方式,促进审理疑难、复杂案件时的司法集约利用,并调动社会自治的力量解决纠纷,促进社会文明与合作,达成社会和谐。

五、《民事诉讼法》为案件分流提供了承接的条件

《民事诉讼法》修订采用了专业化的案件与程序分流路径,按照诉讼经济的原则划分了普通程序与简易程序、小额诉讼,增加了特殊程序,这些程序制度的设计按照程序多样性和价值多元的意识,为当事人诉权行使的方式有意、自觉地留下可选择的空间。由于诉讼费调节案件的功能还在于有效率地利用程序资源,通过降低收费数量鼓励当事人选择最适宜的程序,诉讼法上的案件程序分类有效地与诉讼费制度形成了对接。

以简易程序为例。目前,我国法院积案居高不下,一个重要原因是大量可以适用简易程序解决的纠纷却用普通程序解决,造成程序浪费和诉讼效率的低下。调研显示,就基层法院而言,大约有80%~90%的案件是事实清楚、权利义务关系明确的案件。为了提高诉讼效率,减轻法官的开庭负担以及当事人的诉累,及

---

① 参见最高人民法院司法改革办公室:"多元纠纷解决机制:十年改革路",载《法制资讯》2013年第4期,第44页。

时化解纠纷、构建和谐社会,以简易程序审理的案件,法官在征得当事人同意后,可以不经开庭径行判决,对于简易判决的判决书应允许简要记载事实、理由和结果,这样既可提高效率,又可为社会提供大众化的判决书。[①]《民事诉讼法》第157条第1款规定:"基层人民法院和它派出的法庭审理事实清楚、权利义务关系明确、争议不大的简单的民事案件,适用简易程序。"《诉讼费用交纳办法》第16条规定:"适用简易程序审理的案件减半交纳案件受理费。"这一规定可以起到促进简易程序的施行、简化诉讼程序、节省诉讼资源的作用,在一定程度上减轻了群众诉讼的负担,为普通群众采用诉讼方式解决民事纠纷打开了方便之门。《民事诉讼法》第157条第2款规定:"基层人民法院和它派出的法庭审理前款规定以外的民事案件,当事人双方也可以约定适用简易程序。"当事人基于程序选择权,为了尽快结案或者少交诉讼费,多会选择适用简易程序,由此适用简易程序审理的案件量会大大增加。诉讼费的制度效率功能就能够与案件的分类、审判资源的优化配置相互衔接。

---

① 参见王金龙:《建构多元化纠纷解决机制》,载于 http://www.chinacourt.org/article/detail/2006/07/id/213729.shtml,于 2014 年 6 月 10 日访问。

第四章 改进现行诉讼收费制度的立法建议

我国诉讼费制度运行的实证分析显示，现行诉讼费制度存在着诸多不适应我国经济社会发展的现实问题，在保障弱势群体基本诉权、调节诉讼收案、制裁滥诉行为、实现诉讼费制度的公平与效率目标上均有待改进。依托"四五司法改革"的有利契机，借鉴两大法系司法理念和诉讼费改革经验，在新的历史机遇下完善诉讼费收取和管理制度十分必要。

第一节 强化诉讼费调节诉讼的制度功能

一、提高知识产权案件、财产保全案件、行政案件的收费标准

司法资源是指司法活动中所消耗的社会资源，它包括在立法、执法活动中国家专门机关、当事人所付出的人力成本、物质成本以及机会成本。[1]司法资源与其他任何资源一样，具有其稀缺性，不可能满足所有社会成员充分利用该种资源的需求。[2]制度经济学认为，通过提高资源的成本价格，能够引导资源需求者最佳利用稀缺资源。发挥诉讼费制度的调节功能，应针对部分案件收费标准不合理的问题，适度提高相关案件的诉讼收费标准。

---

① 该文中对刑事诉讼司法资源的定义亦适用于民事、行政诉讼程序中的司法资源。参见陈卫东、王政君："刑事诉讼中的司法资源配置"，载《中国法学》2000年第4期，第135页。

② 参见苏力：《法治及其本土资源》，中国政法大学出版社1996年版，第170页。

（一）调整知识产权案件的收费标准

1. 统一收费标准的依据

第一，知识产权在财产性质上的同质性。狭义的知识产权包括著作权、商标权、专利权，广义的知识产权还包括商业秘密、植物品种权等。知识产权纠纷本质上也是财产权益的纠纷。因为，不论何种知识产权，财产权是其基本内容。虽然著作权具有人身权、财产权双重属性，财产权仍然是基本权利，著作权的人身权实现也是最终以财产权为目的的，知识产权纠纷的利益关系均以直接或者间接的财产权益为内容。

第二，约束法官的自由裁量，防止当事人诉讼投机。法官自由裁量权在任何法治国家都是一种客观存在。但是，在知识产权案件立案过程中，因收费标准不统一而产生了法官自由裁量权，该权力行使的现实不仅加重了社会公众的疑惑和抵触，更给当事人创造了诉讼投机的机会。因此，有必要统一知识产权案件收费标准。

2. 统一知识产权按件收费标准的具体建议

为强化诉讼费调控知识产权案件的功能，规范案件的收费标准，建议：

第一，统一有争议金额的与无争议金额的知识产权案件的收费标准；

第二，规定一定标的额以下的案件采用按件收费方式，实行固定收费。对于一定争议标的额之下的知识产权案件实行固定收费主要考虑我国知识产权侵权案件举证困难，裁判赔偿数额一般较低的权利救济现状。固定收费方式有利于在诉讼请求相对较小的案件中控制权利人的诉讼成本。

第三，规定一定标的额以上的案件比照财产案件，适用比例递增收费规则。该条款主要适用标的额较大的案件。基于权利保障受益程度与诉讼成本支出相适应的公平负担原则，比照财产案件的收费标准确定诉讼费的收取比例；同时，比例收费也有利于控制权利人过度的不合理权利请求。

（二）调整行政案件的收费标准

1. 提高行政诉讼收费标准的依据

第一，缓解行政案件诉讼费低廉与司法资源紧张之间的矛盾。

现行行政诉讼收费标准过低，不仅与法院司法成本的付出不成比例，在一定程度上也诱导了当事人不当程序的选择，加剧了司法资源紧张的矛盾。提高行政案件收费标准有利于缓解司法资源紧张的问题。

第二，推进诉讼外解决行政诉讼。

行政案件审判涉及工商、税务、财政、教育、治安、土地、国有资产、药品监管、证券监督、政府采购、社会保障、知识产权等数十个行政管理领域。

据江苏省南通市中级法院统计，2011 年该市法院受理行政案件中来自非诉执行民生类案件大量增多，主要集中在城建、劳动保障、公安、乡政府四个行政管理领域，占全部案件的 69.36%。[①]在类型扩张的同时，行政案件审判难度不断加大：首先，行政案件类型多样化。几乎涵盖了整个行政管理各领域，对司法审查能力提出了更高的要求。其次，群体性诉讼案件增多。主要涉及城市规划、土地征用、劳动社保、城市拆迁等行政管理领域。诉讼中矛盾冲突激烈，集体上访等情形时有发生。最后，新型案件增多。例如，以村委会为被告的村民身份确认案件、政府信息公开案件以及高校教育行政案件等。[②]

经过多年的制度建设，我国现行的多元纠纷解决机制已具备了承接诉讼分流之后纠纷案件的条件。但调研中发现，行政管理领域适用诉讼外协调机制仍有很大的作用空间。目前，诉讼外行政调解的适用主要集中在交通事故、治安案件、劳动纠纷、消费者权益保护等方面，调解方式解决纠纷的适用范围有限，重视程度不足。这既有司法权与行政权相分离的因素，也与近年来公民、法人过分依赖行政诉讼有关，使得对包括行政调解在内的非诉讼纠纷解决方式的运用和作用没有发挥，甚至受到一定的排斥，诉讼救济由最后一道权利屏障成为纠纷解决的主要渠道和前沿防线。其实，行政管理领域的纠纷完全可以通过诉前的诉讼外协调机制，由行政机关采取与当事人和解、改变违法或不当的行政行为、补偿行政相对人的损失等措施予以解决。只有提高行政案件的收费标准，才能将可以适用非诉讼解决的纠纷向诉讼外分流，多元纠纷的解决机制才能发挥承接诉讼机制的作用。

2. 提高行政案件收费标准的具体建议

为有效缓解行政诉讼费过低与司法资源紧张的矛盾，以及行政案件审判难度增大所支付的司法成本，建议适当提高行政案件的收费标准：第一，对于行政争议单纯非财产性质的案件，仍保持现行的固定收费方式和标准。同时，兼顾不同地区经济社会发展水平的差异，收费幅度为 50 元至 500 元。第二，考虑到商标、专利、海事行政案件专业性更强，审理难度更大，其收费标准可比一般行政案件的标准略高，商标、专利、海事行政案件每件交纳5000 元。

[①] 参见佚名：《南通发布行政审判白皮书》，载于 http://jsfzb.xhby.net/html/2012-04/24/content_557150.htm，于 2014 年 5 月 24 日访问。

[②] 参见湖北武汉市中级人民法院行政庭课题组："行政案件法律适用若干问题"，载《人民司法·应用》2007年第 3 期，第 13 页。

（三）调整保全案件的收费标准

鉴于保全案件收费标准存在的问题，课题组建议调整保全案件的收费标准。

第一，适度提高财产保全案件的限额基数。将申请保全收费限额提高至 5 万元。依据在于：首先，维持现行规则固定方式的限额标准，简便收费数额的计算；其次，有利于通过提高收费标准发挥诉讼费调节功能，促使申请人理性选择保全申请，减少不必要的保全工作负担，缓解法院财产保全工作压力。最后，适度规制当事人滥用财产保全的行为。

第二，规定行为保全免收申请费。理由是，行为保全案件多数发生在知识产权案件的审理程序中，案件并不典型，总量较小。在 2014 年第 14 个世界知识产权日前夕，北京市第二中级人民法院通报了知识产权行为保全案件审理情况。近 10 年来，该院仅审理 20 件知识产权行为保全案件，而且在北京市法院中还是最多的。[①]从此类案件的数量来看，如果按照"财产数额不超过 1000 元或者不涉及财产数额的，每件交纳 30 元"的规定收取 30 元的费用，完全达不到填补司法成本的作用，反而增加了收费的负担。因此，行为保全申请应列入免费的范围。

同时，为规范保全行为的类别，重新定义"不涉及财产数额的保全"与"行为保全"的概念，将保全的概念划分为财产保全和行为保全两类，以便于确定保全收费的法定标准。

二、将再审案件纳入收费范围

（一）民事再审案件收取诉讼费的必要性

第一，适应《民事诉讼法》再审诉权保障的需要。

《诉讼费用交纳办法》规定了申请再审不收费的规则，其立法背景是，按照当时《民事诉讼法》的规定，当事人提出再审申请并不必启动审查程序；审查再审申请没有法定程序的规定，申请再审所利用的司法资源具有不确定性。2007 年 10 月修改的《民事诉讼法》对于当事人的申请再审权进行了诉权化改造，再审申请符合法定形式条件的，不论是否符合法定条件，法院必须依法受理审查申请，使再审申请与司法资源的支出关系确定化。由于当事人申请再审与起诉、上诉行为的性质相同，均构成诉权的行使，基于对国家司法资源的利用，申请人应当交纳诉讼费。因诉讼费实行由败诉方负担的原则，申请再审不

---

① 参见马云鹏、王要勤：《北京市第二中级人民法院知识产权案件行为保全案件审理情况通报》，载于 http://www.cermn.com/art177201.aspx，于 2014 年 6 月 24 日访问。

收费实际上是让原审败诉方无偿地使用司法资源，不利于违法行为的惩戒，故《诉讼费交纳办法》应补充再审诉讼收费的规定。

第二，有利于引导当事人理性地行使再审申请权。调研显示，申请再审案件不收费规则导致部分当事人申请再审较为随意，是当事人非理性行使再审申请权的重要原因。据统计，最高法院立案二庭 2009 年至 2012 年审结的 7227 件民事申请再审案件中，年平均裁定再审率为 25%，且呈逐年下降趋势：2012 年仅为 19.3%；绝大部分当事人提出的再审申请被裁定驳回，其中相当一部分申请理由不能成立。而据课题组对辽宁高院再审案件统计数据显示，民事申请再审案件数量翻倍增长，浪费了大量司法资源，加剧了法院案多人少的矛盾，妨碍了民事再审审查监督纠错功能的充分发挥。再审案件的激增，与再审案件不收取诉讼费有一定的关系。再审案件收取适当的费用是引导当事人理性行使申请再审权的有效措施。

第三，有利于平等地保护对方当事人，维护生效裁判的既判力。再审申请权的不当行使也增加了胜诉一方当事人诉累，妨碍了当事人经生效裁判确认的权益及时地实现，以及正常经济秩序的恢复。上级法院受理再审申请后，执行法院往往因担心案件需执行回转而拒绝启动或者中止执行程序，申请再审成为败诉方当事人拖延履行义务的投机手段。建立申请再审案件收费制度，有助于正向引导申请再审权的行使，在充分保护再审申请人行使权利的基础上，兼顾对方当事人合法权益，维护生效裁判稳定性和司法权威。

（二）再审案件收费的规则设计

第一，收费标准。当事人申请再审案件，应比照《诉讼费用交纳办法》第 17 条的规定："对财产案件提起上诉的，按照不服一审判决部分的上诉请求数额交纳案件受理费"，即此类案件应按照不服原判决、调解部分的再审请求数额交纳案件受理费。

第二，程序设计。

首先，裁定驳回再审申请的不退费。如前所述，大量的申请再审案件在审查程序中即被驳回再审申请，申请再审案件审查结束后，法院裁定驳回再审申请的，当事人预交的受理费不予退还。

其次，法院裁定再审后，应区分案件进入再审的原因以决定是否收费。经再审审理，基于当事人的原因启动再审程序的，即符合《民事诉讼法》第 200 条第（1）至（3）项规定情形的，或者符合当事人对法院第一审判决或者裁定未提出上诉，第一审判决、裁定或者调解书发生法律效力后又申请再审，法院经审查决定再审的情形，法院按照审判监督程序审理案件时一并处理，当事人预交的受理费由最终败诉当事人承担；经再审审理，基于法院程序或实体裁判错误而启动再审程序的，即符合《民事诉讼法》第200条第（4）至（13）项情形的，所增加的司法成本由法院承担，再审结案后，法院应退还当事人预交的受理费。①

再次，《诉讼费用交纳办法》中涉及申请再审案件的当事人确有困难的，可以按照相关规定实行缓、减、免交诉讼费的司法救助。

最后，交纳费用的期限、撤诉和费用承担等方面的问题也应随之予以规定。

三、明确第三人撤销之诉、申请实现担保物权、司法确认之诉的收费标准

（一）第三人撤销之诉应当收取诉讼费

2012年新修订的《民事诉讼法》引入第三人撤销之诉，规定因故未能参加诉讼的有独立请求权和无独立请求权的第三人，可在原裁判生效后提起请求改变或撤销生效判决、裁定及调解书的诉讼。②新规定拓展了保护第三人权益的途径，但由于第三人撤销之诉属于新诉，《诉讼费用交纳办法》未作规定。课题组认为，应比照财产上诉案件的收费标准收取诉讼费。

1. 第三人撤销之诉收取诉讼费的依据

《民事诉讼法》第56条第3款规定："前两款规定的第三人，因不能归责于本人的事由未参加诉讼，但有证据证明发生法律效力的判决、裁定、调解书部分或者全部内容错误，损害其民事权益的，可以自知道或者应当知道其民事权益受到损害之日起六个月内，向作出该判决、裁定、调解书的人民法院提起诉讼。人民法院经审理，诉讼请求成立的，应当改变或者撤销原判决、裁定、调解书；诉讼请求不成立的，驳回诉讼请求。"第三人撤销之诉是特殊类型的诉。作为一种为案外第三人提供的事后救济程序,该程序具有补充性与变更性特点。补充性意味着这种诉是一种带有补救性的例外程序，原告必须是生效裁判确定

---

① 《民事诉讼法》第200条规定："当事人的申请符合下列情形之一的，人民法院应当再审：（一）有新的证据，足以推翻原判决、裁定的；（二）原判决、裁定认定的基本事实缺乏证据证明的；（三）原判决、裁定认定事实的主要证据是伪造的；（四）原判决、裁定认定事实的主要证据未经质证的；（五）对审理案件需要的主要证据，当事人因客观原因不能自行收集，书面申请人民法院调查收集，人民法院未调查收集的；（六）原判决、裁定适用法律确有错误的；（七）审判组织的组成不合法或者依法应当回避的审判人员没有回避的；（八）无诉讼行为能力人未经法定代理人代为诉讼或者应当参加诉讼的当事人，因不能归责于本人或者其诉讼代理人的事由，未参加诉讼的；（九）违反法律规定，剥夺当事人辩论权利的；（十）未经传票传唤，缺席判决的；（十一）原判决、裁定遗漏或者超出诉讼请求的；（十二）据以作出原判决、裁定的法律文书被撤销或者变更的；（十三）审判人员审理该案件时有贪污受贿，徇私舞弊，枉法裁判行为的。"

② 参见王亚新："第三人撤销之诉的解释适用"，载《人民法院报》2012年9月26日，第7版。

的当事人以外的人，系生效裁判效力所及且由于不可归责于自己的原因而无法参加诉讼的案外人，第三人撤销之诉就是为他们提供"事后的诉讼参与"的机会。变更性主要表现在第三人撤销之诉的效果是撤销或变更生效判决对第三人产生的不利效果，其目的是为了全部或者部分更改和撤销已经赋予既判力的生效裁判，维护第三人的正当权益。基于事后救济和变更性的特点，第三人撤销之诉应当基于第三人诉请的部分和耗费的司法资源合理地进行收费。

2. 第三人撤销之诉收费标准的建议

《诉讼费用交纳办法》第 17 条规定："对财产案件提起上诉的，按照不服一审判决部分的上诉请求数额交纳案件受理费。"比照该规定，对于第三人撤销之诉的案件，应根据案外人提出的撤销请求范围涉及的标的数额，即不服原判决部分的再审请求数额，交纳案件受理费；非财产案件，收费与原案件的收费标准相同。

（二）申请实现担保物权案件应当收取诉讼费

2012 年《民事诉讼法》弥补了《物权法》担保物权实现程序规定的缺失，第 196 条、第 197 条将担保物权实现的程序法定化，[1]将担保物权实现的程序作为非讼程序列入特别程序中，实现了实体法与程序法的衔接，有利于充分发挥担保物权的维护交易效率的制度功能。但是，《诉讼费用交纳办法》对新增的实现担保物权案件收费制度未作规定。课题组认为，应对该类案件的诉讼费收取进行规制。

课题组建议，实现担保物权案件的诉讼费应按一般财产案件标准的一半交纳；如果申请被裁定驳回，诉讼费应按件收取，每件 100 元；其余费用退回申请人。确定上述收费标准的理由是：

第一，实现担保物权案件的收费标准应高于特别程序。担保物权实现的程序的复杂程度高于一般特别程序，不能完全比照特别程序收费。虽然现行法律将实现担保物权的案件规定在特别程序之中，实践中此类案件的审理程序要比一般特别程序案件复杂。担保物权人通过申请法院拍卖、变卖的非诉方式实现担保物权时，法院需要审查申请人提交的申请书及相关证据材料（如主合同；担保物权合同；抵押权登记证明或者他项权利证书、权利质权的权利凭证或者出质登记证明；能够证明实现担保物权条件成就的有关证据材料；法院认为需

---

① 《民事诉讼法》第 196 条规定："申请实现担保物权，由担保物权人以及其他有权请求实现担保物权的人依照物权法等法律，向担保财产所在地或者担保物权登记地基层人民法院提出"。第 197 条规定："人民法院受理申请后，经审查，符合法律规定的，裁定拍卖、变卖担保财产，当事人依据该裁定可以向人民法院申请执行；不符合法律规定的，裁定驳回申请，当事人可以向人民法院提起诉讼。"

要提交的其他证据材料），必要时，法院亦可以依职权调查案件事实并询问相关当事人。经审查符合法律规定的申请，法院即可裁定对抵押财产进行拍卖或变卖；不符合法律规定的，依法裁定驳回申请，当事人可以向法院提起诉讼。如果被申请人提出异议，法院应该审查异议，经审查被申请人的异议确实成立的，则裁定驳回申请。上述程序运行所消耗的司法资源之多、涉及利害关系人利益关切之敏感，可见一斑。因此，实现担保物权案件的诉讼费标准应适当高于特别程序。

第二，实现担保物权案件的收费标准应低于一般财产案件。实现担保物权案件属于非讼性质，虽然涉及当事人的财产权利，甚至财产利益巨大，但与一般财产案件相比，该类案件中申请人并非请求法院解决实体的民事争议。在担保物权实现程序中被申请人可能提出异议，但并不改变该程序的非讼性质，案件审理难度相对较低，其收费应相应低于一般财产案件的收费标准。

（三）确认之诉和变更、解除、撤销合同之诉的收费标准

由于《诉讼费用交纳办法》没有对确认之诉和变更、解除、撤销合同之诉单独作出相关规定，在司法实践中同类案件在不同法院收费存在差异的现象经常发生。例如：确认之诉中，两个案件原告的诉讼请求均为"确认××房屋的所有权归原告所有"，但在立案过程中，第一个案件的管辖法院按照非财产案件收取诉讼费 50 元，而另一案件法院却按照争议房屋价值计算诉讼费，收费额超过万元，甚至更高。相类似的变更、解除、撤销合同之诉也存在此类的问题。调研中，解决上述问题有下述两种方案。第一，以是否附带给付内容为标准，将此类案件分为按件收费和按标的额收费两种。如当事人的诉讼请求仅为确认、变更、解除、撤销法律关系，不涉及财产给付内容的，则按件收费；如当事人在请求确认、变更、解除、撤销法律关系的同时，又请求对方履行金钱义务的，则按照涉及标的额收费。第二，此类案件无论是否涉及财产内容，其确认变更、解除、撤销法律关系的请求其实已包含了相关标的物的财产利益，应一律按照财产案件对待。

课题组认为，此类案件按方案二收取诉讼费更为科学合理。即当事人起诉请求确认合同效力或者变更、解除、撤销合同的，根据合同标的额，按照财产案件标准交纳案件受理费；如果当事人在请求确认合同无效或请求变更、解除、撤销合同的同时，又要求返还财产或赔偿损失，按照诉讼请求标的额较高的一项交纳案件受理费。

1. 从受益者负担的原理分析

此类案件当事人提出确认变更、解除、撤销法律关系的请求，其实质内容

是通过获得法院对双方法律关系的认定，获得相关标的物的财产利益。例如，物权确认纠纷，包括所有权确认纠纷、用益物权确认纠纷和担保物权确认纠纷，纠纷的解决是为当事人保全静态的财产利益，物权确认后，胜诉方即获得了相关标的物的财产权益。如果按照非财产案件按件收取每件交纳 50 元至 100 元，其交纳的诉讼费显然与当事人受益的程度不对称。因此，从受益者负担原理分析，此类案件应按财产案件收费。

2. 从防止当事人规避诉讼费义务的角度分析

在所有权确认纠纷中，一些法院仅收取 50 元至 100 元的诉讼费；而当事人往往在确权的同时主张返还涉案标的物，法院的收费方式会使当事人通过该确认之诉获得了返还标的物的财产利益。实践中，原告往往通过提起确认之诉的方式引起诉讼程序，以规避交纳较多诉讼费的义务。从案件的审理难度上看，解除合同的变更之诉或确认合同无效的确认之诉的审理结果，往往也发生法律后果上的返还财产、赔偿损失等财产利益，与履行合同的给付之诉并无太大差异，固定收费方式也同样会发生当事人利用诉请的选择规避诉讼费义务的风险。此类案件统一按财产案件收费，可以堵塞当事人通过案由选择规避诉讼费的规则漏洞。

第二节　彰显诉讼费制度的制裁功能

探索建立适应司法改革需求的诉讼费制度，应寻求保障诉权与制裁滥诉行为之间的最佳平衡点。对于不当的诉讼行为，应当使当事人付出相应的诉讼成本和代价，促进其慎重、理智地进行诉讼，以遏制滥诉和缠诉行为的发生。鉴于现行诉讼费制度的运行中制裁功能不彰显问题，本节通过重构劳动争议案件的收费规则、调整管辖权异议案件的收费标准，规定恶意调解的诉讼费补交程序、明晰诉讼费的司法裁决方式等，强化诉讼费制度的制裁功能。

一、重构劳动争议案件的梯次收费规则

（一）重构劳动争议案件收费规则的必要性

第一，遏制滥诉，充分发挥诉讼费的制裁功能。劳动争议案件收费标准调整为 10 元后，不服仲裁裁决向法院提起诉讼的案件比例和不服一审判决的案件上诉率都大幅上升。起诉率和上诉率如此之高，主要是因为诉讼收费标准的调整使诉讼费的惩罚功能缺失。有必要提高劳动争议案件的诉讼费标准，恢复

其惩罚功能。

第二，有利于维护良好的劳动关系。劳动关系是最重要的社会关系之一。调整诉讼费规则，防止劳动争议无成本地进入诉讼程序，能够发挥劳动争议的工会协商、劳动与社会保障部门调解等非诉讼纠纷解决机制的作用，维持当事人之间劳动关系，防止用人单位与劳动者矛盾的激化，防控劳动纠纷转变成社会问题的风险。

（二）劳动争议案件收费梯次标准的规则设计

课题组认为，劳动争议案件可按照弱势群体的保障目标进行差异化区分，没有财产内容的案件不收费，有财产内容的按财产案件标准收费。在劳动者符合司法救助的法定条件时，可以申请诉讼费的减、免。

二、调整管辖权异议案件的收费标准

管辖权异议制度是指法院受理民事案件后，当事人依法提出该法院无本案管辖权的主张，以求排除法院不合法的管辖，维护自身合法权益的救济制度。民事管辖权异议制度是民事管辖制度的重要组成部分，在民事诉讼中具有重要的地位，管辖权异议制度是否有效运行是评价诉讼程序正当性和判决有效性的标准之一。但是，课题组在调研中发现，由于管辖权异议案件收费不合理，被告滥用管辖异议权以故意拖延诉讼的问题严重。这些问题的存在表明我国现行诉讼费制度的制裁功能发挥得不甚理想。

因此，为遏制当事人滥用管辖异议权的行为，有必要通过调整收费标准、强化收费的可行性、完善管辖权异议案件诉讼费的规则设计。课题组在结合我国实践和民事诉讼理论，对管辖权异议案件的诉讼费收取进行了如下设计。

（一）规定管辖权异议案件一审不收费

一审程序中，被告提出管辖权异议后，法院仅就程序问题进行审理，既不涉及实体问题，也不涉及上下级法院之间转卷等事宜，法院支出的程序和时间成本有限。为强化收费的可操作性，及时结案，应规定无论异议理由是否得到一审法院的支持，均免收案件受理费。

（二）规定管辖权异议案件二审预收费，管辖异议成立则退回预交的诉讼费

利用预交管辖异议二审诉讼费的规定，过滤部分无益的异议申请。在现行的管辖异议运行模式下，一件管辖异议案件通常要经过两级法院审查，浪费了当事人时间，也浪费了大量的司法资源。《诉讼费用交纳办法》规定的对驳回管

辖权异议裁定不服,提起上诉的案件不交纳案件受理费,[①]系基于管辖异议案件不涉及实体审理的考虑,故不收取诉讼费。司法实践中,被告方提出管辖权异议被驳回时,几乎无一例外进行上诉。课题组认为,通过裁定胜诉即退费的方法能过滤一部分仅仅试图通过管辖异议程序拖延诉讼时间的诉请。一方面能促使当事人依法行使管辖权异议的权利,降低异议案件的数量;另一方面彰显对滥用管辖权异议行为的制裁,促进保障诉权和节约司法资源之间的平衡。

(三)管辖权异议上诉理由不成立的,诉讼费不予退还

这一立法设计旨在体现诉讼费对滥用权力行为的惩戒效果。即,管辖异议案件原则上不收取诉讼费;当事人提出管辖权异议上诉的二审环节,应预交诉讼费用;上诉理由成立,该费用在裁定生效后即退还当事人,上诉理由不成立,该费用不予退还。为体现制裁功能,该费用预交的标准,按照上诉是否得到支持作为二审是否退费的依据,应在一审诉讼费用10%的比例计算;费用经核算低于1000元的,按最低1000元预交。

三、规定虚假调解、恶意调解的当事人补交诉讼费的义务

调解结案能有效地节约审判资源,化解社会矛盾。审判实践中,大量民事纠纷通过法院的调解化解取得了良好的社会效益。但是调研发现,目前司法实践中存在虚假调解、恶意调解等情况;调解结案后债务人不履行义务,案件仍进入强制执行的情形大量存在。课题组认为,如对上述情况下的调解仍适用减半收费的诉讼费"奖励"规则,则已违背制度设置的初衷。对应的方法应强化惩戒功能,对于虚假调解、恶意调解的当事人按照诉讼费一般规定补交诉讼费。

(一)规定虚假调解、恶意调解的当事人补交诉讼费的必要性

1. 有利于遏制虚假调解

虚假调解是指一些案件当事人恶意串通,虚构民事法律关系,隐瞒或捏造案件事实,利用诉讼程序骗得法院调解书的违法行为。虚假调解在侵害他人合法权益的同时,也侵害了审判机关正常的诉讼秩序,亵渎了法律的权威。由于调解结案收费减半,当事人进行虚假调解的成本低廉。提高调解结案的诉讼费标准,虽然不能从根本上杜绝虚假调解行为,但能彰显立法的导向,从一定程度上遏制虚假调解的发生。

---

①《诉讼费用交纳办法》第8条规定:"下列案件不交纳案件受理费:(三)对不予受理、驳回起诉和管辖权异议裁定不服,提起上诉的案件。"

2. 有利于减少恶意调解

部分案件当事人以调解作为拖延给付、减轻履行义务的手段，调解缺乏诚意。法院努力促成当事人达成调解协议，义务当事人特别是债务人也抓住了债权人急于收回债权的心理，在案件审理中隐瞒当时或在达成调解协议的一段时间并无履行能力的事实，以债权人在欠款数额及履行期限上作出让步作为同意调解的前提条件，施压于承办法官，施压于权利人，而其本身并无自觉履行的真意，只是借调解减少履行的债务、不履行债务和拖延履行债务，同时也减少了诉讼费负担。适当调高调解结案收费标准，可以降低投机调解当事人的利益冲动。

3. 保护利害关系人的合法权益

虚假调解、恶意调解行为在本质上是以欺诈、串通等各种手段进行的违法民事行为。虚假诉讼的案件调解结案后，利害关系人只有通过审判监督程序，或者通过第三人撤销之诉才能撤销调解书。恢复权利再次耗费了权利人的经济成本和非经济成本，造成财产权益的风险和实际的损害。部分调解结案的当事人以调解作为拖延给付的手段，不能自动履行调解书。调解书进入执行程序后，一方面因权利人在调解中放弃了部分实体权利，但被执行人仍不如期履行，致使权利人心态失衡；另一方面有的被执行人在调解书生效后进入执行程序前，故意转移隐匿财产，给执行带来更多的困难。补交诉讼费能够相当程度上发挥财产补偿的作用。

（二）诉讼费补交规则的设计

1. 如果案件进入再审程序，该诉讼的当事人没有自行撤回诉讼的话，原调解结案时减少的诉讼费应该补齐。进入再审程序后，由再审主审法官向原审程序中减半交纳案件受理费的一方送达限期补交诉讼费的通知书，逾期交纳，按法律规定办理。

2. 如果案件进入执行程序，由负有给付义务的当事人向法院补交该案因调解结案而少交的诉讼费用，以示惩罚。

四、通过裁决显化交费义务的强制效力

诉讼费交纳制度的核心问题是当事人在多大范围和程度上承担诉讼费，归结为当事人交费义务的制度化。因此，当事人交纳诉讼费既是《民事诉讼法》《行政诉讼法》产生的法定义务，也是《诉讼费用交纳办法》的一般原则。[①] 诉

---

① 参见吕锡伟：《诉讼费用交纳办法释义》，中国法制出版社 2007 年版，第 6 页。

讼费交纳义务还关系到胜诉方向败诉方预交费追偿权的实现问题。基于现行制度中诉讼费强制义务弱化的问题，应通过司法裁决的方式对诉讼费的负担、胜诉的原告对诉讼费的追偿权利予以固定，以显化诉讼费义务的强制效力。

（一）确定诉讼费交纳义务的司法裁决方式

司法裁决是设定法律义务的方式之一，合法义务通过司法裁决能够赋予其强制效力。诉讼费的义务纳入司法裁决范围，能确定义务主体、义务的范围、履行义务方式和期限交纳义务，固定诉讼费的交纳义务，并便捷义务诉讼费权利义务关系的实现。

1. 规定案件处理变更事项与所发生的诉讼费负担同步裁判

《诉讼费用交纳办法》第 30 条规定："第二审人民法院改变第一审人民法院作出的判决、裁定的，应当相应变更第一审法院对诉讼费用负担的决定。"按此规定，第一审案件裁判应包括诉讼费负担事项；第二审判决、裁定在变更一审裁判结果时，二审裁判也应调整诉讼费负担。但是，现行规定对诉讼费的相关裁决事项并没有覆盖全部裁判变更的程序；裁判对诉讼费事项的处理规定还不够全面。课题组认为，《诉讼费用交纳办法》应规定：法院在改变原判决、裁定、调解结果的同时，应当对之前所有诉讼程序中诉讼费的负担一并作出处理。

首先，通常一个案件在二审结束后，还可能进入再审程序，再审案件如改变了原判决、裁定、调解结果的，对此前所有诉讼程序中诉讼费的负担需要重新进行处理。

其次，裁决应当对诉讼费承担的义务履行做出具体的规定。按照诉讼费负担原则，诉讼费由败诉的当事人负担；双方都有责任的，由双方分担。共同诉讼的当事人败诉时，由法院根据他们对诉讼标的的利害关系，决定各自应负担的金额。其中，如有专为自己利益的诉讼行为所支出的费用，由该当事人负担；其他诉讼费由法院根据具体情况，决定当事人双方应负担的金额。这些问题均应在法院做出判决、裁定、调解时一并予以处理，并在法律文书中载明。

2. 明确连带责任当事人诉讼费的负担方式

连带责任是指两个以上的民事主体因不履行连带债务或共同实施侵权行为而共同承担民事责任的方式，其中任一责任主体均有义务应权利主体的请求承担全部的责任。[①]《诉讼费用交纳办法》没有规定承担连带责任的当事人败诉时诉讼费的负担方式。司法实践中有不同的观点：第一，由各连带责任人平均分摊；第二，各连带责任人负连带责任；第三，根据具体情况由主债务人承担。

---

① 参见郭晓霞："连带责任制度探微"，载《法学杂志》2008 年第 5 期，第 105 页。

各地法院也有不同的责任分配方式。为统一诉讼费责任的承担和责任的公平分担，《诉讼费用交纳办法》对此应予明确。

课题组认为，承担连带责任的当事人败诉的，应就诉讼费承担连带责任。

第一，符合连带之债的基本原理。连带之债分为法定连带和约定连带两种形式。法定连带责任是指依法律规定多个债务人对全部债务向外部债权人承担整体责任的债务关系，如个人合伙债务、代理制度上的连带责任、共同侵权行为人的连带赔偿责任等；约定连带之债是指多个债权人合意约定对整个债务向外部债权人承担整体责任的债务关系，如约定的连带保证责任。连带之债的基本出发点是维护交易安全，保护遭受不法侵害的债权人的受偿利益。法定连带责任的目的是通过加重债务人的义务，强化债权的保护。约定连带是债务人放弃按份义务的负担利益，自愿承担整体性债务。法定与约定连带之债的共同结果是，债权人有权选择连带债务人中的任一债务人、部分债务人请求履行。对于诉讼费负担来说，在当事人没有达成合意情形下，适用法定连带责任，连带责任人对应承担的诉讼费负连带负担。

第二，符合诉讼费的支付目的。因连带责任人均没有履行同一债务所产生的费用，是因连带债务人共同负责的事由所产生的共同性损失，在性质上属于必须负担的共益债务，即为债权人共同利益而产生的费用，并具有不可分性。依《诉讼费用交纳办法》第 29 条规定，诉讼费通常情况下应由败诉方负担。[①]连带责任的本质是不可分之债、整体债务关系。因此，判决连带债务人承担诉讼费的连带责任，符合诉讼费与当事人救济原权利的从属性原理，具有正当性。

第三，符合连带责任的类推适用规则。法律的类推适用是指法律没有明确规定的一定行为，形成立法漏洞时，将具有相似性质的行为规则扩充适用或者援用同它有类似性质事项的法律规则加以适用。诉讼费的连带责任负担类似于担保法上的连带保证责任，可以类推适用。《担保法》第 21 条规定："保证担保的范围包括主债权及利息、违约金、损害赔偿金和实现债权的费用。保证合同另有约定的，按照约定。当事人对保证担保的范围没有约定或者约定不明确的，保证人应当对全部债务承担责任。"实现债权的费用包括债权人的诉讼费用、通知费用、催告费用等。除另有约定外，诉讼费属于保证的范围，连带保证人应对诉讼费负连带保证责任。据此，一般连带责任的义务人对于确认责任产生的

---

① 《诉讼费用交纳办法》第 29 条规定："诉讼费用由败诉方负担，胜诉方自愿承担的除外。部分胜诉、部分败诉的，人民法院根据案件的具体情况决定当事人各自负担的诉讼费用数额。共同诉讼当事人败诉的，人民法院根据其对诉讼标的的利害关系，决定当事人各自负担的诉讼费用数额。"

诉讼费也应承担连带责任。

（二）明晰当事人之间诉讼费的追偿权利

案件胜诉后，如何实现预交诉讼费当事人的费用追偿权，实践中有不同的观点：一是由法院直接向胜诉原告退还；二是法院判决胜诉原告直接向败诉被告主张追偿权。调研显示，司法实践中，大部分法院采取的方法是被告直接向胜诉原告支付因败诉所需承担的诉讼费，不自动履行义务的，经预交费当事人申请，由法院强制执行。课题组认为，胜诉原告预交的诉讼费应由被告直接向原告支付，作为合法义务，可申请法院强制执行。

1. 法院直接退还胜诉原告预交的诉讼费的方式不具有可行性

2007 年《最高人民法院关于适用〈诉讼费用交纳办法〉的通知》（法发〔2007〕16 号）第 3 项规定：“诉讼费用的负担：《诉讼费用交纳办法》第二十九条规定，诉讼费用由败诉方负担，胜诉方自愿承担的除外。对原告胜诉的案件，诉讼费用由被告负担，法院应当将预收的诉讼费用退还原告，再由法院直接向被告收取，但原告自愿承担或者同意被告直接向其支付的除外。”该司法解释明确了法院向胜诉方退还预收诉讼费的义务，其方式是，生效判决送达后，法院直接将应由被告承担的费用退还给原告，法院再向被告执行垫付的诉讼费。这种诉讼费返还方式将执行不能的风险从当事人转移给法院，在发生败诉方履行不能时，就违背了败诉方负担的原则，也不能发挥诉讼费对违法行为的制裁功能，一定程度上不合理地增加了法院的工作量。[①]

2. 当事人之间返还有利于引导当事人合理地选择的诉讼方式

根据《民事诉讼法》第 118 条的有关规定，[②]诉讼费由原告预交，其中案件受理费由败诉一方负担，胜诉方自愿承担的除外。调研发现，一些法院在判决被告全部败诉或部分败诉的民事判决书中，诉讼费的负担通常表述为：“本案受理费××元，财产保全费××元，合计×××元，由原告负担××元，被告负担××元。该费用原告已经预交，本院不再退还，其中应由被告负担部分，由被告于本判决生效后×日内直接给付原告。”这种裁判方式，使原告自行承担了诉讼的成本风险，有利于引导当事人采取适宜的纠纷解决途径。当然，法院一方面要大力推广民事诉讼风险提示制度，让当事人对诉讼风险形成全面的认识，

---

① 实践中，法院很少主动告知当事人有这个规定，也很少主动去执行。目前，网上检索到的案例是广西桂林一市民从法院领回了预交的 7996 元诉讼费。该笔费用是经当事人申请，法院经研究后予以退还的。

②《民事诉讼法》第 118 条规定：“当事人进行民事诉讼，应当按照规定交纳案件受理费。财产案件除交纳案件受理费外，并按照规定交纳其他诉讼费用。当事人交纳诉讼费用确有困难的，可以按照规定向人民法院申请缓交、减交或者免交。收取诉讼费用的办法另行制定。”

避免不必要的诉讼资源浪费；另一方面，当事人民事诉讼风险的产生，是由诉讼活动的复杂性、专业性以及法律的局限性和不确定性造成的。法院还应在诉讼过程中加强对当事人在案由选择、举证方面的指导与释明。通过诉讼费风险的预期、信息的公开与传递，当事人能充分关注诉讼风险的存在及其后果，避免提起无谓的诉讼，实现司法资源的优化配置。[①]

第三节　促进诉讼费制度的公平性

制度公平是诉讼费制度正当性的重要衡量标准。由于现行诉讼费规则不完善，诉讼费的标准与负担同争议案件的诉讼资源消耗、当事人受益之间没有形成对称的比例关系，降低了制度内在的合理性和规范性。本节按照受益者负担原则和诉讼资源耗费变量原理，评价和确定收费标准，并对特殊类型案件和新型案件设计了特殊的收费规则，以使诉讼费制度体现司法内在的规律，促进制度公平。

一、按照受益者负担原则确定收费的标准

受益者负担原则是指以该受益为依据，受益人负担与受益程度相应的一定费用。[②]受益者负担是从古罗马时代开始运用的公用负担原则。[③]该原则体现了权利与义务相一致的法治精神，并为多数国家诉讼费制度所遵循。当事人作为国家司法的受益者，诉讼费是司法资源支出的外化方式，国家规定的诉讼费收费标准应与当事人的受益程度相适应。

（一）明晰财产案件与非财产案件的统一划分标准

按照公共成本负担的理论，诉讼费预交数额应体现出与诉讼成本支出所对应的权利保障的利益关系。在财产案件中，诉讼费的收取标准应与争议的私权利受益呈对称关系。争议的财产额度越大，原告胜诉后获得的利益也就越大，通常由此而耗费的司法资源也越多，按照成本收益正向关系原理的原则，受益人（原告）预交的诉讼费就应相应地提高；非财产案件的程序功能因与社会公

---

① 参见郑芊:《我国当事人民事诉讼风险问题探讨》，载于 http://cdmd.cnki.com.cn/Article/CDMD-10652-2010162639.htm，于 2014 年 7 月 10 日访问。

② 参见 [日] 伊川正树:"租税负担与受益者负担的相异点"，万艳红译，载《地方财务》2002 年第9期，第10页。

③ 参见江利红:"日本受益者负担制度研究"，载《四川农业大学学报》2007 年第 2 期，第 221 页。

共秩序和善良风俗有着较为直接的关系，诉讼的社会收益较当事人的私人收益更为重要，所以这类案件的诉讼成本主要由国家承担，故其诉讼费采用较为低廉的定额制。

案件的财产性与非财产性区分是我国现行诉讼费制度确定收费标准的依据之一。财产性案件通常按照诉讼标的物的金额收取诉讼费。非财产性案件通常实行等额制，采取按件计征的收费方式。《诉讼费用交纳办法》第13条将民事案件区分为"财产案件"与"非财产案件"，规定"其他非财产案件每件交纳50元至100元"的诉讼费。但调研组发现，在实践中，由于"其他非财产案件"比较难掌握，司法人员在判断某些案件是财产性或非财产性的问题上存在分歧，诉讼费计算问题多有争议，同类案件在不同法院收费不一的情况时有发生，亟待规范。识别财产案件与非财产案件应采用如下标准：

1. 依据案由的分类确定

2011年2月18日最高人民法院发布了《关于修改〈民事案件案由规定〉的决定》，对2008年的案由进行了修改，修改第一级案由5个，第二级案由20个，第三级案由113个，第四级案由154个。[①]案由的修订意味着《诉讼费用交纳办法》原来列举的非财产案件类型应当随之变化和充实。课题组认为，在对诉讼费用相关法律法规进行修订时，应根据修改后的案由将非财产性案件尽可能地罗列出来，以排除的方式厘清财产案件与非财产案件的分类标准。

2. 通过复核程序决定案件的性质

列举式区分财产与非财产案件因其不能无穷无尽地罗列而不可避免地具有局限性。课题组认为，对于案由中案件性质不明或者未被列举出的案件，其财产与非财产性质的确定可通过现行诉讼费复核程序解决。在当事人关于案件性质的主张与法院存在争议时，法院应以口头或书面形式作出按财产性案件收费的决定，应引导当事人启动《诉讼费用交纳办法》第43条的复核程序，行使申请复核的程序权利。[②]

3. 通过财产权益的利益属性界定案件的性质

民法调整的财产关系和人身关系是以是否具有直接的经济利益、具有金钱

---

① 参见奚晓明：《最高人民法院民事案件案由规定理解与适用》，人民法院出版社2011年版，出版说明部分。

②《诉讼费用交纳办法》第43条规定："当事人不得单独对人民法院关于诉讼费用的决定提起上诉。当事人单独对人民法院关于诉讼费用的决定有异议的，可以向作出决定的人民法院院长申请复核。复核决定应当自收到当事人申请之日起15日内作出。当事人对人民法院决定诉讼费用的计算有异议的，可以向作出决定的人民法院请求复核。计算确有错误的，作出决定的人民法院应当予以更正。"

可衡量的价值加以识别的。因此，不能将人身关系的专属性作为判断民事案件是否属于财产案件与非财产案件的标志，应以经济性确定两者的区别。《诉讼费用交纳办法》第 13 条规定的"非财产案件"，应当仅包含关于人身关系民事案件中不具有金钱价额或金额的人格权纠纷和身份权纠纷案件，以及不具有金钱价额或金额的知识产权纠纷案件。在人身关系民事案件中具有金钱价额或金额的案件，以及具有金钱价额或金额的知识产权案件，则仍然归类于"财产案件"，应以财产案件收取诉讼费。因此，确认之诉和变更、解除、撤销合同之诉，涉及分割财产的离婚案件以及破产衍生案件等，只要权利人的请求最终为了实现经济利益，就应按照财产案件对待。

（二）特殊类型与新型案件的收费标准

1. 复合型案件的收费标准

复合型案件是指同时具有财产性和非财产性诉讼请求的案件。我国诉讼费交纳相关规定中，对财产性案件和非财产案件收费均做出了规定，但欠缺对两者诉求相混合的复合型诉案件交费的规定。实践中各地做法也不一，有的地区是按照财产性案件收费，有的则按照非财产性案件按件收取。

课题组认为，对于复合型案件，只要涉及财产性诉求的，一律规定按财产案件的标准交纳诉讼费；有多个财产诉求的，合并计算诉讼标的额。

2. 离婚案件涉及财产分割时诉讼费的特别规定

课题组认为，根据受益者负担原理，对于判决不予离婚的案件，法院仅就当事人的非财产性诉求即人身关系部分进行了审理，而未处理财产部分，从公平角度出发，当事人所交纳的涉及财产部分诉讼费应予退还。离婚后另行提起财产分割诉讼的，因该诉讼非通常意义的财产纠纷，而与离婚问题密切相关，亦应比照离婚案件中财产部分收费标准进行收费。

3. 破产衍生案件的收费标准

破产衍生诉讼是指以破产企业为一方当事人，以实体权利义务纠纷为内容的民事诉讼。[1]基于破产程序，会产生一些与该程序相关的如破产债务人履行合同、追收破产债务人对外债权、撤销破产债务人处分财产行为、确认破产债务人处分财产行为无效等诉讼，也就是破产衍生诉讼，或指与破产程序有关的民商事诉讼。

《诉讼费用交纳办法》第 42 条规定："依法向人民法院申请破产的，诉讼费

---

[1] 参见梁闽海、陈长灿："论破产衍生诉讼的审判方式——以适度强化职权审判方式为视角"，载《法学》2011 年第 2 期，第 102 页。

用依照有关法律规定从破产财产中拨付。"该法第14条（6）项还规定："破产案件依据破产财产总额计算，按照财产案件受理费标准减半交纳，但是，最高不超过30万元。"上述条款均未对破产衍生诉讼收费进行规定。司法实践中对于该类案件如何收费常常发生争议。根据受益者负担原则，考虑到破产衍生案件实际上涉及财产内容，系财产性案件，应按财产案件标准交纳诉讼费。

（三）按照诉讼请求确定收费的基准

法院之所以向当事人征收诉讼费，主要基于受益者负担的原理，即当事人除了作为纳税人承担支撑审判制度的一般公共责任外，因其具体利用司法资源，获得国家提供的纠纷解决这一服务，还应负担审判成本的部分费用。尤其是在国家尚未达到足够富裕，财政还比较紧张的情况下，通过适当收费以补足财政实属必要。[1]另外，按照意思自治原则，民事主体根据自己的意愿，依据自己的理性判断，自主自愿地参与民事活动，不受国家权力或者任何第三者的非法干预。[2]在民事诉讼程序确定当事人交费义务时，通常应基于当事人意思自治所选择的诉讼请求，以及通过该诉讼请求所达到的受益程度，确定其交纳诉讼费的标准。为确保交费义务的公正和透明，法院应对诉讼费的交纳标准等问题适时做相应的释明工作。

1. 依据当事人的主张确定诉讼标的额

我国采用依标准征收财产案件受理费的模式，其前提是争议标的额的确定。但实践中常出现争议标的金额不确定的问题。调研显示，针对上述问题，各地法院有三种收费方式：第一，只对已确定的标的数额依标准征收案件受理费。第二，对于不能确定标的数额的部分，不征收案件受理费，或者为方便征收案件受理费，要求当事人必须在起诉时确定标的数额。第三，对不确定标的金额的诉请，法院不予审理。对于分割财产案件，一律按涉案标的物总额计算诉讼费。

课题组认为，解决上述问题关键在于适时、合理地确定争议标的金额，并确定收费方式。

首先，当事人争议的标的额在诉讼期间动态不确定的，在起诉阶段，法院应先行根据起诉时能确定的争议标的额先行收费。比如，合同违约金数额的计算应采用起诉时合同约定的违约金数额和利息数额，按率征收案件受理费，结

---

① 参见廖永安："论民事诉讼费用的性质与征收依据"，载《政法论坛》2003年第5期，第64页。

② 参见陈立诚：《论现代民法中的意思自治原则》，载于http://www.doc88.com/p-5085906975848.html，于2014年8月1日访问。

案时，再根据变化后的最后数额计算诉讼费，载于判决之中。

其次，起诉时标的额不能确定的，总体原则是尊重当事人的意思自治，以当事人的主张为基准，适当结合市场价值调整标的物价额，并计算诉讼费。

2. 诉讼标的物为特定物时确定诉讼标的额的方法

在诉讼标的物为特定物的案件中，比如特定的房屋、土地、林木、车辆以及文物等特定物及知识产权，起诉时标的额难以确定的，诉讼费计算存在一定的困难。加之一些当事人采取规避交纳诉讼费的手段，又增加了计费的难度。对此，应采用如下方式确定诉讼收费的基数。

第一，当事人不能准确特定标的物金额的，根据当事人诉讼请求金额计算诉讼费。对于涉及房产、土地等标的的纠纷，在立案过程中，没有合同或合同约定不明确的，可建议当事人参照房产部门、土地部门和税务部门等政府管理部门公布的地段、楼层价格差和土地评估价等参考价格，估算合理的价格，法院以此计算诉讼费。由于诉讼费根据诉讼请求金额，而不是依据争议标的物的价格计算，立案时法院仅对当事人确定诉讼请求的方式进行适当释明。

第二，当事人能够准确计算特定物金额的，根据价格来确定标的额。合同中约定有明确价格的，可按合同的约定计算双方争议的标的额；确定证券金额时，可以按照当事人起诉之前最后一个交易日的收盘价（资本证券）、当日的市场价（货物证券）或其载明的金额（货币证券）计算标的金额。

3. 诉讼标的额主张的风险释明

当事人起诉时主张的争议标的物价格明显高于或低于市场价格时，法院可以向当事人释明计算诉讼标的额的合理性和风险。如当事人仍坚持自己主张的数额，法院应以原告主张的金额确定诉讼费，但法院应当告知由此产生的法律后果。

第一，诉讼标的额过高或过低时，当事人需要承担的诉讼风险。当事人请求的诉讼标的额过高时，法院按照其请求的诉讼标的额收取诉讼费后，如果法院只支持了部分主张，未被法院支持的部分的诉讼费则需由原告自行承担。当事人请求的诉讼标的额过低时，原告将面临超过规定期限不能变更诉讼请求或补交诉讼费的风险，同时在标的物灭失或分割时面临法院根据原告自认而认定价格过低的风险。

第二，法院应对当事人诉讼标的额主张的风险进行释明。课题组认为，《诉讼费用交纳办法》中应增设关于风险提示的规定，即诉讼标的物是房屋、土地、林木、车辆、文物等特定物及知识产权，起诉时价值难以确定的，法院应当向原告释明主张过高或者过低的诉讼风险，以原告的主张确定标的的数额。

　　首先，诉讼标的额过高的情况下法院的风险提示内容。主要包括三个方面：一是诉讼请求要合法，法院只能支持有法律和合同依据的正当请求，比如赌债等违法的请求，不受法律保护；二是诉讼标的数额应依据具体的标准，比如赔偿案件中误工费的计算，要根据当地法定部门确定的标准及个人从业情况等确定；三是对法律没有规定数额和合同没有约定的赔偿标准，当事人的请求要合理、适度。比如，精神损害的赔偿，因相关司法解释没有明确的计算标准，仅规定：结合侵权人的过错程度，侵害的手段、场合、方式、后果，侵权人的获利情况，侵权人承担责任的经济能力，管辖法院所在地的生活水平等方面综合考虑，[①]不具有确定性，当事人的主张数额应结合上述因素综合决定。

　　其次，诉讼标的额过低时法院的风险提示内容。概括为两方面：一是如果诉讼标的物是特定物，而当事人主张的标的额过低，在诉讼中如果不能通过鉴定、评估等方式对标的物进行合理的价格评估，对方当事人如果对原告所提出的诉讼标的额没有异议，法院将以此作为财产分割或处理的依据。对此，应告知当事人自行承担诉讼风险；二是如果法院认定的特定物的价格高于原告起诉时的主张，原告增加相应的诉讼请求的，应补交诉讼费。

　　4. 复数上诉人的交费规则

　　第一，复数上诉人的交费规则存在不统一的问题。依《诉讼费用交纳办法》第 17 条规定，对财产案件提起上诉的，按照不服一审判决部分的上诉请求数额交纳案件受理费。依《诉讼费用交纳办法》第 22 条规定，双方当事人都提出上诉的，上诉案件诉讼费由当事人分别预交。上述规则对于同一方当事人存在多名上诉人分别上诉的情况没有做出明确规定。上诉人在原审中处于共同原告或者共同被告的地位，形成同为一方上诉人复数的情况。但行使上诉权时，同一方的上诉人的利益可能并不一致，可能分别有自己独立的不服一审判决的上诉请求，甚至上诉请求互相对立。此时如何预收上诉费，因收费办法没有明确规定，实践中争议比较大。调研发现，各地法院对此问题做法不一。某些法院将案件当事人分为原审原告方、原审被告方、原审第三人方，同一方当事人（同为原告或同为被告或同为第三人，下同），虽为两人或两人以上人上诉，不论上诉理由是否相同，法院均按一方当事人仅预收一份上诉费，不再分别预收上诉费；而有的法院则不论原审同一方上诉请求是否一致，均按照上诉人的人数分别收取上诉费；还有的法院根据原审同一方上诉请求是否一致，是否存在独立

---

　　① 参见佚名：《打赢官司输了钱，法官提醒诉讼标的额要适度》，载于 http://news.southcn.com/community/fzzh/200208010684.htm，于 2014 年 8 月 1 日访问。

或对立情形,区分情况来决定收取上诉费的份数。上述情况亟须统一收费标准。

第二,复数上诉人的交费规则的设计。课题组认为,复数上诉发生时,对于同一方当事人中上诉请求相同的,只预交一份上诉费用;上诉请求不同的,应当分别收取。

首先,相同的上诉请求,如果其中一人交纳了上诉费,则其他上诉人不再交纳。因为不同主体的相同上诉请求具有类似特点,法院司法审查的成本付出和裁决结论具有同质性,针对单一请求得出的裁判结论适用于全部上诉请求的处理。相反,上诉请求相互独立甚至相互冲突,法院就要全部审查,司法资源的付出就要复数的支出,诉讼费应分别收取。

其次,《诉讼费用交纳办法》第17条规定:"对于财产案件提起上诉的,按照不服一审判决部分的上诉请求数额交纳案件受理费",二审结案时,应按各上诉人的上诉请求是否获得法院的支持,确定各上诉人上诉费的负担,上诉费的最终负担数额也应基于各上诉人是否相同的上诉请求计算;

复次,如果二审过程中某一上诉人出于自身利益的考虑撤回了上诉,而与其利益独立或者对立的上诉人的权利不可避免地会受到影响。此时,应区分同一方当事人的上诉请求是否相同进行分别处理,上诉请求相同的可预交一份上诉费,上诉请求不同的分别预收。

二、按照诉讼资源的耗费确定收费标准

不同案件耗费诉讼资源差异较大,主要取决于:不同的诉讼程序繁简,诉讼周期的长短,审判组织组成,其他司法资源的支出等。司法实践诉讼费的确定除了考虑立案时确定的案件适用程序,还应注意案件审理过程中,程序变化引起的诉讼费的调整。即因不同程序转换、变更诉讼请求、结案方式选择等影响诉讼费的因素出现时,收费制度的公平问题。上述问题现行规则规定不完善,需要加以细化。

(一)明确程序转换过程中诉讼费的补交规则

诉讼中随着程序的转换会出现诉讼资源支出的增加和诉讼标的额的增减,需要重新核定诉讼费。但《诉讼费用交纳办法》对此规定不够明确,应予规范。

1. 简易程序转为普通程序诉讼费的补交

调研显示,自2005年以来,辽宁省五市两级法院适用简易程序案件数量逐年上升,其中每年有大约15%~20%简易程序审理的案件转为普通程序审理(图4-1)。由于现行法律和司法解释对简易程序转为普通程序规定过于原则,程序转换的实践操作很不规范,也影响诉讼费标准的合理确定。调研发现,一些法

院为多收诉讼费,将可以按简易程序进行审理的案件确定为按普通程序审理。由此带来当事人不合理的诉讼费负担,使法院、法官同当事人的关系出现摩擦。各地法院对适用简易程序案件收取诉讼费的做法不一:有的立案时按普通程序收取诉讼费,审结后向当事人退还一半诉讼费;有的立案时按简易程序减半收取诉讼费,转为普通程序审理的,通知原告在指定时间补交另一半诉讼费,逾期未补交,按撤诉处理;有的法院在当事人未按照普通程序补交诉讼费情况下,仍继续按普通程序审理案件,由于诉讼费收费部门和合议庭信息欠缺沟通,结案时补交诉讼费问题往往无人问津。

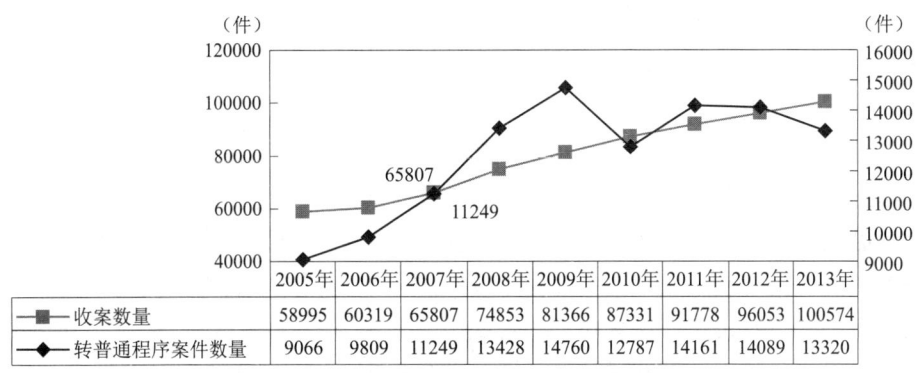

（件）	2005年	2006年	2007年	2008年	2009年	2010年	2011年	2012年	2013年
收案数量	58995	60319	65807	74853	81366	87331	91778	96053	100574
转普通程序案件数量	9066	9809	11249	13428	14760	12787	14161	14089	13320

图4-1 五市两级法院简易程序案件情况

课题组认为,完善诉讼费规则,应规定适用简易程序审理的案件转为普通程序时,原告自接到法院交纳诉讼费通知次日起7日内补交案件受理费。原告无正当理由未按期足额补交的,按撤诉处理。同时,还应辅之以配套规则,强化补交诉讼费的主体责任。

2. 督促程序和公示催告程序转入诉讼程序时诉讼费的补交

依《诉讼费用交纳办法》规定,督促程序申请支付令的费用是财产案件费用的 1/3,如果从督促程序转入诉讼程序,存在按照诉讼程序补交诉讼费的问题。督促程序案件适用的前提是具有给付金钱、有价证券的义务,属于财产性质且债权债务关系明确的案件,一旦进入诉讼程序,应按财产标的额计算诉讼费。支付令失效后,案件审理转入诉讼程序,如果不补交诉讼费,就会导致有些当事人为规避诉讼费而滥用支付令申请,损害正常诉讼秩序的不利后果。

课题组认为,督促程序和公示催告程序转为普通程序的,债权人、申请人或申报人应当按照《诉讼费用交纳办法》的规定交纳案件受理费。具体规则是:支付令失效后、转入诉讼程序前,应以书面形式告知债权人相关权利义务,指定其在合理期限内(7日内)提交起诉状并补缴诉讼费;逾期不提交起诉状或不补缴诉讼费的，按不同意转入诉讼程序处理。

同理，公示催告程序转为诉讼程序时亦应补交诉讼费。

（二）调整调解案件的收费比例

《诉讼费用交纳办法》第 15 条规定："以调解方式结案或者当事人申请撤诉的，减半交纳案件受理费"。但在调研中发现，调解结案诉讼费减半收费不符合诉讼资源配置的公平原则。首先，撤诉比照调解收费不合理。撤诉是当事人对自己诉讼权利的自由处分，法院消耗司法成本较少，而调解程序与撤诉程序相比，法院付出了相当多的审判力量，投入了较大的精力。两者消耗的司法资源有所不同，诉讼费上亦应有所区分。其次，调研数据显示，调解结案案件的减半收费是当事人选择调解的一个因素，但不是决定性因素，对于当事人的激励差异也因事、因人而异。

课题组认为，调解结案的诉讼收费应为应交诉讼费的 2/3。理由是：第一，调解结案的诉讼费比照一般收费标准降低了一定比例，能够以诉讼费为调节手段，鼓励以调解方式结案。第二，平衡撤诉、调解、判决结案方式之间的司法成本支出。因为判决结案，司法程序要经过立案、调查、庭审、判决等阶段，从一审、二审到再审，法院付出的司法成本较高。与判决结案相比，调解结案往往程序相对简便，节约了司法资源，法院付出的司法成本相对较低。从平衡撤诉、调解、判决结案方式收费的角度看，调解结案的诉讼收费应该比判决结案的较低，比撤诉结案的略高。诉讼费的 2/3 的收费标准低于判决结案收费，高于撤诉结案收费，有利于平衡撤诉、调解、判决之间的收费关系。

（三）规定减半收费仅能适用一次

我国《诉讼费用交纳办法》第 15 条、第 16 条、第 18 条中分别规定了三种减半收取诉讼费的情形。但是，在同一案件中存在多种减半交纳诉讼费的情形时该如何收费，诉讼费用交纳办法及相关法律法规中并没有明确。课题组在调研后发现各地法院就上述问题的规则适用存在争议，做法不一，实践中主要有以下两种做法。第一种方法，适用简易程序审理又以调解结案的，视为存在两种减半收取诉讼费情形，收取全案费用的 1/2，即只允许减半收取一次。第二种方法，诉讼费可两次减半收取，即收取全案诉讼费的 1/4。

课题组认为，立法有必要对法院减半收取诉讼费的次数进行合理地限制，解决司法实践中执法标准不统一问题。课题组建议，同一案件减半收取诉讼费只能适用一次。理由为：

第一，防止多次减半收费形成过低的不合理收费。同一案件存在多种减半收取诉讼费情形的案件大多发生在基层法院，诉讼标的额低，减半一次后收取的诉讼费已经十分低廉，重复减半收取会导致变相的免收费，与司法资源的付出难以平衡。

第二，有利于缓解基层法院的退费压力。大部分适用简易程序的案件受诉于基层法院，这些案件中以调解、撤诉方式结案的所占比例又较大。例如，据江苏省无锡市锡山区法院 2007 年的统计，全区人民法庭共受理案件 39735 件，审结 39618 件，调解、撤诉案件占结案总数的 61.9%，简易程序适用率达到86.5%。[①]适用简易程序的案件在收案时已减半收取费用，如果因调解、撤诉另行再退 50%的费用，会在增加案件的数量同时增大基层法院退费工作压力。所以，有必要限定一个案件减半收取仅适用一次，以缓解基层法院的退费压力。

（四）按照差异化原则确定执行案件的收费标准

在理论上，当事人是选择诉讼还是和解解决争议，取决于诉讼成本和谈判成本的高低。[②]课题组认为，在执行程序中，也应通过诉讼费规则，增强当事人慎重主张权利的意识，调动当事人自动履行和自行和解的积极性，在不同程序中采取差异化的收费标准，提高判决执行的效率。

1. 将申请不予执行仲裁裁决、提出执行异议、申请执行复议的案件列入交费范围

审判实践中大量不予执行仲裁裁决的申请、执行异议和申请执行复议案件需要法院利用司法资源加以审查，但《诉讼费用交纳办法》中并未做出交纳诉讼费的规定，客观上使当事人动辄就提出异议，利用异议、复议程序以拖延执行的情况相当严重。这不仅不利于及时保护胜诉当事人实现诉讼利益，也加剧了执行难问题。为防止权利滥用和司法资源的浪费，课题组建议在《诉讼费用交纳办法》第 10 条的基础上增加申请不予执行仲裁裁决、提出执行异议、申请执行复议需交纳诉讼费的规定，[③]以实现诉讼费制度的公平目的。

2. 申请不予执行仲裁裁决、提出执行异议、申请执行复议案件的交费的标准设计

第一，关于申请不予执行仲裁裁决的案件的收费标准。鉴于该类案件与申

---

① 参见郑玄："诉讼费收费办法实施对诉讼费的影响"，载《江南时报》2007 年 3 月 10 日，第 22 版。

② 参见王世袭、黄国桥："诉讼费下调的经济分析"，载《云南大学学报》2007 年第 3 期，第 143 页。

③《诉讼费用交纳办法》第 10 条规定："当事人依法向人民法院申请下列事项，应当交纳申请费：（一）申请执行人民法院发生法律效力的判决、裁定、调解书，仲裁机构依法作出的裁决和调解书，公证机构依法赋予强制执行效力的债权文书；（二）申请保全措施；（三）申请支付令；（四）申请公示催告；（五）申请撤销仲裁裁决或者认定仲裁协议效力；（六）申请破产；（七）申请海事强制令、共同海损理算、设立海事赔偿责任限制基金、海事债权登记、船舶优先权催告；（八）申请承认和执行外国法院判决、裁定和国外仲裁机构裁决。"

请撤销仲裁裁决或者认定仲裁协议效力的案件程序中法院司法成本的付出相似，应比照其标准按件收取 400 元。

第二，关于提出执行异议或者申请执行复议案件的收费标准。首先，考虑通过程序设计，规定预交执行异议和申请执行复议案件的诉讼费；当申请获得支持时由法院退回诉讼费。由此过滤一部分仅仅试图通过异议程序拖延执行的申请，同时又保障了需要异议权的正当行使，既彰显了对滥用执行异议或者申请执行异议行为的制裁，又促进了保障诉权和节约司法资源之间的平衡。其次，关于该类案件诉讼费的收取标准，考虑到我国地域差距较大、经济发展不一，建议设定合理的交费幅度，最低标准与申请撤销仲裁裁决或者认定仲裁协议效力案件程序的收费标准相同；考虑到司法审判情况复杂，滥用权利的情节不同，最高标准设定为 5000 元。

3. 规定执行和解和自动履行案件可减半收取执行申请费

"执行难"是我国法治建设进程中一大顽疾，既削弱了司法的权威，又影响了社会和谐。解决执行难是一项系统工程，要在综合治理的基础上采取可行性的综合措施。诉讼收费制度作为我国司法体系的重要组成部分，制度改进时应发挥促进生效裁决执行的积极作用，通过调整执行和解的诉讼费，强化义务人自动履行义务，可谓促进执行的有力途径。

诉讼费由败诉方承担，这是诉讼费承担的基本原则，但是执行和解案件没有胜败诉之分，而《诉讼费交纳办法》中对此没有对执行和解案件诉讼费承担问题作出规定。课题组认为，从调动当事人自动履行和自行和解的积极性出发，《诉讼费用交纳办法》应规定当事人执行和解和执行中自动履行生效法律文书的减半收取执行申请费。

课题组建议，对《诉讼费用交纳办法》第 38 条执行收费的规定应予以修改，[①]增加申请费减半交纳的两种情形，即执行中当事人达成和解协议并履行完毕，自动履行生效法律文书确定义务的，均减半交纳申请费；执行异议或执行复议申请获得支持的，退回申请费。

三、构建公益诉讼的特殊收费规则

公益诉讼是指对污染环境、侵害众多消费者合法权益等损害社会公共利益

---

① 《诉讼费用交纳办法》第38条规定："本办法第十条第（一）项、第（八）项规定的申请费由被执行人负担。执行中当事人达成和解协议的，申请费的负担由双方当事人协商解决；协商不成的，由人民法院决定。本办法第十条第（二）项规定的申请费由申请人负担，申请人提起诉讼的，可以将该申请费列入诉讼请求。本办法第十条第（五）项规定的申请费，由人民法院依照本办法第二十九条规定决定申请费的负担。"

的行为,法律规定的机关和有关组织向法院提起的诉讼。①该类型诉讼是《民事诉讼法》2012 年修改时新增的,《诉讼费用交纳办法》对此未做规定。公益诉讼的公益性、原告主体的法定性、诉讼效益的广泛性决定了这类案件的诉讼费制度设计的方向和内容。

(一)公益诉讼的特征决定其诉讼费规则的特殊性

1. 公益诉讼的公益性

原告提起公益诉讼的目的是为了维护社会公共利益。公益诉讼案件的类型包括:一是污染环境、侵害众多消费者合法权益的行为、损害公共利益的案件。二是其他损害社会公共利益的案件。公共利益的基本内涵是指在特定历史条件下,从私人利益中抽象出来能够满足共同体中全体或大多数社会成员的公共需要,经由公共程序并以政府为主导所实现的公共价值。②公益诉讼的公益性要求诉讼费的负担和分担与一般民事诉讼有所区别,即为实现公共价值而产生的诉讼费由公共分担和社会分担。

2. 原告主体的法定性

民事公益诉讼的起诉主体具有法定性。依现行《民事诉讼法》规定,只有"法律规定的机关和有关组织"才有资格提起公益诉讼。这里"法律规定的"不仅限定"机关",还限定"有关组织"。起诉主体的法定性意味着该类主体提起公益诉讼,不受一般起诉条件即《民事诉讼法》第 119 条第(1)项规定的"与本案有直接利害关系"的限制。③通常意义上说,与具有"直接利害关系"且包含"私人利益"的普通民事诉讼的原告相比,此类主体提起诉讼的动力在于维护公共利益,诉讼对自身利益无直接的关联,激发和保护公益诉讼原告提起诉讼的积极性是设计诉讼费规则的基本出发点。

3. 诉讼效益的社会性

公益诉讼的裁判效力超出了传统民事诉讼的既判力范围,可以扩展到没有参加诉讼的利害关系人,最终受惠于特定领域的社会公益。公益诉讼的判决效果指向不同于普通民事诉讼所针对的既往行为,还指向诉讼时尚未发生的潜在侵害行为。所以,如果说普通民事诉讼是为了解决纠纷,公益诉讼则兼有行为

---

① 《民事诉讼法》第 55 条:"对污染环境、侵害众多消费者合法权益等损害社会公共利益的行为,法律规定的机关和有关组织可以向人民法院提起诉讼。"

② 参见奚晓明:《〈中华人民共和国民事诉讼法〉修改条文理解与适用》,人民法院出版社 2012 年版,第 93～94 页。

③ 参见奚晓明:《〈中华人民共和国民事诉讼法〉修改条文理解与适用》,人民法院出版社 2012 年版,第 94 页。

调整和公共政策形成的功能。①公益诉讼效益的社会性要求其诉讼费制度的设计要考虑"取之于民，用之于民"的公益原则，这为建立诉讼费依托的公益资金提供了依据。

（二）公益诉讼的诉讼费规则需要特殊设计

1. 确立环境公益案件的诉讼费公共负担和社会分担原则

第一，环境公益诉讼的特点是公益性，诉讼费主要由国家公共财政负担。

第二，为弥补财政投入的不足和利用市场机制，应设立环境公益诉讼救助基金和推行环境公益诉讼社会保险，由社会共同分担当事人费用，免除原告的诉讼负担，分散诉讼风险。

第三，规定在原告败诉、被告胜诉的情况下，原告可以申请免交或缓交诉讼费。

第四，必要诉讼的费用也可以由社会分担。即通过环境公益诉讼援助（或救济）等基金项目支付诉讼费。例如，2008 年 1 月，中国法律援助基金会组织发起了以保护生态环境为宗旨的"2008 法律援助绿色行动"，并设立"生态环境保护法律援助专项基金"。为确保类似的诉讼费援助基金项目有稳定的资金来源，应借鉴大多数国家的通行做法，②明确国家在环境公益诉讼法律援助经费方面的财政支持责任，建立政府对法律援助经费的最低保障机制。

2. 规定原告申请费和其他诉讼费案后交纳规则

民事诉讼和行政诉讼的诉讼费实行案前预交制，包括预交案件受理费和申请费。这种起诉时强制性预交诉讼费的做法形成了诉权的限制，使诉讼标的额较大和申请鉴定等费用较高的环境公益诉讼难以启动。为消除原告交费负担，环境公益诉讼宜取消预交申请费和其他证人、鉴定人员、翻译人员、理算人员出庭的交通费、住宿费、生活费和误工补贴费等诉讼费的规则，实行案后交纳规则；待诉讼过程结束后，原告胜诉的，则由败诉的被告在承担责任的范围内支付；原告败诉的，可以申请缓交、免交或由环境公益诉讼援助（或救济）基金项目承担。③

3. 设立省级公益诉讼资金

省级环境公益诉讼资金是指对国家机关、其他法人组织及公民提起环境公益诉讼涉及的诉讼费进行补助的专项资金，可申请补贴的项目包括：第一，案

---

① 参见潘申明：《比较法视野下的民事公益诉讼》，法律出版社，2011 年 1 版，第 13 页。

② 参见张颖："环境公益诉讼费用规则的思考"，载《法学》2013 年第 7 期，第 136 页。

③ 参见张颖："环境公益诉讼费用规则的思考"，载《法学》2013 年第 7 期，第 136 页。

件受理费、申请费、调查取证费、鉴定费、勘验费、评估费以及其他诉讼产生的费用。我国的一些地方已经开始尝试设立省级公益诉讼基金。2011 年 1 月，海南省人民法院实施了《关于开展环境资源民事公益诉讼试点的实施意见》，对环境公益诉讼资金的设立目的、概念、内容、适用范围、来源、预结算、使用和监管以及环境损害赔偿金的归属等都做出了规定，收到了良好的社会效果。可予以立法确认。第二，资金的使用与监管程序。省级环境公益诉讼资金来源于省级财政拨款，实行国库集中支付，单独核算，专款专用的规则，由各省财政厅对环境公益诉讼资金的管理使用进行监督。申请人申请环境公益诉讼资金应填写《环境公益诉讼资金申请表》，并提交起诉状或上诉状、法院受理案件通知书等相关材料，申请材料由法院立案庭负责受理。省高院对于本级发生的环境公益诉讼费从省级环境公益诉讼资金中支付；基层法院发生的环境公益诉讼由基层法院向省高院申请，经省高院审核确认后从省级环境公益诉讼资金中核拨。[①]

第四节　完善司法救助制度

诉讼费与当事人可承担限度之间的经济平衡，以及对特殊当事人缓、减、免诉讼费救助机制的完备程度，体现出诉讼费制度与基本诉权保障之间的平衡关系。[②]调研显示，现行司法救助制度还不适应转型时期弱势群体诉权保护的需求，不利于诉讼机会公平的保障，不符合实现社会正义的本质，需要在范围和程序制度等方面着力完善和改进。

一、扩大司法救助的对象和范围

（一）将符合司法救助条件的法人及其他经济组织列为司法救助的对象

从国外立法情况看，日本、法国、德国司法救助的主体一般为自然人，但在特殊情况下，法人或其他团体组织也可以成为救助的对象。如在日本，作为民事诉讼当事人的法人或其他团体组织如果有发不起工资等情形的就能够成为救助的对象；在法国，机构总部设立在法国且经费收入不足的非营利法人可以

---

① 参见陈望：《海南设立环境公益诉讼资金，环境民事诉讼可申请》，载于 http://news.ifeng.com/gundong/detail_2011_09/13/9142773_0.shtml，于 2014 年 8 月 8 日访问。

② 参见佚名：《民事诉讼费用专题评述》，载于 http://www.civilaw.com.cn，于 2014 年 6 月 17 日访问。

申请诉讼救助；在德国，职务上的当事人、法人或有当事人能力的社团在特殊情况下也可以申请诉讼费用救助。从我国的情况看，除了具有公益性质的社会福利机构和救助管理站外，司法救助只针对自然人，特别是诉讼费用的免交只适用于自然人。比较外国法和我国现阶段的实际，上述规定已不能适应司法救助理念和司法救助实践的需求，理由主要表现为以下三点：一是目前我国正处在社会转型期，法人与自然人之间、法人与法人、法人与其他经济组织之间的矛盾占社会矛盾总量的大部分。把法人、其他经济组织列为司法救助的对象，更有利于依法调整经济关系，稳定经济秩序和化解社会矛盾，从而更好地实现司法救助的价值理念。二是法人或其他组织从其设立时起，就享有许多与自然人相同的权利。三是从审判实践来看，最高人民法院曾在一定的阶段针对特殊的案件做出过司法救助的规定，而这些规定所涉及的司法救助对象大都是法人。

因此，司法救助对象范围过窄，不但有违司法的平等保护原则，也不符合司法公平正义的要求。课题组认为，借鉴国外成功经验，应取消诉讼费的免交只适用于自然人的规定，将司法救助的适用对象适度放宽，扩大到特定的法人和其他组织，如受政策扶持的小微企业、从事非营利性社会服务活动的民办非企业单位、濒临破产企业或无力支付工资的企业等特定主体。

（二）依据法定救助条件确定追索劳动报酬案件的被救助对象

《诉讼费用交纳办法》第 20 条规定：案件受理费由原告、有独立请求权的第三人、上诉人预交。被告提起反诉，依照本办法规定需要交纳案件受理费的，由被告预交。追索劳动报酬的案件可以不预交案件受理费。但是实践中，追索劳动报酬的当事人虽大多为弱势群体，可又并不完全为弱势群体。因此，课题组认为，从规范收费的角度，取消追索劳动报酬案件可以不预交案件受理费的规定，将追索劳动报酬案件列为缓交诉讼费的情形之一是可行且又符合司法实践的。考虑到此类案件的原告大多经济状况较差、生活困难，为维护劳动者的合法权益，应允许其申请缓交诉讼费，并可以最终按《诉讼费用交纳办法》第 45 条、第 46 条的规定决定了诉讼费的减、免。

二、明确缓交诉讼费的期限和程序

（一）准予缓交的期限确定为案件第一次开庭前（不需要开庭的案件准予缓交的期限确定为案件裁决前）

在司法救助实践中，缓交诉讼费案件数量和金额占诉讼费司法救助的比例最大，问题也最多。比如，批准缓交诉讼费后是否确定缓交期限、缓交期限内当事人未交纳诉讼费是否应按自动撤回起诉（上诉）处理、法院准予缓交诉讼费的同时设定了缓交期限，当事人认为法院自行设定的缓交期限没有法律依据等。为了解决这些问题，课题组认为，应当在作出准予缓交诉讼费的决定的同时确定合理的缓交期限，且认为准予缓交的期限确定为案件第一次开庭前较为合理。理由是：第一，如果缓交期限过短（比如缓交期限短于举证期限），不利于承办案件的法官了解当事人经济状况的变化情况，难以结合双方当事人提交的证据材料对案件整体情况作出初步判断；第二，如果确定缓交期限过长（比如缓交至判决前），法庭已做了大量工作，不利于及时阻止当事人利用无诉讼费负担而进行滥诉，浪费有限的司法资源；第三，如果不确定缓交期限，不利于案件承办法官履行及时收缴诉讼费，一旦申请缓交诉讼费的当事人败诉，通过执行程序追缴诉讼费往往难以实现，最终导致诉讼费流失。由于实践中有少数案件不需要开庭审理，如《民事诉讼法》第 169 条规定："第二审人民法院对上诉案件，应当组成合议庭，开庭审理。经过阅卷、调查和询问当事人，对没有提出新的事实、证据或者理由，合议庭认为不需要开庭审理的，可以不开庭审理"。所以针对不需要开庭审理的案件则应作出例外规定，将准予缓交的期限确定为案件裁决前。

（二）明确司法救助的审查程序

《诉讼费用交纳办法》对司法救助的审查程序未作出明确规定，不利于司法实践中进行统一规范的操作。为保障司法救助制度的公平正义，保证适度救助，及时救助目标的实现，并契合司法改革方向，真正做到让审理者裁判，由裁判者负责。课题组认为，应对司法救助审查程序作出如下规定：第一，当事人申请缓交诉讼费后，由负责立案的独任法官或合议庭进行审查，在决定立案之前作出准予（不准予）缓交的决定；第二，准予缓交的期限为案件第一次开庭前；第三，审理案件的独任法官或合议庭，在第一次开庭前，视申请救助的当事人的经济状况和案件情况作出补交诉讼费或减交、免交诉讼费的决定；第四，当事人未在缓交期限内补交诉讼费的，依有关规定按自动撤回起诉（上诉）处理；第五，对方当事人在裁判前提出减交、免交诉讼费申请的，审理案件的独任法官或合议庭经审查符合条件的，应当在裁判时作出是否减交、免交的决定。

三、规定欺诈司法救助行为的惩戒措施

任何司法救助都是一把双刃剑，既能达到救济的目的，也给部分人提供了滥用救济的机会。《诉讼费用交纳办法》实施后，诉讼费司法救助给当事人带来了很多便利。但是，司法实践中也存在部分当事人提供虚假材料骗取司法救助的情况。最高人民法院《关于对经济确有困难的当事人提供司法救助的规定》

中对此也作出了规定。课题组认为，应该将该项规定吸纳到《诉讼费用交纳办法》中进行统一规定，在司法救助制度做到便民、利民的同时，我们也应该对那些通过提供虚假材料骗取司法救助的当事人进行惩戒。对那些提供虚假材料骗取司法救助的，经对方当事人申请或者人民法院发现，应当撤销司法救助的决定，责令其补交诉讼费用；拒不补交的，以妨害诉讼行为论处。

四、探索司法救助与法律援助制度的有效衔接

（一）规定社会救助人员与司法救助申请人审查互免制度

目前，欲打官司而又经济困难的当事人如果既想在申请诉讼费缓交、减交、免交等司法救助的同时，又想向法律援助机构申请法律援助，需分别向法院和司法局提供其经济确有困难的证明材料，并由两家分别审查其是否符合规定。由于法院和司法局是两个独立的申请审查程序，所要求的具体条件和手续有所不同，申请人为了获得批准，需要在两个部门之间来回奔波。法律援助和司法救助两项制度互相脱节，使原本就经济困难的当事人获得救助的成本增高，这违背了法律援助与司法救助制度的本质与目标。另外，其他社会救助制度也未实现与上述救助制度相衔接，分别由各部门按照不同规定和程序进行，造成的浪费和带来的不便更是不胜枚举。为解决这些弊端，最大限度消除这些冗繁手续产生的资源浪费，课题组认为，应研究建立司法救助和社会救助有机衔接制度，从诉讼费救助制度层面，对在社会救助体系中已被认定属于救助人员范畴且拥有民政部门发放的社会救助证件（如城乡低保、农村五保对象等证件）的，如果其申请司法救助，则应该简化审批程序，只需提交相关救助证件或审批文件即可。上海市高院与上海市司法局联合推出《关于加强司法救助与法律援助衔接工作的若干意见（试行）》，规定了对当事人经济困难状况审查互免的原则，相关材料只需经其中任一机构认可，另一机构则可免于审查，直接进入救助或援助程序。此举目的是为相关当事人提供更加高效、便利、经济的法律服务，在更大程度上实现社会的公平和正义。课题组建议最高法院与司法部、民政部门联合就司法救助、法律援助及社会救助对相关人员经济困难状况审查互免的问题进行规定。

（二）推进司法救助和法律援助、社会救助的制度一体化

在立法条件成熟时，可以将司法救助和法律援助、社会救助统一起来，整合相关的法律法规，由立法机关制定统一的《国家司法援助法》。将司法救助纳入到国家司法援助框架中，使司法救助、法律援助和社会救助实现有机结合。司法援助经费由国家财政保障，同时探索建立司法援助基金制度，除财政拨款

外还可以采取民政救助、社会捐助等多种渠道和办法筹集，以扩大援助基金数量，减轻财政负担。

第五节　构建新型司法体制下的诉讼费管理制度

司法改革将实行省级以下地方法院人财物统一管理，为诉讼费管理制度的改进带来新的要求和保障条件。诉讼费管理制度改进应该顺应司法改革的方向，科学构建符合省级统一管理的法院经费保障机制和符合司法权特征及"两便"原则的诉讼费管理制度。

一、建立省级经费统管体制下的诉讼费管理体系

在诉讼费制度的整体架构上，省级法院应贯彻落实好中央各项政策，结合本省特点制定实施细则，建立符合省级统一管理的诉讼费收费、管理、经费保障和监督机制，及时全面掌握全省法院经费保障情况，建立政法经费保障、物资装备统计、固定资产统计数据库等基础资料，努力保证资金使用效益的最大化。[①]

（一）建立省级经费统管体制下的诉讼费收费制度

在诉讼费的收费环节上，应将诉讼费的收取和诉讼费的司法救助纳入省级统一管理的体系之下，建立统一、明晰的诉讼费收费机制。

在诉讼费的收取方面，省级法院应首先对诉讼费收费标准进行统一管理，在法律规定的基础上进一步明确不同类型案件分属的收费标准类别及存在幅度差异收费标准的具体操作办法，确保诉讼费标准更符合本地区客观情况。其次，建立便捷、明确的诉讼费救济程序，确保当事人与人民法院在有关诉讼费收取问题上发生的争议有寻求解决的途径。复次，应引入现代化的诉讼费收取管理系统，通过网络平台和软件系统完善诉讼费收取的统一管理。

在诉讼费的司法救济方面，省级法院应首先在充分调研本地区经济情况和社会特殊状态的前提下，对适用诉讼费缓、减、免措施的条件作出进一步细化规定，在保障本地区纠纷当事人诉权的同时避免诉讼费流失。其次，细化诉讼

---

① 参见唐虎梅、郭丰："2009 年度全国法院经费分析报告"，载《人民司法·应用》2010 年第 17 期，第 71 页。

费缓、减、免措施的操作流程，对诉讼费的缓交期限、减交幅度等作出可操作规定。复次，还应对申请适用司法救济中的违法行为明确其责任和后果，避免诉讼费司法救助措施的滥用和国家规费的流失。

（二）建立省级经费统管体制下的诉讼费管理制度

在诉讼费的管理环节上，应当改进原有对已收取诉讼费的归属方式和监管措施，使诉讼费的管理机制更加符合省级统一管理。

1. 建立有效的诉讼费跟踪管理制度

对于已收取的诉讼费：首先，立案部门和财务部门应当分别对统计数据系统和各类案件实行流水号总体登记配合年终逐案审计的方法，审核每个案件诉讼费的交纳情况；其次，法院财务部门年终应审核收取诉讼费情况，列明清单通知相关业务庭并进行核查；复次，纪检监察等部门应当组织有关庭、处、室成立检查组，每年对诉讼费收取、退还情况进行系统检查，并形成检查报告，及时、全面预防违法行为发生。

2. 建立诉讼费管理责任追究机制

对于诉讼费管理主体，应明确其责任范围，做到管理者权责统一，实行立案统计，财务审核、审计，纪检监察半年抽查，年度统一检查的监督模式，并对违反者依法严格追究法律责任和违纪责任。诉讼服务中心将本年度各部类案件按流水号列表，明确统计出每个案件应收诉讼费数额，诉讼费缓、减、免的实施情况以及实收诉讼费情况。对于缓交诉讼费的管理，应首先由审判庭主审法官催要，如未能收回，审判卷宗不归档。财务部门每半年与业务庭对账一次，并向诉讼服务中心反馈相关信息。

3. 建立诉讼费移送强制执行制度

法院判决书、裁定书、调解书发生法律效力后，因不能及时催缴诉讼费，导致全国诉讼费每年亏库较大。因此，对拖欠诉讼费的案件，应设置经主审法官报庭长批准，转执行庭执行，执行终结后开具诉讼费收据归档的制度。该制度的建立，与《最高人民法院关于适用〈诉讼费用交纳办法〉的通知》（法发〔2007〕16号）中关于"当事人拒不交纳诉讼费用的，人民法院应当依法强制执行"的精神相契合，将保障因诉讼费亏库给国家造成的财政损失得以及时弥补。

二、完善诉讼费退费制度

（一）建立财政部门管理下的诉讼费备用金制度

诉讼费备用金指由财政部门设立和管理的专门用于法院开展诉讼费退费工作的资金保障。由于我国诉讼费采预收方式，案件审结后常伴有结退诉讼费问题。法院要与财政部门协商，在财政部门开立专户，建立诉讼费退费"备用金"，即诉讼费在缴入国库前留存一定比例的备用金在财政专户上，以方便法院及时满足当事人的退费需要。备用金支出后应及时予以补充，确保法院对诉讼退费有充足的资金保障，维护当事人的合法权益，避免发生当事人因未能及时退回诉讼退费而对法律的公正性产生怀疑。[①]

调研中发现，很多省份已细化实行了诉讼费备用金制度，但由于备用金制度实施中存在一定风险，也有观点认为应取消诉讼费备用金账户制度。对此，课题组认为，备用金制度是必要和可行的，备用金制度运行中的问题可以通过有效的制度设计加以解决。

1. 增加备用金数额的适度弹性

实践中，各级地方政府财政部门将收取的诉讼费建立专门退费备用金专户，并根据年度预拨指标确定额度。由于备用金专户的资金是财政部门按年度之初法院预算的额度审批的，不能随意变动，往往与实际发生的退费数额出入很大。在财政不能及时补足退款备用金专户资金的情况下，会导致因退费备用金专户资金不足而无法退费，或导致占用下一年度的备用金额度，形成恶性循环。课题组认为：在备用标准上，应实行半年核算制度，省级法院每半年向财政部门反馈退费信息；对未结案件可能涉及的退费数额，应允许法院申请变更备用金额度，保持备用金账户的动态性。

2. 推进财政司法费用的省级统管

省级统管财政司法费用能够有效消除即有地方财政体制下，部分地方财政部门直接扣留、截留应退还的诉讼费问题。据调研资料反映，一些地区尤其是经济欠发达的地区，财政部门一般将诉讼费的10%至15%作为财政当年的收入直接入库。即使法院判决应当全额退还诉讼费，当事人也只能收到90%的诉讼费，当事人闹访严重，影响法院的司法公信力。课题组认为，上述问题的根源不在于备用金制度本身，而在于法院诉讼费对地方财政的依赖。诉讼费由省级统管之后，司法经费来源于省级财政，地方财政只具有代管性质，而非法律上的所有权主体，地方财政代表地方政府通过截留、占有等行为已经失去了制度依据；省级财政统管之后，相对于县、市两级地方财政，司法经费在省级政府财政总额的比例大幅度降低，传统司法经费体制下的诉讼费退费的地方性障碍将消失。

---

① 参见瞿建华：《新时期法院加强诉讼退费管理的几点思考》，载于 http://blog.sina.com.cn/s/blog_637cf13f0100tif8.html，于 2014 年 8 月 14 日访问。

（二）建立体现司法权特征的诉讼费退还程序

"四五司法改革"强调"尊重司法规律，体现司法权属性"，即人民法院深化司法改革，应使改革成果充分体现审判权的独立性、中立性、程序性和终局性特征。改进诉讼费管理制度同样应明确人民法院和主审法官在诉讼费退费环节上的职责，体现审判权特征。

1. 明确法院关于诉讼费退还的释明义务

释明义务是人民法院审判权（职责）的重要组成部分，对实现审判权的公正性与中立性至关重要。首先，人民法院在立案时除了向当事人说明诉讼费的收费标准、依据、程序外，还应当在诉讼费交纳通知单上写明诉讼费退还的主体、退还的方式及银行账号，以免去当事人因退费而往返于人民法院的不必要的支出，实现诉讼费退还的公开、明示。其次，在案件审结后，人民法院须向当事人说明诉讼费的退还事宜，①即书面释明。因为，《诉讼费用交纳办法》中有关书面通知的规定不具有可行性，司法实践中，多数法院往往只在裁判文书中写明对诉讼费的负担，不另行下发书面通知。生效裁判文书是人民法院确认各方当事人依法负担诉讼费的结算凭证，应当对诉讼费的退还问题予以释明而无须另行下发书面通知，当事人依据人民法院作出相关释明的生效裁判文书即可办理退费事宜。

2. 确立主审法官主导的诉讼费退还审批职责

由主审法官主导的诉讼费退还审批职责是司法独立性的重要体现。虽然《诉讼费用交纳办法》规定："需要向当事人退还诉讼费用的，人民法院应当自法律文书生效之日起15日内退还有关当事人。"②但司法实践中，办理诉讼费退费的主要模式是由主审法官、副庭长、庭长、主管院长、财务科长（处长）、主管财务院长层级审批才算完成退费的审批核准手续，当事人办理诉讼费退费的时间远长于法律规定，司法权的独立性也遭到阻碍。

改革上述诉讼费退费管理中存在的问题，应最大限度地减少诉讼费退费工作中的审批流程。主审法官是诉讼案件的承办人，对争议案件的内容和裁判结果有充分认识，有能力对案件的退费情况作出独立判断。当事人依法申请退费的，凭人民法院作出的生效裁判文书，由主审法官签字认可后，即可直接到法院财务部门办理诉讼费退费事宜。为避免主审法官在财务专业方面经验的不足，

---

① 《诉讼费用交纳办法》第53条规定："案件审结后，人民法院应当将诉讼费用的详细清单和当事人应当负担的数额书面通知当事人，同时在判决书、裁定书或者调解书中写明当事人各方应当负担的数额。"

② 详见《诉讼费用交纳办法》第53条。

当事人到法院财务部门办理退费时，还应由财务部门负责人对其诉讼费退费手续在职责范围内进行进一步核实并签字确认，当事人依此即可办理退费。

3. 科学设计符合"两便原则"的诉讼费退还程序

科学的诉讼费退还管理流程便于当事人进行诉讼和法院行使审判权，有助于加强人民法院审判权在诉讼费制度中的程序性特征。现行诉讼费退还环节多、周期长问题的根源在于诉讼费退还管理流程不科学，在收费环节上未能充分考虑到之后的退费环节。①我国地域辽阔，当事人往返人民法院进行诉讼活动的在途时间成本相对较高，在欠发达地区、农村地区情况尤甚。调研中发现，宁夏、新疆、青海、西藏等西部地区法院对此问题反映强烈。在新疆的牧区，诉讼费全部收缴到财政后，在备用金专户退费资金不足的情况下，法院不能及时向当事人退还诉讼费，给牧区当事人造成很大不便。在新一轮司法体制改革中，人民法院的收、退费管理流程应当得到创新。

规范诉讼费退还流程应从立案之初即介入管理，使之形成有效、简捷的退费管理程序。其一，确立科学的交费程序：确定立案（案号）→收费金额（批准缓、减、免交流程）→登记收、退费主体、账号→交费。其二，确立科学的退费程序：生效法律文书（经主审法官确定）→交财务审批并退费→按交费时登记退费主体及账号退费。在此基础上，明确各流程中的职责分配与工作衔接，保障诉讼费退还流程的有序运行，发挥审判权的程序性特征。

（三）引入现代化的诉讼费收、退费管理技术

现代化技术手段有助于推进省级统一管理司法改革目标的实现，在诉讼费的收、退管理环节上尤为如此。

1. 建立电子化的诉讼费收、退管理系统

电子化的诉讼费收、退费系统指人民法院用于管理诉讼费收、退费的计算机软件平台。为建立电子化的诉讼费收、退费系统，目前，辽宁省高院正与用友软件合作，研发《诉讼费收退费管理系统》软件，并准备推广使用。该系统设计了连接立案、审判部门和财务部门的信息数据，能够对诉讼费进行有效的管理，极大程度地提高了立案部门、业务庭以及财务部门在诉讼费交纳方面的工作效率。

该系统的功能是：第一，实现立案部门能够自动打印交费通知书、财务部

---

① 人民法院内部退费需要由主审法官、副庭长、庭长、主管院长、财务科长（处长）、主管财务院长层级审批才算完成退费的审批核准手续，然后又要报请财政部门按财政规定进行层级审核，并按批次核准才能到银行完成退费手续办理，每个环节都很难一次完成。

门直接打印收费票据的功能,并且可多渠道查询和统计诉讼费交纳和退还情况;第二,实现信息平台与审判庭和财务部门信息共享,相互确认交费、退费信息;第三,使审判业务工作与财务工作实现无缝链接,做到收、退费管理与审判工作同步,保证各类案件在立案、案卷移送及上诉案件工作的及时、规范,完善诉讼费管理体系。

该退费操作流程有以下优点:第一,方便人民法院进行电子化退费,在当事人胜诉后未按期申请退还诉讼费的情况下,可利用电子化退费系统解决当事人迟延受领的问题;第二,保障收费与退费信息联动,在立案时,诉讼服务中心电脑程序形成案号后建立诉讼费管理系统,管理系统的内容包括办理诉讼费退费当事人的基本信息及其账号,有关诉讼费的收、退信息在随后的诉讼程序中无须当事人到场即可知晓;第三,简化报批程序,人民法院发生法律效力的裁判文书明确了对诉讼费负担作为生效判决确定的义务,应当自动履行或者被强制执行,无须层层报批。通过上述系统可顺畅法院内各部门沟通,做到收、退费管理与审判工作同步,完善诉讼费管理体系并缩短退费的周期,实现诉讼费收、退费流程的科学管理。

2. 建立便捷的诉讼费收费、退费支付平台

诉讼费收、退费支付平台指当事人交纳诉讼费或人民法院收取、退还诉讼费的支付渠道。调研显示,一些地方法院在收费、退费的电子化平台建设方面已经取得了有益的经验,根据不同特点可选择推广。第一,引进诉讼费电子缴费系统。江西省吉安县人民法院成功引进 POS 机缴费系统,在该院立案大厅正式启用系统刷卡交纳诉讼费。当事人只需持有"银联"标志的银行卡即可在该院立案大厅直接刷卡缴费,诉讼费直接转入财政收入账户。此举节省了当事人往返于法院和银行之间以及在银行缴费的时间,实现了立案、缴费"一站式"服务。[1]浙江省高级人民法院负责运营的"浙江法院 12368"正式登陆"支付宝手机钱包",今后,当事人在浙江法院打官司,只需扫描《预交诉讼费通知单》上的支付二维码,即可自动关注"浙江法院 12368"服务窗并据此交纳诉讼费,无须再跑到银行网点排队。[2]第二,设立银行代办窗口和自动取款机。法院在诉讼服务中心设立了当事人可以直接到窗口或自助设备取款,方便了当事人交

---

[1] 参见刘红连、匡慧英:《吉安法院:刷卡缴纳诉讼费真便民》,载于 http://court.gmw.cn/html/article/201204/18/88060.shtml,于 2014 年 7 月 12 日访问。

[2] 参见余建华、孟焕良、蒋国华:《浙江试水支付宝钱包缴纳诉讼费》,载于 http://www.chinacourt.org/article/detail/2014/07/id/1329448.shtml,于 2014 年 7 月 12 日访问。

款。①调研中，一些地方法院建议，人民法院还可以继续完善电话缴费、手机银行、网上银行、联网的 ATM 机（银行的自助终端、存取款一体机进行转账自助缴纳）、支付宝等新型缴费方式，真正做到便于当事人、便于人民法院的诉讼费收取和退还机制的完善，条件成熟的地区可以考虑适当采用。

3. 建立法院与银行互通的诉讼费管理系统

课题组认为，人民法院应建立"银法在线"诉讼费管理系统，即在原有的系统应用上，增加与收费银行的实时数据交换，当事人向收费银行缴费后，不用再到人民法院换取诉讼费准用票据，本院财务部门通过银行收费系统直接打印票据，并交由立案部门及时立案，待开庭时再将诉讼费收据交给当事人。

依照《诉讼费用交纳办法》规定："案件诉讼费全额上缴财政，纳入预算，实行收支两条线管理；诉讼费的缴纳需到指定代办银行办理，法院不直接向当事人收取；依法应当向当事人退费的，人民法院应当按照国家有关规定办理。"实践中，当事人交纳诉讼费需凭法院开具的缴费通知单先到指定银行办理缴费手续，然后再回到法院开具诉讼费收据，缴费手续麻烦且耗费时间，尤其某些代办银行离法院较远，给当事人带来极大不便。诉讼费收费、退费支付平台的建立将减少当事人在银行交费后来院换票的麻烦，同时可以实现银行与法院财务诉讼费收费实时对账，避免由于当事人缴费后不来院换票，形成未达账项，造成立案的延迟；有利于便利当事人、法院及时立案，便捷诉讼费的财务管理。

三、完善诉讼费监管制度

（一）建立闭环式诉讼费管理体制

现行诉讼费的归属方式按照国家税收模式进行，即年初申报退费指标，按照财务部门核定后的退费额度，通过备用金专户退费，交纳诉讼费入账不退，这与人民法院收取诉讼费实行多退少补、及时结清的原则不符。在新一轮司法改革背景下，应当建立起闭环式的诉讼费管理模式。具体而言，人民法院应当每半年将已审结案件的诉讼费上缴财政，年终总核算。诉讼费由当事人预交，根据每个案件的具体情况，其产生争议的标的不同、审理期限不同、交费主体不同，最终根据法院生效的判决书、裁定书和调解书确定的负担主体不同。因此，人民法院对具体案件的诉讼费不应一次性上缴财政专户，这既不便于财政部门管理，也不便于人民法院办理退费事宜。财政部门应当采取措施，保障退

---

① 根据课题组 2014 年 7 月 1 日在辽宁省大连市中级人民法院调研时所了解到的信息整理。

费准备金账户中资金充足，从而保障人民法院依法及时办理退费。

（二）建立符合省级统一管理的诉讼费监管机制

1. 健全监管制度

为防止省级统一管理后，诉讼费流失或被占用、挪用等问题发生，要建立诉讼费违规的发现、追责机制。首先，应制定法院内部的诉讼费管理规章，为加强诉讼费的管理，层级负责，分解任务，责任到人。其次，进行专项统计，将本年度民事、行政案件按收案号列表，明确每个案件应收诉讼费，缓、减、免诉讼费和诉讼费实际收取的情况，每月一统计，一季度一对账，年终汇总存档。复次，严格落实责任，明确诉讼费的国家规费属性，人民法院仅作为代收窗口部门，而非实际收、支部门。要对人民法院诉讼费的收取情况定期抽查，严格检查措施，对在检查和审计中发现的问题，应及时整改；对应收而不收、占用、挪用诉讼费的相关责任人员，依照规定依法处理。

2. 健全内部和外部结合的诉讼费管理监管主体

2007 年 9 月 30 日，最高人民法院实施《关于诉讼收费监督管理的规定》，将诉讼费的监管主体规定为法院内部的监察部门，该《规定》第 13 条要求："各级人民法院监察部门负责受理对违反规定收取诉讼费用行为的举报，并查处违反规定收取诉讼费用的行为。"由于法院内部的监察部门与法院在行政体制上的一体性，不利于对法院或者司法人员在诉讼费管理中违法、违纪行为的独立、有效监督和预防。按照监管独立、非利害关系的基本要求，诉讼费的年度监管应由省级法院委托外部的社会第三方进行财务审计，将其审计结论作为考核法院的年度诉讼费合规的财务的依据。同时，法院的诉讼费合规指标应纳入人大监管的法定范围，在法院工作报告中接受人大监督和质询。

3. 专项治理"小金库"问题

在省级统一管理后，应进一步治理地方"小金库"问题，凡违反法律及相关制度规定，应列入而未列入规定账户的各项资金及其形成的资产均属于违反法律规定私立的"小金库"，依法应予查处。应突出对三公经费、会议费、培训费的检查。重点治理包括预算收入、预算支出、资产、财务会计和财政票据。对是否存在隐瞒、截留、挤占、挪用、坐支或私分以及违规转移到所属培训中心的单位使用等形式的各类"小金库"问题要重点查处。①

---

① 参见王琦："我省将启动'小金库'专项治理"，载《辽沈晚报》2014 年 8 月 9 日，第 3 版。

《诉讼费用交纳办法》（建议稿）

第一章 总 则

第一条 根据《中华人民共和国民事诉讼法》（以下简称民事诉讼法）和《中华人民共和国行政诉讼法》（以下简称行政诉讼法）的有关规定，制定本办法。

第二条 当事人进行民事诉讼、行政诉讼，应当依照本办法交纳诉讼费用。本办法规定可以不交纳或者免予交纳诉讼费用的除外。

第三条 在诉讼过程中不得违反本办法规定的范围和标准向当事人收取费用。

第四条 国家对交纳诉讼费用确有困难的当事人提供司法救助，保障其依法行使诉讼权利，维护其合法权益。

第五条 外国人、无国籍人、外国企业或者组织在人民法院进行诉讼，适用本办法。

外国法院对中华人民共和国公民、法人或者其他组织，与其本国公民、法人或者其他组织在诉讼费用交纳上实行差别对待的，按照对等原则处理。

第二章 诉讼费用交纳范围

第六条 当事人应当交纳的诉讼费用包括：

（一）案件受理费；

（二）申请费；

（三）证人、鉴定人、翻译人员、理算人员经人民法院通知或许可参与诉讼发生的交通费、住宿费、生活费和误工补贴。

第七条 案件受理费包括：

（一）第一审案件受理费；

（二）第二审案件受理费；

（三）民事申请再审案件受理费。

第八条 下列案件不交纳案件受理费：

（一）依照民事诉讼法规定的特别程序审理的案件，但申请实现担保物权的案件除外；

（二）不予受理、驳回起诉及上诉的案件；一审管辖权异议的案件；

（三）根据民事诉讼法第一百九十八条、第二百零八条规定的审判监督程序审理的案件；

（四）根据行政诉讼法规定的审判监督程序审理的案件；

（五）行政赔偿案件。

第九条 当事人依法向人民法院申请下列事项，应当交纳申请费：

（一）申请执行人民法院发生法律效力的判决、裁定、调解书，仲裁机构依法作出的裁决和调解书，公证机构依法赋予强制执行效力的债权文书；

（二）申请保全措施；

（三）申请支付令；

（四）申请公示催告；

（五）申请不予执行、撤销仲裁裁决或者认定仲裁协议效力；

（六）提出执行异议、申请执行复议的；

（七）申请破产；

（八）申请海事强制令、共同海损理算、设立海事赔偿责任限制基金、海事债权登记、船舶优先权催告；

（九）申请承认和执行外国法院判决、裁定和国外仲裁机构裁决。

第十条 证人、鉴定人、翻译人员、理算人员经人民法院通知或许可参与诉讼发生的交通费、住宿费、生活费和误工补贴，由败诉一方当事人负担。当事人申请证人作证的，由该当事人先行垫付；当事人没有申请的，人民法院通知证人作证的，由人民法院垫付。

当事人复制案件卷宗材料和法律文书应当按实际成本向人民法院交纳工本费。

第十一条 诉讼过程中因鉴定、公告、勘验、翻译、评估、拍卖、变卖、仓储、保管、运输、船舶监管等发生的依法应当由当事人负担的费用，人民法院根据谁主张、谁预付，谁败诉、谁负担的原则，决定由当事人直接支付给有关机构或者单位，人民法院不得代收代付。但是执行程序中，因为被执行财产的变价所引起的评估、拍卖等费用，经中介机构同意，可以不预交，变价后在变价款中优先支付。

人民法院依照民事诉讼法第十一条第三款规定提供当地民族通用语言、文字翻译的，不收取费用。

第三章 诉讼费用交纳标准

第十二条 案件受理费分别按照下列标准交纳：

（一）财产案件根据诉讼请求的金额或者价额，按照下列比例分段累计交纳：

1. 不超过 1 万元的，每件交纳 50 元；

2. 超过 1 万元至 10 万元的部分，按照 2.5%交纳；

3. 超过 10 万元至 20 万元的部分，按照 2%交纳；

4. 超过 20 万元至 50 万元的部分，按照 1.5%交纳；

5. 超过 50 万元至 100 万元的部分，按照 1%交纳；

6. 超过 100 万元至 200 万元的部分，按照 0.9%交纳；

7. 超过 200 万元至 500 万元的部分，按照 0.8%交纳；

8. 超过 500 万元至 1000 万元的部分，按照 0.7%交纳；

9. 超过 1000 万元至 2000 万元的部分，按照 0.6%交纳；

10. 超过 2000 万元的部分，按照 0.5%交纳。

（二）非财产案件按照下列标准交纳：

1. 离婚案件每件交纳 50 元至 300 元。涉及财产分割，财产总额不超过 20 万元的，不另行交纳；超过 20 万元的部分，按照 0.5%交纳。离婚后提起财产分割诉讼的，按照此标准交纳。

判决不准予离婚的，退还收取的涉及财产部分的诉讼费。

2. 侵害姓名权、名称权、肖像权、名誉权、荣誉权以及其他人格权的案件，每件交纳 100 元至 500 元。涉及损害赔偿，赔偿金额不超过 5 万元的，不另行交纳；超过 5 万元至 10 万元的部分，按照 1%交纳；超过 10 万元的部分，按照 0.5%交纳。

3. 其他非财产案件每件交纳 50 元至 100 元。

（三）知识产权民事案件，没有争议金额或者价额的，或者争议金额或者价额不超过 5 万元的，每件交纳 1000 元；争议金额或者价额超过 5 万元的，按照财产案件的标准交纳。

（四）劳动争议案件，没有财产内容的，免交诉讼费；有财产内容的，按照财产案件标准交纳。

（五）行政案件按照下列标准交纳：

1. 商标、专利、海事行政案件每件交纳 5000 元；

2. 其他行政案件每件交纳 50 元至 500 元。

（六）当事人提出案件管辖权异议的，一审免交申请费，对管辖权提起上诉的，应预交申请费，申请费为诉讼费的10%，不足1000元的，按1000元预交，二审法院认定管辖权异议成立，退回预交费用。

省、自治区、直辖市人民政府可以结合本地实际情况在本条第（二）项、第（三）项、第（五）项规定的幅度内制定具体交纳标准。

第十三条　申请费分别按照下列标准交纳：

（一）依法向人民法院申请执行人民法院发生法律效力的判决、裁定、调解书，仲裁机构依法作出的裁决和调解书，公证机关依法赋予强制执行效力的债权文书，申请承认和执行外国法院判决、裁定以及国外仲裁机构裁决的，按照下列标准交纳：

1. 没有执行金额或者价额的，每件交纳50元至500元。

2. 执行金额或者价额不超过1万元的，每件交纳50元；超过1万元至50万元的部分，按照1.5%交纳；超过50万元至500万元的部分，按照1%交纳；超过500万元至1000万元的部分，按照0.5%交纳；超过1000万元的部分，按照0.1%交纳。

3. 符合民事诉讼法第五十五条第四款规定，未参加登记的权利人向人民法院提起诉讼的，按照本项规定的标准交纳申请费，不再交纳案件受理费。

（二）申请保全措施的，根据实际保全的财产数额按照下列标准交纳：

财产数额不超过1000元或者不涉及财产数额的，每件交纳30元；超过1000元至10万元的部分，按照1%交纳；超过10万元的部分，按照0.5%交纳。但是，当事人申请保全措施交纳的费用最多不超过5万元。

行为保全免收申请费。

（三）依法申请支付令的，比照财产案件受理费标准的1/3交纳。

（四）依法申请公示催告的，每件交纳100元。

（五）申请不予执行、撤销仲裁裁决或者认定仲裁协议效力的，每件交纳400元。

（六）提出执行异议或者申请执行复议的，每件交纳400元至5000元。

（七）破产案件依据破产财产总额计算，按照财产案件受理费标准减半交纳，但是，最高不超过30万元。

（八）海事案件的申请费按照下列标准交纳：

1. 申请设立海事赔偿责任限制基金的，每件交纳1000元至1万元；

2. 申请海事强制令的，每件交纳1000元至5000元；

3. 申请船舶优先权催告的，每件交纳1000元至5000元；

4. 申请海事债权登记的，每件交纳 1000 元；

5. 申请共同海损理算的，每件交纳 1000 元。

第十四条 以调解方式结案的，案件受理费交纳三分之二；当事人申请撤诉的，减半交纳案件受理费。

第十五条 适用简易程序审理的案件减半交纳案件受理费。

第十六条 对财产案件提起上诉的，按照不服一审判决部分的上诉请求数额交纳案件受理费。

第十七条 被告提起反诉、有独立请求权的第三人提出与本案有关的诉讼请求，人民法院决定合并审理的，分别减半交纳案件受理费。

第十八条 当事人申请再审案件，按照不服原判决、调解部分的再审请求数额交纳案件受理费。

第十九条 公益诉讼案件，实行案后交纳案件受理费。原告可以申请减交、免交案件受理费，但恶意起诉的除外；被告败诉的，按照财产案件交纳标准以被告承担责任为限交纳案件受理费。

第二十条 实现担保物权案件，按照财产案件交纳标准的二分之一交纳案件受理费。裁定驳回申请的，按件收取 100 元的诉讼费用，其余费用退回申请人。

第二十一条 第三人撤销之诉，根据当事人提出的请求撤销范围涉及的金额交纳案件受理费；非财产案件，按请求撤销的原案件的收费标准交纳。

第四章 诉讼费用的交纳和退还

第二十二条 案件受理费由原告、有独立请求权的第三人、上诉人、再审申请人预交。被告提起反诉，依照本办法规定需要交纳案件受理费的，由被告预交（取消追索劳动报酬案件可以不预交案件受理费）。

申请费由申请人预交。但是，本办法第九条第（一）项、第（七）项规定的申请费不由申请人预交，执行申请费执行后按照实际执行的数额比例交纳，破产申请费清算后交纳。

本办法第十条规定的费用，待实际发生后交纳。

第二十三条 当事人在诉讼中变更诉讼请求数额，案件受理费依照下列规定处理：

（一）当事人增加诉讼请求数额的，按照增加后的诉讼请求数额计算补交；

（二）当事人在法庭调查终结前提出减少诉讼请求数额的，按照减少后的诉讼请求数额计算退还。

第二十四条　原告自接到人民法院交纳诉讼费用通知次日起 7 日内交纳案件受理费；反诉案件由提起反诉的当事人自提起反诉次日起 7 日内交纳案件受理费。

上诉案件的案件受理费由上诉人向人民法院提交上诉状时预交。双方当事人都提起上诉的，分别预交。上诉人在上诉期内未预交诉讼费用的，人民法院应当通知其在 7 日内预交。

民事申请再审案件受理费由再审申请人向受诉的人民法院提交再审申请书时预交。再审申请人未预交的，人民法院应当通知其在 7 日内预交。

申请费由申请人在提出申请时或者在人民法院指定的期限内预交。

当事人逾期不交纳诉讼费用又未提出司法救助申请，或者申请司法救助未获批准，在人民法院指定期限内仍未交纳诉讼费用的，由人民法院依照有关规定处理。

第二十五条　当事人申请再审，应当预交民事申请再审案件受理费。双方当事人都申请再审的，分别预交。

第二十六条　依照民事诉讼法第三十六条、第三十七条、第三十八条、第一百二十七条规定移送、移交的案件，原受理人民法院应当将当事人预交的诉讼费用随案移交接收案件的人民法院。

第二十七条　人民法院审理民事案件过程中发现涉嫌刑事犯罪并将案件移送有关部门处理的，当事人交纳的案件受理费予以退还；移送后民事案件需要继续审理的，当事人已交纳的案件受理费不予退还。

第二十八条　中止诉讼、中止执行的案件，已交纳的案件受理费、申请费不予退还。中止诉讼、中止执行的原因消除，恢复诉讼、执行的，不再交纳案件受理费、申请费。

第二十九条　第二审人民法院决定将案件发回重审的，应当退还上诉人已交纳的第二审案件受理费。

第一审人民法院裁定不予受理或者驳回起诉的，应当退还当事人已交纳的案件受理费；当事人对第一审人民法院不予受理、驳回起诉的裁定提起上诉，第二审人民法院维持第一审人民法院作出的裁定的，第一审人民法院应当退还当事人已交纳的案件受理费。

第三十条　申请再审案件审查结束后，当事人预交的再审案件受理费，分以下情形处理：

（一）人民法院驳回再审申请的，当事人预交的受理费不予退还；

（二）人民法院裁定再审的，当事人预交的再审案件受理费暂不退还，由人民法院按照审判监督程序审理案件时一并处理：

1. 经再审审理，符合民事诉讼法第二百条第（一）至（三）条规定情形的，或者符合当事人对人民法院第一审判决或者裁定未提出上诉，第一审判决、裁定或者调解书发生法律效力后又申请再审，人民法院经审查决定再审的情形，当事人预交的受理费由最终败诉当事人承担；

2. 经再审审理，符合民事诉讼法第二百条第（四）至（十三）项情形的，再审结案后法院退还当事人预交的受理费。

第三十一条 依照民事诉讼法第一百五十一条规定终结诉讼的案件，依照本办法规定已交纳的案件受理费不予退还。

第五章 诉讼费用的负担

第三十二条 诉讼费用由败诉方负担，胜诉方自愿承担的除外。

部分胜诉、部分败诉的，人民法院根据案件的具体情况决定当事人各自负担的诉讼费用数额。

共同诉讼当事人败诉的，人民法院根据其对诉讼标的的利害关系，决定当事人各自负担的诉讼费用数额。

第三十三条 第二审人民法院改变第一审人民法院作出的判决、裁定的，应当相应变更第一审人民法院对诉讼费用负担的决定。

第三十四条 经人民法院调解达成协议的案件，诉讼费用的负担由双方当事人协商解决；协商不成的，经当事人同意，由人民法院决定。

第三十五条 应当交纳案件受理费的再审案件，诉讼费用由申请再审的当事人负担；双方当事人都申请再审的，诉讼费用依照本办法第三十二条的规定负担。原审诉讼费用的负担由人民法院根据诉讼费用负担原则重新确定。

第三十六条 离婚案件诉讼费用的负担由双方当事人协商解决；协商不成的，由人民法院决定。

第三十七条 民事案件的原告、上诉人或者再审申请人申请撤诉，人民法院裁定准许的，案件受理费由原告、上诉人或者再审申请人负担。

行政案件的被告改变或者撤销具体行政行为，原告申请撤诉，人民法院裁定准许的，案件受理费由被告负担。

第三十八条 当事人在法庭调查终结后提出减少诉讼请求数额的，减少请求数额部分的案件受理费由变更诉讼请求的当事人负担。

第三十九条　债务人对督促程序未提出异议的，申请费由债务人负担。债务人对督促程序提出异议致使督促程序终结的，申请费按 100 元收取，由申请人负担。申请支付令的一方当事人不同意提起诉讼的，其余诉讼费用退回申请人；转入诉讼程序的，其余诉讼费用直接作为诉讼程序案件受理费，不足部分由申请人补交。

第四十条　公示催告的申请费由申请人负担。

第四十一条　本办法第九条第（一）项、第（八）项规定的申请费由被执行人负担。

执行中当事人达成和解协议并履行完毕的，申请费减半交纳。申请费的负担由双方当事人协商解决；协商不成的，由人民法院决定。

执行中当事人自动履行生效法律文书确定义务的，申请费减半交纳。

本办法第九条第（二）项规定的申请费由申请人负担，申请人提起诉讼的，可以将该申请费列入诉讼请求。

本办法第九条第（五）项规定的申请费，由人民法院依照本办法第二十九条规定决定申请费的负担。

本办法第九条第（六）项规定的申请费，执行异议或执行复议申请被支持的，由人民法院退回该费用。

第四十二条　海事案件中的有关诉讼费用依照下列规定负担：

（一）诉前申请海事请求保全、海事强制令的，申请费由申请人负担；申请人就有关海事请求提起诉讼的，可将上述费用列入诉讼请求；

（二）诉前申请海事证据保全的，申请费由申请人负担；

（三）诉讼中拍卖、变卖被扣押船舶、船载货物、船用燃油、船用物料发生的合理费用，由申请人预付，从拍卖、变卖价款中先行扣除，退还申请人；

（四）申请设立海事赔偿责任限制基金、申请债权登记与受偿、申请船舶优先权催告案件的申请费，由申请人负担；

（五）设立海事赔偿责任限制基金、船舶优先权催告程序中的公告费用由申请人负担。

第四十三条　当事人因自身原因未能在举证期限内举证，在二审或者再审期间提出新的证据致使诉讼费用增加的，增加的诉讼费用由该当事人负担。

第四十四条　依照特别程序审理案件的公告费，由起诉人或者申请人负担。

第四十五条　依法向人民法院申请破产的，诉讼费用依照有关法律规定从破产财产中拨付。

第四十六条　当事人不得单独对人民法院关于诉讼费用的决定提起上诉。

当事人单独对人民法院关于诉讼费用的决定有异议的，可以向作出决定的人民法院院长申请复核。复核决定应当自收到当事人申请之日起15日内作出。

当事人对人民法院决定诉讼费用的计算有异议的，可以向作出决定的人民法院请求复核。计算确有错误的，作出决定的人民法院应当予以更正。

第六章　司　法　救　助

第四十七条　当事人交纳诉讼费用确有困难的，可以依照本办法向人民法院申请缓交、减交或者免交诉讼费用的司法救助。

诉讼费用的免交也适用特定的法人和其他组织，如受政策扶持的小微企业、从事非营利性社会服务活动的民办非企业单位等其他确有困难的主体。

第四十八条　当事人申请司法救助，符合下列情形之一的，人民法院应当准予免交诉讼费用：

（一）残疾人无固定生活来源的；

（二）追索赡养费、扶养费、抚育费、抚恤金的；

（三）最低生活保障对象、农村特困定期救济对象、农村五保供养对象或者领取失业保险金人员，无其他收入的；

（四）因见义勇为或者为保护社会公共利益致使自身合法权益受到损害，本人或者其近亲属请求赔偿或者补偿的；

（五）确实需要免交的其他情形。

第四十九条　当事人申请司法救助，符合下列情形之一的，人民法院应当准予减交诉讼费用：

（一）因自然灾害等不可抗力造成生活困难，正在接受社会救济，或者家庭生产经营难以为继的；

（二）属于国家规定的优抚、安置对象的；

（三）社会福利机构和救助管理站；

（四）确实需要减交的其他情形。

人民法院准予减交诉讼费用的，减交比例不得低于30%。

第五十条　当事人申请司法救助，符合下列情形之一的，人民法院应当准予缓交诉讼费用：

（一）追索社会保险金、经济补偿金的；

（二）追索劳动报酬案件；

（三）海上事故、交通事故、医疗事故、工伤事故、产品质量事故或者其他

人身伤害事故的受害人请求赔偿的;

（四）正在接受有关部门法律援助的;

（五）确实需要缓交的其他情形。

第五十一条　当事人申请司法救助，应当在起诉、上诉或者申请再审时提交书面申请、足以证明其确有经济困难的证明材料以及其他相关证明材料。

因生活困难或者追索基本生活费用申请免交、减交诉讼费用的，还应当提供本人及其家庭经济状况符合当地民政、劳动保障等部门规定的公民经济困难标准的证明。

人民法院对当事人的司法救助申请不予批准的，应当向当事人书面说明理由。

当事人提供虚假材料骗取司法救助的，经对方当事人申请或者人民法院发现，应当撤销司法救助的决定，责令其补交诉讼费用；拒不补交的，以妨害诉讼行为论处。

第五十二条　当事人申请缓交诉讼费用经审查符合本办法第五十条规定的，人民法院应当在决定立案之前作出准予缓交的决定。

准予缓交的期限为案件第一次开庭前。人民法院应视申请救助的当事人的经济状况及案件情况在第一次开庭前作出补交诉讼费或减交、免交诉讼费的决定。不需要开庭的案件准予缓交的期限确定为案件裁决前。

当事人未在缓交期限内补交诉讼费的，依有关规定按自动撤回起诉（上诉）处理。

对方当事人在裁判前提出减交、免交诉讼费用申请的，人民法院经审查，对符合条件的，应当在裁判时作出是否减交、免交的决定。

对当事人申请缓交诉讼费用的，由负责立案的独任法官或合议庭进行审查，作出是否准予缓交的决定；对当事人请求减交、免交诉讼费用的，由审理案件的独任法官或合议庭审查，作出是否减交、免交的决定。

第五十三条　人民法院对一方当事人提供司法救助，对方当事人败诉的，诉讼费用由对方当事人负担；对方当事人胜诉的，可以视申请司法救助的当事人的经济状况决定其减交、免交诉讼费用。

第五十四条　人民法院准予当事人减交、免交诉讼费用的，应当在法律文书中载明。

第七章　诉讼费用的管理和监督

第五十五条　诉讼费用的交纳和收取制度应当公示。人民法院收取诉讼费用按照其财务隶属关系使用国务院财政部门或者省级人民政府财政部门印制的财政票据。案件受理费、申请费全额上缴财政，纳入预算，实行收支两条线管理。

人民法院收取诉讼费用应当向当事人开具缴费凭证，当事人持缴费凭证到指定代理银行交费。依法应当向当事人退费的，人民法院应当按照国家有关规定办理。诉讼费用缴库和退费的具体办法由国务院财政部门与最高人民法院另行制定。

在边远、水上、交通不便地区，基层巡回法庭当场审理案件，当事人提出向指定代理银行交纳诉讼费用确有困难的，基层巡回法庭可以当场收取诉讼费用，并向当事人出具省级人民政府财政部门印制的财政票据；不出具省级人民政府财政部门印制的财政票据的，当事人有权拒绝交纳。

第五十六条 人民法院在收取诉讼费时应当就诉讼费的收费标准、收费范围、收费依据、收费主体、计价单位等进行释明，并要求当事人写明退费结算方式。案件审结后，人民法院在判决书、裁定书或者调解书中写明当事人各方应当负担的数额。当事人依法退费的，凭人民法院作出的生效裁判文书，由主审法官及财务负责人签字认可后，由财务部门直接办理。

需要向当事人退还诉讼费用的，人民法院应当自法律文书生效之日起15日内退还有关当事人。

第五十七条 财政部门按照收费管理的职责分工，对诉讼费用进行管理和监督；对违反本办法规定的乱收费行为，依照法律、法规和国务院相关规定予以查处。

第八章 附 则

第五十八条 诉讼费用以人民币为计算单位。以外币为计算单位的，依照人民法院决定受理案件之日国家公布的汇率换算成人民币计算交纳；上诉案件和申请再审案件的诉讼费用，按照第一审人民法院决定受理案件之日国家公布的汇率换算。

第五十九条 本办法自 年 月 日起施行。

建议修改条文与现行《诉讼费用交纳办法》对照表

（条文中黑体字部分是对原条文所作的增加、修改或者废止）

现行的条文	修改的条文
第一章 总　则	**第一章 总　则**
第一条 根据《中华人民共和国民事诉讼法》（以下简称民事诉讼法）和《中华人民共和国行政诉讼法》（以下简称行政诉讼法）的有关规定，制定本办法。	**第一条** 根据《中华人民共和国民事诉讼法》（以下简称民事诉讼法）和《中华人民共和国行政诉讼法》（以下简称行政诉讼法）的有关规定，制定本办法。
第二条 当事人进行民事诉讼、行政诉讼，应当依照本办法交纳诉讼费用。 本办法规定可以不交纳或者免予交纳诉讼费用的除外。	**第二条** 当事人进行民事诉讼、行政诉讼，应当依照本办法交纳诉讼费用。 本办法规定可以不交纳或者免予交纳诉讼费用的除外。
第三条 在诉讼过程中不得违反本办法规定的范围和标准向当事人收取费用。	**第三条** 在诉讼过程中不得违反本办法规定的范围和标准向当事人收取费用。
第四条 国家对交纳诉讼费用确有困难的当事人提供司法救助，保障其依法行使诉讼权利，维护其合法权益。	**第四条** 国家对交纳诉讼费用确有困难的当事人提供司法救助，保障其依法行使诉讼权利，维护其合法权益。
第五条 外国人、无国籍人、外国企业或者组织在人民法院进行诉讼，适用本办法。 外国法院对中华人民共和国公民、法人或者其他组织，与其本国公民、法人或者其他组织在诉讼费用交纳上实行差别对待的，按照对等原则处理。	**第五条** 外国人、无国籍人、外国企业或者组织在人民法院进行诉讼，适用本办法。 外国法院对中华人民共和国公民、法人或者其他组织，与其本国公民、法人或者其他组织在诉讼费用交纳上实行差别对待的，按照对等原则处理。

【说明】未作修改。	
第二章 诉讼费用交纳范围	**第二章 诉讼费用交纳范围**
第六条 当事人应当向人民法院交纳的诉讼费用包括： （一）案件受理费； （二）申请费； （三）证人、鉴定人、翻译人员、理算人员在人民法院指定日期出庭发生的交通费、住宿费、生活费和误工补贴。	**第六条** 当事人应当交纳的诉讼费用包括： （一）案件受理费； （二）申请费； （三）证人、鉴定人、翻译人员、理算人员**经人民法院通知或许可参与诉讼**发生的交通费、住宿费、生活费和误工补贴。
【说明】本条沿用《办法》原规定，在表述上作一定修改。将"在人民法院指定日期出庭"修改为"经人民法院通知或许可参与诉讼"，表述更为准确，包括的情形比较全面。	
第七条 案件受理费包括： （一）第一审案件受理费； （二）第二审案件受理费； （三）再审案件中，依照本办法规定需要交纳的案件受理费。	**第七条** 案件受理费包括： （一）第一审案件受理费； （二）第二审案件受理费； （三）**民事申请再审案件受理费。**
【说明】2007年10月民事诉讼法修改，对当事人申请再审权进行了诉权化改造，明确规定了只要再审申请符合法定形式条件，人民法院必须依法受理审查，故应当明确当事人依照审判监督程序申请再审的交费问题。	
第八条 下列案件不交纳案件受理费： （一）依照民事诉讼法规定的特别程序审理的案件； （二）裁定不予受理、驳回起诉、驳回上诉的案件；	**第八条** 下列案件不交纳案件受理费： （一）依照民事诉讼法规定的特别程序审理的案件，**但申请实现担保物权的案件除外；** （二）**不予受理、驳回起诉及上诉**

（三）对不予受理、驳回起诉和管辖权异议裁定不服，提起上诉的案件； （四）行政赔偿案件。	的案件；一审管辖权异议的案件； （三）根据民事诉讼法第一百九十八条、第二百零八条规定的审判监督程序审理的案件； （四）根据行政诉讼法规定的审判监督程序审理的案件； （五）行政赔偿案件。

【说明】修改后的民事诉讼法新增了实现担保物权案件，该类案件具有财产性质，应交纳案件受理费；免除了一审管辖权异议案件的收费，主要考虑减轻当事人诉讼花费。二审管辖案件仍预交案件受理费，主要考虑遏制当事人滥用管辖权异议拖延诉讼时间的行为。删除关于审判监督程序基本不收费的条文后，将不予收费的审判监督程序审理案件限制在因"院长发现、上级法院发现"、检察机关抗诉引起的再审案件范围内。

第九条　根据民事诉讼法和行政诉讼法规定的审判监督程序审理的案件，当事人不交纳案件受理费。但是，下列情形除外： （一）当事人有新的证据，足以推翻原判决、裁定，向人民法院申请再审，人民法院经审查决定再审的案件； （二）当事人对人民法院第一审判决或者裁定未提出上诉，第一审判决、裁定或者调解书发生法律效力后又申请再审，人民法院经审查决定再审的案件。	**建议删除此条文**

【说明】建议删除，理由：建立申请再审案件受理费收费制度，遏制滥诉，引导当事人理性行使申请再审权利，平等保护对方当事人，维护生效裁判稳定性的需要。

第十条 当事人依法向人民法院申请下列事项，应当交纳申请费： （一）申请执行人民法院发生法律效力的判决、裁定、调解书，仲裁机构依法作出的裁决和调解书，公证机构依法赋予强制执行效力的债权文书； （二）申请保全措施； （三）申请支付令； （四）申请公示催告； （五）申请撤销仲裁裁决或者认定仲裁协议效力； （六）申请破产； （七）申请海事强制令、共同海损理算、设立海事赔偿责任限制基金、海事债权登记、船舶优先权催告； （八）申请承认和执行外国法院判决、裁定和国外仲裁机构裁决。	**第九条** 当事人依法向人民法院申请下列事项，应当交纳申请费： （一）申请执行人民法院发生法律效力的判决、裁定、调解书，仲裁机构依法作出的裁决和调解书，公证机构依法赋予强制执行效力的债权文书； （二）申请保全措施； （三）申请支付令； （四）申请公示催告； （五）申请**不予执行**、撤销仲裁裁决或者认定仲裁协议效力； **（六）提出执行异议、申请执行复议的；** （七）申请破产； （八）申请海事强制令、共同海损理算、设立海事赔偿责任限制基金、海事债权登记、船舶优先权催告； （九）申请承认和执行外国法院判决、裁定和国外仲裁机构裁决。
【说明】增加申请不予执行仲裁裁决的交费情形；增加提出执行异议、申请执行复议的交费情形。	
第十一条 证人、鉴定人、翻译人员、理算人员在人民法院指定日期出庭发生的交通费、住宿费、生活费和误工补贴，由人民法院按照国家规定标准代为收取。 当事人复制案件卷宗材料和法律文书应当按实际成本向人民法院交纳工本费。	**第十条** 证人、鉴定人、翻译人员、理算人员**经人民法院通知或许可参与诉讼**发生的交通费、住宿费、生活费和误工补贴，**由败诉一方当事人负担。当事人申请证人作证的，由该当事人先行垫付；当事人没有申请的，人民法院通知证人作证的，由人民法院垫付。** 当事人复制案件卷宗材料和法律文书应当按实际成本向人民法院交纳工本费。

【说明】将"在人民法院指定日期出庭"修改为"经人民法院通知或许可参与诉讼",表述更为准确,包括的情形比较全面。"由人民法院按照国家规定标准代为收取"与民事诉讼法七十四条规定由当事人、人民法院"垫付"相冲突。

第十二条 诉讼过程中因鉴定、公告、勘验、翻译、评估、拍卖、变卖、仓储、保管、运输、船舶监管等发生的依法应当由当事人负担的费用,人民法院根据谁主张、谁负担的原则,决定由当事人直接支付给有关机构或者单位,人民法院不得代收代付。 人民法院依照民事诉讼法第十一条第三款规定提供当地民族通用语言、文字翻译的,不收取费用。	**第十一条** 诉讼过程中因鉴定、公告、勘验、翻译、评估、拍卖、变卖、仓储、保管、运输、船舶监管等发生的依法应当由当事人负担的费用,人民法院根据谁主张、**谁预付**、谁败诉、谁负担的原则,决定由当事人直接支付给有关机构或者单位,人民法院不得代收代付。**但是执行程序中,因为被执行财产的变价所引起的评估、拍卖等费用,经中介机构同意,可以不预交,变价后在变价款中优先支付。** 人民法院依照民事诉讼法第十一条第三款规定提供当地民族通用语言、文字翻译的,不收取费用。

【说明】修改两处:一是将原办法规定的谁主张、谁负担修改为谁主张、谁预付、谁败诉、谁负担的原则;二是增加执行程序中的评估、拍卖等费用可不预交的情形,该情形特殊,作除外规定。

第三章 诉讼费用交纳标准	**第三章 诉讼费用交纳标准**
第十三条 案件受理费分别按照下列标准交纳: (一)财产案件根据诉讼请求的金额或者价额,按照下列比例分段累计交纳: 1. 不超过1万元的,每件交纳50元; 2. 超过1万元至10万元的部分,	**第十二条** 案件受理费分别按照下列标准交纳: (一)财产案件根据诉讼请求的金额或者价额,按照下列比例分段累计交纳: 1. 不超过1万元的,每件交纳50元; 2. 超过1万元至10万元的部分,

按照 2.5%交纳； 　3. 超过 10 万元至 20 万元的部分，按照 2%交纳； 　4. 超过 20 万元至 50 万元的部分，按照 1.5%交纳； 　5. 超过 50 万元至 100 万元的部分，按照 1%交纳； 　6. 超过 100 万元至 200 万元的部分，按照 0.9%交纳； 　7. 超过 200 万元至 500 万元的部分，按照 0.8%交纳； 　8. 超过 500 万元至 1000 万元的部分，按照 0.7%交纳； 　9. 超过 1000 万元至 2000 万元的部分，按照 0.6%交纳； 　10. 超过 2000 万元的部分，按照 0.5%交纳。 　（二）非财产案件按照下列标准交纳： 　1. 离婚案件每件交纳 50 元至 300 元。涉及财产分割，财产总额不超过 20 万元的，不另行交纳；超过 20 万元的部分，按照 0.5%交纳。 　2. 侵害姓名权、名称权、肖像权、名誉权、荣誉权以及其他人格权的案件，每件交纳 100 元至 500 元。涉及损害赔偿，赔偿金额不超过 5 万元的，不另行交纳；超过 5 万元至 10 万元的部分，按照 1%交纳；超过 10 万元的部分，按照 0.5%交纳。 　3. 其他非财产案件每件交纳 50	按照 2.5%交纳； 　3. 超过 10 万元至 20 万元的部分，按照 2%交纳； 　4. 超过 20 万元至 50 万元的部分，按照 1.5%交纳； 　5. 超过 50 万元至 100 万元的部分，按照 1%交纳； 　6. 超过 100 万元至 200 万元的部分，按照 0.9%交纳； 　7. 超过 200 万元至 500 万元的部分，按照 0.8%交纳； 　8. 超过 500 万元至 1000 万元的部分，按照 0.7%交纳； 　9. 超过 1000 万元至 2000 万元的部分，按照 0.6%交纳； 　10. 超过 2000 万元的部分，按照 0.5%交纳。 　（二）非财产案件按照下列标准交纳： 　1. 离婚案件每件交纳 50 元至 300 元。涉及财产分割，财产总额不超过 20 万元的，不另行交纳；超过 20 万元的部分，按照 0.5%交纳。**离婚后提起财产分割诉讼的，按照此标准交纳。** 　**判决不准予离婚的，退还收取的涉及财产部分的诉讼费。** 　2. 侵害姓名权、名称权、肖像权、名誉权、荣誉权以及其他人格权的案件，每件交纳 100 元至 500 元。涉及损害赔偿，赔偿金额不超过 5 万元的，不另行交纳；超过 5 万元至 10 万元

续表

元至 100 元。 （三）知识产权民事案件，没有争议金额或者价额的，每件交纳 500 元至 1000 元；有争议金额或者价额的，按照财产案件的标准交纳。 （四）劳动争议案件每件交纳 10 元。 （五）行政案件按照下列标准交纳： 1. 商标、专利、海事行政案件每件交纳 100 元； 2. 其他行政案件每件交纳 50 元。 **（六）当事人提出案件管辖权异议，异议不成立的，每件交纳 50 元至 100 元。** 省、自治区、直辖市人民政府可以结合本地实际情况在本条第（二）项、第（三）项、第（六）项规定的幅度内制定具体交纳标准。	的部分，按照 1% 交纳；超过 10 万元的部分，按照 0.5% 交纳。 3. 其他非财产案件每件交纳 50 元至 100 元。 （三）知识产权民事案件，没有争议金额或者价额的，**或者争议金额或者价额不超过 5 万元的，每件交纳 1000 元；争议金额或者价额超过 5 万元的**，按照财产案件的标准交纳。 **（四）劳动争议案件，没有财产内容的，免交诉讼费；有财产内容的，按照财产案件标准交纳。** （五）行政案件按照下列标准交纳： 1. 商标、专利、海事行政案件每件交纳 **5000 元**； 2. 其他行政案件每件交纳 50 元**至 500 元**。 **（六）当事人提出案件管辖权异议的，一审免交申请费，对管辖权提起上诉的，应预交申请费，申请费为诉讼费的 10%，不足 1000 元的，按 1000 元预交，二审法院认定管辖权异议成立，退回预交费用。** 省、自治区、直辖市人民政府可以结合本地实际情况在本条第（二）项、第（三）项、**第（五）项**规定的幅度内制定具体交纳标准。

【说明】该条修改了五项内容：一是明确了离婚案件涉及财产问题时案件受理费的交纳标准及不准离婚时的退费问题；二是知识产权案件收费标准进一步明确，避免当事人钻法律空子；三是明确了劳动争议案件区分有无财产内容，确定了无财产内容的免交诉讼费；四是提高了行政案件的收费标准；五

续表

是免除了一审管辖权异议的收费，增加了管辖权异议案件上诉的预交费。异议成立则退回预交的费用，以此遏制利用管辖权异议上诉拖延诉讼时间的行为。

第十四条 申请费分别按照下列标准交纳：	**第十三条** 申请费分别按照下列标准交纳：
（一）依法向人民法院申请执行人民法院发生法律效力的判决、裁定、调解书，仲裁机构依法作出的裁决和调解书，公证机关依法赋予强制执行效力的债权文书，申请承认和执行外国法院判决、裁定以及国外仲裁机构裁决的，按照下列标准交纳：	（一）依法向人民法院申请执行人民法院发生法律效力的判决、裁定、调解书，仲裁机构依法作出的裁决和调解书，公证机关依法赋予强制执行效力的债权文书，申请承认和执行外国法院判决、裁定以及国外仲裁机构裁决的，按照下列标准交纳：
1. 没有执行金额或者价额的，每件交纳 50 元至 500 元。	1. 没有执行金额或者价额的，每件交纳 50 元至 500 元。
2. 执行金额或者价额不超过 1 万元的，每件交纳 50 元；超过 1 万元至 50 万元的部分，按照 1.5%交纳；超过 50 万元至 500 万元的部分，按照 1%交纳；超过 500 万元至 1000 万元的部分，按照 0.5%交纳；超过 1000 万元的部分，按照 0.1%交纳。	2. 执行金额或者价额不超过 1 万元的，每件交纳 50 元；超过 1 万元至 50 万元的部分，按照 1.5%交纳；超过 50 万元至 500 万元的部分，按照 1%交纳；超过 500 万元至 1000 万元的部分，按照 0.5%交纳；超过 1000 万元的部分，按照 0.1%交纳。
3. 符合民事诉讼法第五十五条第四款规定，未参加登记的权利人向人民法院提起诉讼的，按照本项规定的标准交纳申请费，不再交纳案件受理费。	3. 符合民事诉讼法第五十五条第四款规定，未参加登记的权利人向人民法院提起诉讼的，按照本项规定的标准交纳申请费，不再交纳案件受理费。
（二）申请保全措施的，根据实际保全的财产数额按照下列标准交纳：	（二）申请保全措施的，根据实际保全的财产数额按照下列标准交纳：
财产数额不超过 1000 元或者不涉及财产数额的，每件交纳 30 元；超过 1000 元至 10 万元的部分，按照 1%交纳；超过 10 万元的部分，按照	财产数额不超过 1000 元或者不涉及财产数额的，每件交纳 30 元；超过 1000 元至 10 万元的部分，按照 1%交纳；超过 10 万元的部分，按照 0.5%交纳。**但是，当事人申请保全措施交纳的**

0.5% 交纳。但是，当事人申请保全措施交纳的费用最多不超过 5000 元。	费用最多不超过 **5 万元**。
	行为保全免收申请费。
（三）依法申请支付令的，比照财产案件受理费标准的 1/3 交纳。	（三）依法申请支付令的，比照财产案件受理费标准的 1/3 交纳。
（四）依法申请公示催告的，每件交纳 100 元。	（四）依法申请公示催告的，每件交纳 100 元。
（五）申请撤销仲裁裁决或者认定仲裁协议效力的，每件交纳 400 元。	（五）申请**不予执行**、撤销仲裁裁决或者认定仲裁协议效力的，每件交纳 400 元。
（六）破产案件依据破产财产总额计算，按照财产案件受理费标准减半交纳，但是，最高不超过 30 万元。	**（六）提出执行异议或者申请执行复议的，每件交纳 400 元至 5000 元。**
（七）海事案件的申请费按照下列标准交纳：	（七）破产案件依据破产财产总额计算，按照财产案件受理费标准减半交纳，但是，最高不超过 30 万元。
1. 申请设立海事赔偿责任限制基金的，每件交纳 1000 元至 1 万元；	（八）海事案件的申请费按照下列标准交纳：
2. 申请海事强制令的，每件交纳 1000 元至 5000 元；	1. 申请设立海事赔偿责任限制基金的，每件交纳 1000 元至 1 万元；
3. 申请船舶优先权催告的，每件交纳 1000 元至 5000 元；	2. 申请海事强制令的，每件交纳 1000 元至 5000 元；
4. 申请海事债权登记的，每件交纳 1000 元；	3. 申请船舶优先权催告的，每件交纳 1000 元至 5000 元；
5. 申请共同海损理算的，每件交纳 1000 元。	4. 申请海事债权登记的，每件交纳 1000 元；
	5. 申请共同海损理算的，每件交纳 1000 元。
【说明】将 5000 元限额的规定提高至 5 万元有利于规制当事人滥用财产保全申请，缓解法院财产保全负担过重的情形。	
第十五条　以调解方式结案或者当事人申请撤诉的，减半交纳案件受理费。	第十四条　以调解方式结案的，案件受理费交纳三分之二；当事人申请撤诉的，减半交纳案件受理费。

【说明】以调解方式结案的应按案件受理费的三分之二交纳。	
第十六条 适用简易程序审理的案件减半交纳案件受理费。	第十五条 适用简易程序审理的案件减半交纳案件受理费。
【说明】未作修改。	
第十七条 对财产案件提起上诉的，按照不服一审判决部分的上诉请求数额交纳案件受理费。	第十六条 对财产案件提起上诉的，按照不服一审判决部分的上诉请求数额交纳案件受理费。
【说明】未作修改。	
第十八条 被告提起反诉、有独立请求权的第三人提出与本案有关的诉讼请求，人民法院决定合并审理的，分别减半交纳案件受理费。	第十七条 被告提起反诉、有独立请求权的第三人提出与本案有关的诉讼请求，人民法院决定合并审理的，分别减半交纳案件受理费。
【说明】未作修改。	
第十九条 依照本办法第九条规定需要交纳案件受理费的再审案件，按照不服原判决部分的再审请求数额交纳案件受理费。	第十八条 当事人申请再审案件，按照不服原判决、调解部分的再审请求数额交纳案件受理费。
【说明】基本沿用原表述，删去原办法中关于再审收费范围限制内容。	
增加公益诉讼案件的收费标准。	第十九条 公益诉讼案件，实行案后交纳案件受理费。原告可以申请减交、免交案件受理费，但恶意起诉的除外；被告败诉的，按照财产案件交纳标准以被告承担责任为限交纳案件受理费。
【说明】修改后的民事诉讼法增加了公益诉讼制度。鉴于公益诉讼原告及诉讼目的的特殊性，对公益诉讼的收费标准作出规定。	

增加实现担保物权案件的收费标准。	**第二十条**　实现担保物权案件,按照财产案件交纳标准的二分之一交纳案件受理费。裁定驳回申请的,按件收取 **100 元**的诉讼费用,其余费用退回申请人。

　【说明】修改后的民事诉讼法增加了实现担保物权之诉,该条规定了此类案件的收费标准。

增加第三人撤销之诉的收费标准。	**第二十一条**　第三人撤销之诉,根据当事人提出的请求撤销范围涉及的金额交纳案件受理费;非财产案件,按请求撤销的原案件的收费标准交纳。

　【说明】修改后的民事诉讼法增加了第三人撤销之诉,该条规定了此类案件的收费标准。

第四章　诉讼费用的交纳和退还	**第四章　诉讼费用的交纳和退还**
第二十条　案件受理费由原告、有独立请求权的第三人、上诉人预交。被告提起反诉,依照本办法规定需要交纳案件受理费的,由被告预交。追索劳动报酬的案件可以不预交案件受理费。 　申请费由申请人预交。但是,本办法第十条第(一)项、第(六)项规定的申请费不由申请人预交,执行申请费执行后交纳,破产申请费清算后交纳。 　本办法第十一条规定的费用,待实际发生后交纳。	**第二十二条**　案件受理费由原告、有独立请求权的第三人、上诉人、**再审申请人**预交。被告提起反诉,依照本办法规定需要交纳案件受理费的,由被告预交(**取消"追索劳动报酬案件可以不预交案件受理费"**)。 　申请费由申请人预交。但是,本办法第九条第(一)项、第(七)项规定的申请费不由申请人预交,执行申请费执行后**按照实际执行的数额比例交纳**,破产申请费清算后交纳。 　本办法第十条规定的费用,待实际发生后交纳。

【说明】该条修改了三处内容：一是补充再审案件的申请人作为案件受理费的交纳主体；二是**取消追索劳动报酬的案件不预交案件受理费的规定**，将此项内容纳入本办法第五十条中，即作为缓交诉讼费用的情形之一；三是明确了执行申请费的交纳标准。

第二十一条　当事人在诉讼中变更诉讼请求数额，案件受理费依照下列规定处理： 　　（一）当事人增加诉讼请求数额的，按照增加后的诉讼请求数额计算补交； 　　（二）当事人在法庭调查终结前提出减少诉讼请求数额的，按照减少后的诉讼请求数额计算退还。	**第二十三条**　当事人在诉讼中变更诉讼请求数额，案件受理费依照下列规定处理： 　　（一）当事人增加诉讼请求数额的，按照增加后的诉讼请求数额计算补交； 　　（二）当事人在法庭调查终结前提出减少诉讼请求数额的，按照减少后的诉讼请求数额计算退还。

【说明】未作修改。

第二十二条　原告自接到人民法院交纳诉讼费用通知次日起7日内交纳案件受理费；反诉案件由提起反诉的当事人自提起反诉次日起7日内交纳案件受理费。 　　上诉案件的案件受理费由上诉人向人民法院提交上诉状时预交。双方当事人都提起上诉的，分别预交。上诉人在上诉期内未预交诉讼费用的，人民法院应当通知其在7日内预交。 　　申请费由申请人在提出申请时或者在人民法院指定的期限内预交。 　　当事人逾期不交纳诉讼费用又未提出司法救助申请，或者申请司法救助未获批准，在人民法院指定期限	**第二十四条**　原告自接到人民法院交纳诉讼费用通知次日起 7 日内交纳案件受理费；反诉案件由提起反诉的当事人自提起反诉次日起 7 日内交纳案件受理费。 　　上诉案件的案件受理费由上诉人向人民法院提交上诉状时预交。双方当事人都提起上诉的，分别预交。上诉人在上诉期内未预交诉讼费用的，人民法院应当通知其在 7 日内预交。 　　**民事申请再审案件受理费由再审申请人向受诉的人民法院提交再审申请书时预交。再审申请人未预交的，人民法院应当通知其在 7 日内预交。** 　　申请费由申请人在提出申请时或者在人民法院指定的期限内预交。

内仍未交纳诉讼费用的,由人民法院依照有关规定处理。	当事人逾期不交纳诉讼费用又未提出司法救助申请,或者申请司法救助未获批准,在人民法院指定期限内仍未交纳诉讼费用的,由人民法院依照有关规定处理。
【说明】增加民事申请再审案件受理费交纳期限的规定。	
第二十三条 依照本办法第九条规定需要交纳案件受理费的再审案件,由申请再审的当事人预交。双方当事人都申请再审的,分别预交。	**第二十五条 当事人申请再审,应当预交民事申请再审案件受理费。**双方当事人都申请再审的,分别预交。
【说明】减少原办法中对再审申请预交受理费的限制。	
第二十四条 依照民事诉讼法第三十六条、第三十七条、第三十八条、第三十九条规定移送、移交的案件,原受理人民法院应当将当事人预交的诉讼费用随案移交接收案件的人民法院。	第二十六条 依照民事诉讼法第三十六条、第三十七条、第三十八条、**第一百二十七条**规定移送、移交的案件,原受理人民法院应当将当事人预交的诉讼费用随案移交接收案件的人民法院。
【说明】民事诉讼法已修改,按修改后的条文序号更改。	
第二十五条 人民法院审理民事案件过程中发现涉嫌刑事犯罪并将案件移送有关部门处理的,当事人交纳的案件受理费予以退还;移送后民事案件需要继续审理的,当事人交纳的案件受理费不予退还。	第二十七条 人民法院审理民事案件过程中发现涉嫌刑事犯罪并将案件移送有关部门处理的,当事人交纳的案件受理费予以退还;移送后民事案件需要继续审理的,当事人已交纳的案件受理费不予退还。
【说明】未作修改。	
第二十六条 中止诉讼、中止执行的案件,已交纳的案件受理费、申	第二十八条 中止诉讼、中止执行的案件,已交纳的案件受理费、申请费

请费不予退还。中止诉讼、中止执行的原因消除，恢复诉讼、执行的，不再交纳案件受理费、申请费。	不予退还。中止诉讼、中止执行的原因消除，恢复诉讼、执行的，不再交纳案件受理费、申请费。
【说明】未作修改。	

第二十七条　第二审人民法院决定将案件发回重审的，应当退还上诉人已交纳的第二审案件受理费。
    第一审人民法院裁定不予受理或者驳回起诉的，应当退还当事人已交纳的案件受理费；当事人对第一审人民法院不予受理、驳回起诉的裁定提起上诉，第二审人民法院维持第一审人民法院作出的裁定的，第一审人民法院应当退还当事人已交纳的案件受理费。
	第二十九条　第二审人民法院决定将案件发回重审的，应当退还上诉人已交纳的第二审案件受理费。
	    第一审人民法院裁定不予受理或者驳回起诉的，应当退还当事人已交纳的案件受理费；当事人对第一审人民法院不予受理、驳回起诉的裁定提起上诉，第二审人民法院维持第一审人民法院作出的裁定的，第一审人民法院应当退还当事人已交纳的案件受理费。

【说明】未修改。	

增加预交的再审案件受理费处理情形	**第三十条**　申请再审案件审查结束后，当事人预交的再审案件受理费，分以下情形处理：
	    （一）人民法院驳回再审申请的，当事人预交的受理费不予退还；
	    （二）人民法院裁定再审的，当事人预交的再审案件受理费暂不退还，由人民法院按照审判监督程序审理案件时一并处理：
	    1. 经再审审理，符合民事诉讼法第二百条第（一）至（三）项规定情形的，或者符合当事人对人民法院第一审判决或者裁定未提出上诉，第一审判

	决、裁定或者调解书发生法律效力后又申请再审，人民法院经审查决定再审的情形，当事人预交的受理费由最终败诉当事人承担；
	2. 经再审审理，符合民事诉讼法第二百条第（四）至（十三）项情形的，再审结案后法院退还当事人预交的受理费。

【说明】法院裁定再审后，区分案件进入再审的原因决定是否退费。对于申请再审预交的案件受理费的处理，应当分清进入再审的原因是基于法院程序或实体裁判错误，还是基于当事人的原因。符合民事诉讼法第二百条第（一）至（三）项规定情形的，或者符合当事人对人民法院第一审判决或者裁定未提出上诉，第一审判决、裁定或者调解书发生法律效力后又申请再审，人民法院经审查决定再审的情形，法院按照审判监督程序审理案件时一并处理，当事人预交的受理费由最终败诉当事人承担；经再审审理，符合民事诉讼法第二百条第（四）至（十三）项情形的，可以认定为属于法院程序错误或实体裁判错误，增加的司法成本由法院承担，再审结案后法院退还当事人预交的受理费。

第二十八条　依照民事诉讼法第一百三十七条规定终结诉讼的案件，依照本办法规定已交纳的案件受理费不予退还。	第三十一条　依照民事诉讼法第一百五十一条规定终结诉讼的案件，依照本办法规定已交纳的案件受理费不予退还。

【说明】民事诉讼法条文已修改，更改条文序号。

第五章　诉讼费用的负担	第五章　诉讼费用的负担
第二十九条　诉讼费用由败诉方负担，胜诉方自愿承担的除外。部分胜诉、部分败诉，人民法院根据案件的具体情况决定当事人各自负担的诉讼费用数额。	第三十二条　诉讼费用由败诉方负担，胜诉方自愿承担的除外。部分胜诉、部分败诉，人民法院根据案件的具体情况决定当事人各自负担的诉讼费用数额。

共同诉讼当事人败诉的,人民法院根据其对诉讼标的的利害关系,决定当事人各自负担的诉讼费用数额。	共同诉讼当事人败诉的,人民法院根据其对诉讼标的的利害关系,决定当事人各自负担的诉讼费用数额。
【说明】未作修改。	
第三十条　第二审人民法院改变第一审人民法院作出的判决、裁定的,应当相应变更第一审人民法院对诉讼费用负担的决定。	**第三十三条**　第二审人民法院改变第一审人民法院作出的判决、裁定的,应当相应变更第一审人民法院对诉讼费用负担的决定。
【说明】未作修改。	
第三十一条　经人民法院调解达成协议的案件,诉讼费用的负担由双方当事人协商解决;协商不成的,由人民法院决定。	**第三十四条**　经人民法院调解达成协议的案件,诉讼费用的负担由双方当事人协商解决;协商不成的,**经当事人同意**,由人民法院决定。
【说明】增加了"协商不成的,**经当事人同意**,由人民法院决定"	
第三十二条　依照本办法第九条第(一)项、第(二)项的规定应当交纳案件受理费的再审案件,诉讼费用由申请再审的当事人负担;双方当事人都申请再审的,诉讼费用依照本办法第二十九条的规定负担。原审诉讼费用的负担由人民法院根据诉讼费用负担原则重新确定。	**第三十五条**　应当交纳案件受理费的再审案件,诉讼费用由申请再审的当事人负担;双方当事人都申请再审的,诉讼费用依照本办法**第三十二条**的规定负担。原审诉讼费用的负担由人民法院根据诉讼费用负担原则重新确定。
【说明】因原办法第九条已被删除,所以依据法条相应变更。	
第三十三条　离婚案件诉讼费用的负担由双方当事人协商解决;协商不成的,由人民法院决定。	**第三十六条**　离婚案件诉讼费用的负担由双方当事人协商解决;协商不成的,由人民法院决定。

【说明】未作修改。	
第三十四条　民事案件的原告或者上诉人申请撤诉，人民法院裁定准许的，案件受理费由原告或者上诉人负担。 　行政案件的被告改变或者撤销具体行政行为，原告申请撤诉，人民法院裁定准许的，案件受理费由被告负担。	第三十七条　民事案件的原告、上诉人**或者再审申请人**申请撤诉，人民法院裁定准许的，案件受理费由原告、上诉人**或者再审申请人**负担。 　行政案件的被告改变或者撤销具体行政行为，原告申请撤诉，人民法院裁定准许的，案件受理费由被告负担。
【说明】增加再审申请人申请撤诉的情形。	
第三十五条　当事人在法庭调查终结后提出减少诉讼请求数额的，减少请求数额部分的案件受理费由变更诉讼请求的当事人负担。	第三十八条　当事人在法庭调查终结后提出减少诉讼请求数额的，减少请求数额部分的案件受理费由变更诉讼请求的当事人负担。
【说明】未作修改。	
第三十六条　债务人对督促程序未提出异议的，申请费由债务人负担。债务人对督促程序提出异议致使督促程序终结的，申请费由申请人负担；申请人另行起诉的，可以将申请费列入诉讼请求。	第三十九条　债务人对督促程序未提出异议的，申请费由债务人负担。债务人对督促程序提出异议致使督促程序终结的，**申请费按100元收取**，由申请人负担。**申请支付令的一方当事人不同意提起诉讼的，其余诉讼费用退回申请人；转入诉讼程序的，其余诉讼费用直接作为诉讼程序案件受理费，不足部分由申请人补交。**
【说明】增加了督促程序终结申请费收取标准和申请支付令异议后的诉讼费缴纳。	
第三十七条　公示催告的申请费由申请人负担。	第四十条　公示催告的申请费由申请人负担。

【说明】未作修改。	
第三十八条　本办法第十条第（一）项、第（八）项规定的申请费由被执行人负担。 　　执行中当事人达成和解协议的，申请费的负担由双方当事人协商解决；协商不成的，由人民法院决定。 　　本办法第十条第（二）项规定的申请费由申请人负担，申请人提起诉讼的，可以将该申请费列入诉讼请求。 　　本办法第十条第（五）项规定的申请费，由人民法院依照本办法第二十九条规定决定申请费的负担。	第四十一条　本办法第九条第（一）项、第（八）项规定的申请费由被执行人负担。 　　执行中当事人达成和解协议**并履行完毕的，申请费减半交纳。**申请费的负担由双方当事人协商解决；协商不成的，由人民法院决定。 　　**执行中当事人自动履行生效法律文书确定义务的，申请费减半交纳。** 　　本办法第九条第（二）项规定的申请费由申请人负担，申请人提起诉讼的，可以将该申请费列入诉讼请求。 　　本办法第九条第（五）项规定的申请费，由人民法院依照本办法第二十九条规定决定申请费的负担。 　　**本办法第九条第（六）项规定的申请费，执行异议或执行复议申请被支持的，由人民法院退回该费用。**
【说明】增加申请费减半交纳的两种情形；增加执行异议或执行复议申请被支持的，退回费用的规定。	
第三十九条　海事案件中的有关诉讼费用依照下列规定负担： 　　（一）诉前申请海事请求保全、海事强制令的，申请费由申请人负担；申请人就有关海事请求提起诉讼的，可将上述费用列入诉讼请求； 　　（二）诉前申请海事证据保全的，申请费由申请人负担；	第四十二条　海事案件中的有关诉讼费用依照下列规定负担： 　　（一）诉前申请海事请求保全、海事强制令的，申请费由申请人负担；申请人就有关海事请求提起诉讼的，可将上述费用列入诉讼请求； 　　（二）诉前申请海事证据保全的，申请费由申请人负担；

（三）诉讼中拍卖、变卖被扣押船舶、船载货物、船用燃油、船用物料发生的合理费用，由申请人预付，从拍卖、变卖价款中先行扣除，退还申请人； （四）申请设立海事赔偿责任限制基金、申请债权登记与受偿、申请船舶优先权催告案件的申请费，由申请人负担； （五）设立海事赔偿责任限制基金、船舶优先权催告程序中的公告费用由申请人负担。	（三）诉讼中拍卖、变卖被扣押船舶、船载货物、船用燃油、船用物料发生的合理费用，由申请人预付，从拍卖、变卖价款中先行扣除，退还申请人； （四）申请设立海事赔偿责任限制基金、申请债权登记与受偿、申请船舶优先权催告案件的申请费，由申请人负担； （五）设立海事赔偿责任限制基金、船舶优先权催告程序中的公告费用由申请人负担。
【说明】未作修改。	
第四十条　当事人因自身原因未能在举证期限内举证，在二审或者再审期间提出新的证据致使诉讼费用增加的，增加的诉讼费用由该当事人负担。	**第四十三条**　当事人因自身原因未能在举证期限内举证，在二审或者再审期间提出新的证据致使诉讼费用增加的，增加的诉讼费用由该当事人负担。
【说明】未作修改。	
第四十一条　依照特别程序审理案件的公告费，由起诉人或者申请人负担。	**第四十四条**　依照特别程序审理案件的公告费，由起诉人或者申请人负担。
【说明】未作修改。	
第四十二条　依法向人民法院申请破产的，诉讼费用依照有关法律规定从破产财产中拨付。	**第四十五条**　依法向人民法院申请破产的，诉讼费用依照有关法律规定从破产财产中拨付。
【说明】未作修改。	

第四十三条　当事人不得单独对人民法院关于诉讼费用的决定提起上诉。 　　当事人单独对人民法院关于诉讼费用的决定有异议的，可以向作出决定的人民法院院长申请复核。复核决定应当自收到当事人申请之日起 15 日内作出。 　　当事人对人民法院决定诉讼费用的计算有异议的，可以向作出决定的人民法院请求复核。计算确有错误的，作出决定的人民法院应当予以更正。	**第四十六条**　当事人不得单独对人民法院关于诉讼费用的决定提起上诉。 　　当事人单独对人民法院关于诉讼费用的决定有异议的，可以向作出决定的人民法院院长申请复核。复核决定应当自收到当事人申请之日起 15 日内作出。 　　当事人对人民法院决定诉讼费用的计算有异议的，可以向作出决定的人民法院请求复核。计算确有错误的，作出决定的人民法院应当予以更正。
【说明】未作修改。	
第六章　司法救助	**第六章　司法救助**
第四十四条　当事人交纳诉讼费用确有困难的，可以依照本办法向人民法院申请缓交、减交或者免交诉讼费用的司法救助。 　　诉讼费用的免交只适用于自然人。	**第四十七条**　当事人交纳诉讼费用确有困难的，可以依照本办法向人民法院申请缓交、减交或者免交诉讼费用的司法救助。 　　**诉讼费用的免交也适用特定的法人和其他组织，如受政策扶持的小微企业、从事非营利性社会服务活动的民办非企业单位等其他确有困难的主体。**
【说明】取消诉讼费用的免交只适用于自然人的规定。增加了**特定的法人和其他组织，如受政策扶持的小微企业、从事非营利性社会服务活动的民办非企业单位等其他确有困难主体**。	
第四十五条　当事人申请司法救助，符合下列情形之一的，人民法院应当准予免交诉讼费用：	**第四十八条**　当事人申请司法救助，符合下列情形之一的，人民法院应当准予免交诉讼费用：

（一）残疾人无固定生活来源的； （二）追索赡养费、扶养费、抚育费、抚恤金的； （三）最低生活保障对象、农村特困定期救济对象、农村五保供养对象或者领取失业保险金人员，无其他收入的； （四）因见义勇为或者为保护社会公共利益致使自身合法权益受到损害，本人或者其近亲属请求赔偿或者补偿的； （五）确实需要免交的其他情形。	（一）残疾人无固定生活来源的； （二）追索赡养费、扶养费、抚育费、抚恤金的； （三）最低生活保障对象、农村特困定期救济对象、农村五保供养对象或者领取失业保险金人员，无其他收入的； （四）因见义勇为或者为保护社会公共利益致使自身合法权益受到损害，本人或者其近亲属请求赔偿或者补偿的； （五）确实需要免交的其他情形。

【说明】未作修改。

第四十六条 当事人申请司法救助，符合下列情形之一的，人民法院应当准予减交诉讼费用： （一）因自然灾害等不可抗力造成生活困难，正在接受社会救济，或者家庭生产经营难以为继的； （二）属于国家规定的优抚、安置对象的； （三）社会福利机构和救助管理站； （四）确实需要减交的其他情形。 人民法院准予减交诉讼费用的，减交比例不得低于30%。	**第四十九条** 当事人申请司法救助，符合下列情形之一的，人民法院应当准予减交诉讼费用： （一）因自然灾害等不可抗力造成生活困难，正在接受社会救济，或者家庭生产经营难以为继的； （二）属于国家规定的优抚、安置对象的； （三）社会福利机构和救助管理站； （四）确实需要减交的其他情形。 人民法院准予减交诉讼费用的，减交比例不得低于30%。

【说明】未作修改。

第四十七条 当事人申请司法救助，符合下列情形之一的，人民法院应当准予缓交诉讼费用：	**第五十条** 当事人申请司法救助，符合下列情形之一的，人民法院应当准予缓交诉讼费用：

（一）追索社会保险金、经济补偿金的；	（一）追索社会保险金、经济补偿金的；
（二）海上事故、交通事故、医疗事故、工伤事故、产品质量事故或者其他人身伤害事故的受害人请求赔偿的；	**（二）追索劳动报酬案件；**
（三）正在接受有关部门法律援助的；	**（三）**海上事故、交通事故、医疗事故、工伤事故、产品质量事故或者其他人身伤害事故的受害人请求赔偿的；
（四）确实需要缓交的其他情形。	**（四）**正在接受有关部门法律援助的；
	（五）确实需要缓交的其他情形。

【说明】增加追索劳动报酬案件为缓交诉讼费用的情形之一，因此类案件的原告大多为弱势群体，经济状况较差，生活困难，为维护劳动者的合法权益，应允许其申请缓交诉讼费用，并最终按本《办法》第五十三条的规定决定诉讼费用的减、免。

第四十八条 当事人申请司法救助，应当在起诉或者上诉时提交书面申请、足以证明其确有经济困难的证明材料以及其他相关证明材料。	**第五十一条** 当事人申请司法救助，应当在起诉、上诉**或者申请再审**时提交书面申请、足以证明其确有经济困难的证明材料以及其他相关证明材料。
因生活困难或者追索基本生活费用申请免交、减交诉讼费用的，还应当提供本人及其家庭经济状况符合当地民政、劳动保障等部门规定的公民经济困难标准的证明。	因生活困难或者追索基本生活费用申请免交、减交诉讼费用的，还应当提供本人及其家庭经济状况符合当地民政、劳动保障等部门规定的公民经济困难标准的证明。
人民法院对当事人的司法救助申请不予批准的，应当向当事人书面说明理由。	人民法院对当事人的司法救助申请不予批准的，应当向当事人书面说明理由。
	当事人提供虚假材料骗取司法救助的，经对方当事人申请或者人民法院发现，应当撤销司法救助的决定，责令其补交诉讼费用；拒不补交的，以妨害诉讼行为论处。

【说明】增加再审申请人申请司法救助的情形。增加对骗取司法救助行为的处理。	
第四十九条 当事人申请缓交诉讼费用经审查符合本办法第四十七条规定的，人民法院应当在决定立案之前作出准予缓交的决定。	**第五十二条** 当事人申请缓交诉讼费用经审查符合本办法第五十条规定的，人民法院应当在决定立案之前作出准予缓交的决定。 准予缓交的期限为案件第一次开庭前。人民法院应视申请救助的当事人的经济状况及案件情况在第一次开庭前作出补交诉讼费或减交、免交诉讼费的决定。不需要开庭的案件准予缓交的期限确定为案件裁决前。 当事人未在缓交期限内补交诉讼费的，依有关规定按自动撤回起诉（上诉）处理。 对方当事人在裁判前提出减交、免交诉讼费用申请的，人民法院经审查，对符合条件的，应当在裁判时作出是否减交、免交的决定。 对当事人申请缓交诉讼费用的，由负责立案的独任法官或合议庭进行审查，作出是否准予缓交的决定；对当事人请求减交、免交诉讼费用的，由审理案件的独任法官或合议庭审查，作出是否减交、免交的决定。
【说明】增加了准予缓交的期限，未按规定补交诉讼费的处理及赋予由独任法官、合议庭审查决定的权限。	
第五十条 人民法院对一方当事人提供司法救助，对方当事人败诉的，诉讼费用由对方当事人负担；对	**第五十三条** 人民法院对一方当事人提供司法救助，对方当事人败诉的，诉讼费用由对方当事人负担；对方

方当事人胜诉的，可以视申请司法救助的当事人的经济状况决定其减交、免交诉讼费用。	当事人胜诉的，可以视申请司法救助的当事人的经济状况决定其减交、免交诉讼费用。

【说明】 未作修改。

第五十一条 人民法院准予当事人减交、免交诉讼费用的，应当在法律文书中载明。	**第五十四条** 人民法院准予当事人减交、免交诉讼费用的，应当在法律文书中载明。

【说明】 未作修改。

第七章 诉讼费用的管理和监督	**第七章 诉讼费用的管理和监督**
第五十二条 诉讼费用的交纳和收取制度应当公示。人民法院收取诉讼费用按照其财务隶属关系使用国务院财政部门或者省级人民政府财政部门印制的财政票据。案件受理费、申请费全额上缴财政，纳入预算，实行收支两条线管理。 人民法院收取诉讼费用应当向当事人开具缴费凭证，当事人持缴费凭证到指定代理银行交费。依法应当向当事人退费的，人民法院应当按照国家有关规定办理。诉讼费用缴库和退费的具体办法由国务院财政部门商最高人民法院另行制定。 在边远、水上、交通不便地区，基层巡回法庭当场审理案件，当事人提出向指定代理银行交纳诉讼费用确有困难的，基层巡回法庭可以当场收取诉讼费用，并向当事人出具	**第五十五条** 诉讼费用的交纳和收取制度应当公示。人民法院收取诉讼费用按照其财务隶属关系使用国务院财政部门或者省级人民政府财政部门印制的财政票据。案件受理费、申请费全额上缴财政，纳入预算，实行收支两条线管理。 人民法院收取诉讼费用应当向当事人开具缴费凭证，当事人持缴费凭证到指定代理银行交费。依法应当向当事人退费的，人民法院应当按照国家有关规定办理。诉讼费用缴库和退费的具体办法由国务院财政部门商最高人民法院另行制定。 在边远、水上、交通不便地区，基层巡回法庭当场审理案件，当事人提出向指定代理银行交纳诉讼费用确有困难的，基层巡回法庭可以当场收取诉讼费用，并向当事人出

省级人民政府财政部门印制的财政票据;不出具省级人民政府财政部门印制的财政票据的,当事人有权拒绝交纳。	具省级人民政府财政部门印制的财政票据;不出具省级人民政府财政部门印制的财政票据的,当事人有权拒绝交纳。

【说明】未作修改。

第五十三条 案件审结后,人民法院应当将诉讼费用的详细清单和当事人应当负担的数额书面通知当事人,同时在判决书、裁定书或者调解书中写明当事人各方应当负担的数额。 需要向当事人退还诉讼费用的,人民法院应当自法律文书生效之日起15日内退还有关当事人。	**第五十六条 人民法院在收取诉讼费时应当就诉讼费的收费标准、收费范围、收费依据、收费主体、计价单位等进行释明,并要求当事人写明退费结算方式。案件审结后,人民法院在判决书、裁定书或者调解书中写明当事人各方应当负担的数额。当事人依法退费的,凭人民法院作出的生效裁判文书,由主审法官及财务负责人签字认可后,由财务部门直接办理。** 需要向当事人退还诉讼费用的,人民法院应当自法律文书生效之日起15日内退还有关当事人。

【说明】增加了在收费时对收费标准等方面、退费的详细环节释明,规定由主审法官和财务负责人签字简化了退费程序,更具操作性。

第五十四条 价格主管部门、财政部门按照收费管理的职责分工,对诉讼费用进行管理和监督;对违反本办法规定的乱收费行为,依照法律、法规和国务院相关规定予以查处。	第五十七条 财政部门按照收费管理的职责分工,对诉讼费用进行管理和监督;对违反本办法规定的乱收费行为,依照法律、法规和国务院相关规定予以查处。

【说明】删除"价格主管部门"。价格主管部门调整的是消费价格,诉讼费是国家规费,不在其监管职权内。

第八章 附 则	第八章 附 则
第五十五条 诉讼费用以人民币为计算单位。以外币为计算单位的，依照人民法院决定受理案件之日国家公布的汇率换算成人民币计算交纳；上诉案件和申请再审案件的诉讼费用，按照第一审人民法院决定受理案件之日国家公布的汇率换算。	**第五十八条** 诉讼费用以人民币为计算单位。以外币为计算单位的，依照人民法院决定受理案件之日国家公布的汇率换算成人民币计算交纳；上诉案件和申请再审案件的诉讼费用，按照第一审人民法院决定受理案件之日国家公布的汇率换算。
【说明】未作修改。	
第五十六条 本办法自 2007 年 4月 1 日起施行。	**第五十九条** 本办法自 年 月 日起施行。
【说明】未作修改。	

建议修改条文与现行《民诉意见》对照表

（条文中黑体字部分是对原条文所作的增加、修改或废止）

《92 年意见》	新意见
八、诉讼费用	八、诉讼费用
128. 依照民事诉讼法第九十三条的规定向人民法院申请诉前财产保全的，诉讼费用按照《人民法院诉讼收费办法》第八条第（二）项的规定交纳。	**（废1）【废止】**
【说明】2007 年《诉讼费用交纳办法》第十条第二项和第十四条第二项已对该部分内容作出规定。	
129. 依照民事诉讼法第五十五条审理的案件不预交案件受理费，结案后按照诉讼标的额由败诉方交纳。	**（1）**依照民事诉讼法**第五十四**条审理的案件不预交案件受理费，结案后按照诉讼标的额由败诉方交纳。
【说明】修改后的民事诉讼法第五十四条规定的是人数不确定的代表人诉讼，条文序号发生变化。	
130. 依照民事诉讼法第五十五条第四款的规定，未参加登记的权利人向人民法院申请执行的，按《人民法院诉讼收费办法》第八条第（一）项的规定交纳申请执行费。	**（废2）【废止】**
【说明】2007 年《诉讼费用交纳办法》第十四条第一项第 3 目已对该部分内容作出规定。	

续表

131. 人民法院裁定不予受理的案件，当事人不须交纳诉讼费用。当事人不服裁定上诉的，诉讼费用按照《人民法院诉讼收费办法》第五条第（三）项的规定交纳。	（废 3）【废止】
【说明】2007 年《诉讼费用交纳办法》第八条和第二十七条第二款已对该部分内容作出规定。	
132. 依照民事诉讼法第一百八十九条的规定向人民法院申请支付令的，每件交纳申请费 100 元。督促程序因债务人异议而终结的，申请费由申请人负担；债务人未提出异议的，申请费由债务人负担。	（废 4）【废止】
【说明】2007 年《诉讼费用交纳办法》第十四条第三项、第二十条第二款和第三十六条已对该部分内容作出规定。	
133. 督促程序终结后，债权人另行起诉的，按照《人民法院诉讼收费办法》交纳诉讼费用。	（废 5）【废止】
【说明】2007 年《诉讼费用交纳办法》第三十六条已对该部分内容作出规定。	
134. 依照民事诉讼法第一百九十三条的规定向人民法院申请公示催告的，每件交纳申请费 100 元。申请费和公告费由申请人负担。	（废 6）【废止】
【说明】2007 年《诉讼费用交纳办法》第十四条第四项和第三十七条已对该部分内容作出规定。	

135. 依照民事诉讼法第一百九十六条、第一百九十八条的规定向人民法院起诉的，按照《人民法院诉讼收费办法》第五条第（四）项的规定交纳案件受理费。	（2）督促程序和公示催告程序转为普通程序的，债权人、申请人或申报人应当按照《诉讼费用交纳办法》的规定交纳案件受理费。
【说明】修改后的民事诉讼法第二百一十九条和二百二十一条规定公示催告程序中申请人或申报人可以向人民法院起诉。民事诉讼法第二百一十七条规定了支付令失效的，可转入诉讼程序。故两类案件转为普通程序的，应当按照《诉讼费用交纳办法》的规定交纳诉讼费用。	
136. 依照民事诉讼法第一百九十九条的规定，向人民法院申请破产还债的，可不预交案件受理费，破产费用从破产财产中拨付。	**（废7）【已废止】**
【说明】2008年12月18日《最高人民法院关于废止2007年年底以前发布的有关司法解释（第七批）的决定》废止此条。	
137. 人民法院依职权提起的再审案件和人民检察院抗诉的再审案件，当事人不须交纳诉讼费用。	**（废8）【废止】**
【说明】2007年《诉讼费用交纳办法》第九条已对该部分内容作出规定。	
138. 委托执行，受委托人民法院不得向委托人民法院收取费用。执行中实际支出的费用，按照《人民法院诉讼收费办法》收取。	**（废9）【废止】**
【说明】对于受委托人民法院是否收取费用，属于人民法院内部事务，建议由最高法院另行行文作出规定；《诉讼费用交纳办法》已明确取消了实际支出的费用等，故该条文第二句内容应废止。	

增加在后裁判对之前诉讼费用负担进行处理的规定。	（3）【增加的条文】 　　人民法院的判决、裁定、调解改变原判决、裁定、调解结果的，应当对之前所有诉讼程序中诉讼费用的负担一并作出处理。

【说明】该条规定案件改判后，之前程序中发生的诉讼费用负担问题。

增加诉讼标的物是特定物及知识产权的价值确定标准。	（4）【增加的条文】 　　诉讼标的物是证券的，按照当事人起诉之日前最后一个交易日的收盘价（资本证券）、当日的市场价（货物证券）或其载明的金额（货币证券）计算标的金额。 　　诉讼标的物是房屋、土地、林木、车辆、文物等特定物或知识产权，起诉时价值难以确定的，人民法院应当向原告释明主张过高或者过低的诉讼风险，以原告主张的价值确定金额。

【说明】该条规定对司法实践中如何确定证券、特定物等诉讼标的物及知识产权的价值进行明确。此条有两个条款，第一款解决的是诉讼标的物是证券的，如何计算标的金额；第二款系针对诉讼标的物是特定物及知识产权的，如何确定争议金额。

增加未按期足额交纳鉴定费用的后果	（5）【增加的条文】 　　申请人自接到人民法院交纳鉴定费用通知次日起七日内交纳，未按期足额交纳的，按放弃鉴定申请处理。

【说明】该条规定明确了未按期足额交纳鉴定费用的法律后果。实践中常常出现当事人提出鉴定申请，但迟迟不交纳鉴定费用，拖延诉讼，因此，有必要对交纳的期限和未交纳的法律后果予以明确。

增加诉讼费由败诉方承担的规定。	（6）【增加的条文】 　　判决生效后，诉讼费用由被告负担的，被告应当向原告直接支付。被告拒不交纳诉讼费用的，由人民法院依法强制执行。
【说明】向胜诉原告如何退费是实践中经常遇到的问题。不能将诉讼费用执行不能的风险从当事人转移给法院，这样容易造成法院财政窘窘，也一定程度上增加了法院的工作量。司法实践中财政部门退费非常困难，往往由法院给当事人退费，实际是挤占了法院的办公经费。当事人打官司的风险，包括诉讼费用的风险应由当事人承担才合理。	
增加简易程序转为普通程序时当事人补交诉讼费的规定。	（7）【增加的条文】 　　适用简易程序审理的案件转为普通程序时，原告自接到人民法院交纳诉讼费用通知次日起七日内补交案件受理费。 　　原告无正当理由未按期足额补交的，按撤诉处理。
【说明】程序转化的，应补交诉讼费。	
增加专家证人出庭费用的承担及未交纳费用的法律后果。	（8）【增加的条文】 　　有专门知识的人出庭产生的费用，由申请人预交，由败诉方负担。 　　申请人自接到人民法院交纳出庭费用通知次日起七日内交纳，未按期足额交纳的，按放弃申请处理。
【说明】专家证人出庭系根据当事人的申请，所产生的费用应由申请人预交，由败诉方承担。如果申请人未按期足额交纳此项费用，应当按其放弃申请处理，而不是按未提出申请处理，因为申请专家证人出庭是一种权利，不交费即为放弃了权利。	

增加确认之诉、变更、解除、撤销合同之诉的收费标准。	（9）【增加的条文】 当事人起诉请求确认合同效力或者变更、解除、撤销合同的，根据合同标的额，按照财产案件标准交纳案件受理费；如果当事人在请求确认合同无效或请求变更、解除、撤销合同的同时，又要求返还财产或赔偿损失的，按照诉讼请求标的额较高的一项交纳案件受理费。
【说明】该条明确了确认之诉等案件，不能只是简单地按件收取案件受理费，应根据具体诉求情形分别交纳案件受理费。	
增加破产衍生案件的收费标准。	（10）【增加的条文】 破产衍生案件，除劳动争议案件外，与破产案件相关的小额债权、债务人履行合同、追收债务人对外债权、撤销债务人处分财产行为、确认债务人处分财产行为无效、取回权、别除权和抵销权等案件，按照财产案件标准交纳诉讼费。
【说明】该条明确了破产衍生案件的收费标准。	
增加复合型诉求案件的收费标准。	（11）【增加的条文】 诉讼请求中既有财产性诉求，又有非财产性诉求的，按照财产性诉求的标准交纳诉讼费。 诉讼请求中有多个财产性诉求的，分别计算合并交纳诉讼费；诉讼请求中有多个非财产性诉求的，按件交纳诉讼费。
【说明】该条明确了复合型诉求案件的收费标准。	

增加申请实现担保物权案件的收费标准。	（12）【增加的条文】 人民法院作出拍卖、变卖担保物的裁定后，申请人向人民法院申请强制执行的，按照执行金额收取执行申请费。
【说明】修改后的民事诉讼法增加了实现担保物权之诉，该条规定了申请法院强制执行此类案件的收费标准。	
增加多方当事人上诉时交纳上诉案件受理费的规定。	（13）【增加的条文】 原告、被告、第三人分别上诉的，分别预交二审案件受理费；同一方多人基于相同的事实和理由，诉讼请求相同，共同上诉的，只预交一份二审案件受理费；同一方多人分别上诉，诉讼请求不同的，分别预交二审案件受理费。
【说明】明确了多名上诉人分别上诉的情形应当如何交纳案件受理费。	
增加连带责任当事人就诉讼费用承担连带责任的规定。	（14）【增加的条文】 承担连带责任的当事人败诉的，应就诉讼费用承担连带责任。
【说明】规定连带责任当事人之间的诉讼费用负担。	
增加实现担保物权案件的费用负担。	（15）【增加的条文】 实现担保物权案件，被申请人未提出异议的，申请费由被申请人负担。被申请人提出异议致使实现担保物权案件程序终结的，申请费由申请人负担；申请人另行起诉的，可以将申请费列入诉讼请求。
【说明】修改后的民事诉讼法第一百九十六条、第一百九十七条新增的实现担保物权案件，此类案件诉讼费用的负担。	

增加虚假调解案件被撤销后补交诉讼费的情况。	（16）【增加的条文】 虚假调解的，案件被撤销后，当事人应当按照《诉讼费用交纳办法》的规定补交案件受理费。
【说明】按《办法》规定，调解案件减半交纳案件受理费。但虚假调解的案件被撤销后，当事人应当按照《办法》的规定补交案件受理费。	
增加未按调解书内容履行使案件进入执行程序补交诉讼费的情况。	（17）【增加的条文】 调解结案的，负有给付义务的当事人未按调解书内容及时履行，案件进入执行程序后，由负有给付义务的当事人按《诉讼费用交纳办法》规定的标准补交案件受理费。
【说明】调解案件进入执行程序诉讼费的补交。部分调解结案的当事人以调解作为拖延给付、减轻履行义务的手段，履行义务缺乏诚信，不能自动履行调解书。调解书进入执行程序后，一方面因权利人在调解中放弃了部分实体权利，但被执行人仍不如期履行，致使权利人心态失衡；另一方面有的被执行人在调解书生效后进入执行程序前，故意转移隐匿财产，给执行带来更多的困难。因此，在调解书中应注明，如因负有给付义务的当事人未按调解协议履行，使案件进入执行程序，则由负有给付义务的当事人向法院补交该案因调解结案而少交的诉讼费用，以此作为惩罚条款。	
增加减半收取诉讼费用的限制。	（18）【增加的条文】 案件经人民法院决定减半交纳诉讼费用的，只能减半一次，不得重复减半。
【说明】按《办法》规定，调解、撤诉以及适用简易程序审理的案件都减半交纳案件受理费。如一个案件存在多种减半交纳诉讼费用的情形，只能减半一次，因现收费标准已降低，过低的诉讼费用难以弥补司法资源的不足。	

附件 1　调研工作概要

最高人民法院 2013 年度司法调研重大课题于 2013 年 5 月 28 日发布，辽宁省高级人民法院依照程序规定进行了充分的初期准备和申报工作，后经最高人民法院及其他社会权威专家评审，辽宁省高级人民法院中标司法调研重大课题——《关于改进案件诉讼费制度的调研》，院长缪蒂生任课题主持人。

课题中标后，辽宁省高级人民法院迅速抽调了辽宁省内三级法院系统的部分精锐法官，并联合辽宁大学法学院组成课题组。按照原申报计划部署、安排调研和写作的工作计划，形成了初期写作提纲和调研方案，确定采取专题会议、研究会议、专家访问、发放问卷等调研手段。力求研究工作充分、扎实、有效，发掘真实问题，全面、客观地评价现行诉讼费制度运行的效果和解决代表性调研对象提出的问题的建议。

课题组共召开调研会议 26 次，参加人数 418 人次。与会人员包括最高人民法院立案庭领导、诉讼当事人、法学研究专家以及辽宁省、湖北省、广东省、江苏省、上海市、宁夏回族自治区、河南省等七个地区的三级法院法官和当地律师，对现行诉讼费制度存在的问题和改进方式从多个角度进行了深入探讨。

2014 年 3 月至 6 月期间，在对辽宁省内有关诉讼费问题进行初步研究后，课题组分别制作了针对法院立案庭法官、审判庭法官、审监庭法官、诉讼当事人及律师的调查问卷，设定经济发达地区、经济较发达地区、经济欠发达地区的样本，选择广东省、江苏省、上海市、宁夏回族自治区等地发放调查问卷 4000余份；收回有效问卷 3896 份，搜集了 2003 年至 2013 年《人民法院诉讼费用收费办法》《诉讼费用交纳办法》两个规范变化前后全国法院案件受理数量和诉讼费变动的相关数据。以辽宁省三级法院的五个市级法院为典型，集中调研和剖析诉讼费运行中的问题。

此外，课题组特别邀请了辽宁大学统计学教师，对调研中统计方案的技术问题和问卷分析的统计工具进行了统计学安排和技术优化。

本课题诚挚地感谢最高人民法院立案庭提供的全国代表性地区法院诉讼费制度运行的数据。同时，感谢最高人民法院立案庭副庭长钱晓晨法官对本课题研究问题的高度关注和思想贡献。

附件2 2005年至2013年度法院诉讼费收取和退费情况调查表

_____省___市___区（县）人民法院
2005—2013年度法院诉讼费
收取和退费情况调查表（表4）

单位：元，%

年份	诉讼费收取情况					诉讼费退费情况			
	民事诉讼收费总额	行政诉讼收费总额	再审案件收费总额	执行案件收费总额	全年诉讼费总额	退费总额	退费平均所用期限	调撤案件占退费案件百分比	退费案件占结案百分比
2005									
2006									
2007									
2008									
2009									
2010									
2011									
2012									
2013									

注：本表调查对象为辽宁、江苏、上海、广东、山西、河南、湖北、甘肃、青海、宁夏三级法院。

附件3 各类调查问卷部分问题摘录

1. 您认为确定诉讼费交纳标准应考虑哪些因素？

A. 案件类型及诉讼标的额   B. 审理程序的繁简

C. 司法资源的耗费   D. 诉讼案件数量

E. 当事人的负担能力   F. 其他＿＿＿＿＿

2. 您认为《国务院诉讼费交纳办法》中，哪些类型案件诉讼费交纳标准过低，存在当事人滥诉现象？

A. 劳动争议   B. 离婚案件

C. 知识产权案件   D. 行政案件

E. 管辖权异议案件   F. 其他＿＿＿＿＿

3. 您认为涉土地、房产、林木、车辆等或其他特定物起诉时如何确定标的物价值？

A. 由人民法院参照市场价值确定

B. 以当事人主张的价值确定

C. 以当事人主张的价值，结合法官对标的物市场价值的经验判断

D. 按件确定

E. 其他＿＿＿＿＿＿＿

4. 您认为继续履行合同诉讼如何收取诉讼费？

A. 按件确定   B. 按合同未履行部分的价值确定

C. 其他＿＿＿＿＿＿＿

5. 您是否尝试过申请诉讼费的司法救助？

A. 尝试过   B. 没有尝试过

C. 想过，但没有尝试   D. 根本不考虑

6. 如果您想过，但没有尝试过，或者根本没有考虑过尝试司法救助，其原因是什么？（可多选）

A. 认为手续繁琐   B. 认为获得审批十分困难

7. 您认为法院收取的诉讼费与法院审理本案付出的成本孰高孰低？

A. 诉讼费远远高于成本   B. 诉讼费远远低于成本

C. 诉讼费与成本基本持平   D. 不好说

附件4　立案法官调查问卷分析结果摘录

统计量

		2. 您认为涉土地、房产、林木、车辆等或其他特定物起诉时如何确定标的物价值？	3. 您认为对诉讼标的物价值难以确定的，是否有必要在立案前设置财产评估程序？	4. 您认为诉讼程序中因鉴定、公告、勘验、翻译、评估、拍卖、变卖、仓储、保管、运输、船舶监管等发生的费用是否应列入诉讼费用交纳范围，根据谁主张、谁预付原则，由当事人直接交付给有关机关或单位？	5. 您认为其他案件是否可以比照知识产权案件，将当事人合理律师费用列入诉讼成本？	6. 您认为诉讼费由败诉方承担如何执行？	7. 您认为承担连带责任的当事人败诉的，是否应就诉讼费承担连带责任？	8. 您认为是否应赋予各省、自治区、直辖市在规定幅度内制定具体交纳标准规定的权利？	10. 您认为《国务院诉讼费交纳办法》实施后，部分案件诉讼费交纳标准大幅降低，对多元化纠纷解决机制有无影响？
N	有效	134	136	136	132	127	133	135	136
	缺失	2	0	0	4	9	3	1	0
众数		3.00	1.00	1.00	1.00	1.00	1.00	1.00	1.00

频率表

2. 您认为涉土地、房产、林木、车辆等或其他特定物起诉时如何确定标的物价值？

单位：元，%

		频率	百分比	有效百分比	累积百分比
有效	由人民法院参照市场价值确定	38	27.9	28.4	28.4
	以当事人主张的价值确定	22	16.2	16.4	44.8
	以当事人主张的价值，结合法官对标的物市场价值的经验判断	61	44.9	45.5	90.3
	按件确定	4	2.9	3.0	93.3
	其他	9	6.6	6.7	100.0
	合计	134	98.5	100.0	
缺失	系统	2	1.5		
合计		136	100.0		

3. 您认为对诉讼标的物价值难以确定的，是否有必要在立案前设置财产评估程序？

		频率	百分比	有效百分比	累积百分比
有效	是	81	59.6	59.6	59.6
	否	55	40.4	40.4	100.0
	合计	136	100.0	100.0	—

附件5 数据统计的范围与分析方法

本课题在对诉讼费制度进行理论分析的同时，还通过调研得到的大量数据对诉讼费制度进行实证研究，以使法学理论与司法实践能够紧密结合、相互支撑。

一、数据统计的空间与时间范围

（一）代表性地域样本的选取

本研究实地调研的样本以经济发达地区、经济较发达地区、经济欠发达地区为分类选取标准，具体素材来源地域分别为：广东省、上海市；辽宁省、江苏省、湖北省；宁夏回族自治区。这些样本在地理位置上横跨我国的东、中、西部，在民族构成上包括了汉族为主的区域、多民族聚居区域和部分少数民族聚居区域，充分考量了可能影响调研结果的各项地域性差异因素，综合选取上述既具普遍性、又具代表性的区域作为实地调研区域。以调研区域的经济发展程度为比照，分析诉讼费与法院案件数量的变动关系，学者研究认为，中国诉讼数量的增长与 GDP 有高度的相关性。[1]

除实地调研区域外，为保障调研的客观性，全面反映我国各地有关诉讼费制度的实施情况，课题组还从《诉讼费用交纳办法》实施以来各地向最高人民法院报送的总体情况反馈表及各省高级人民法院的工作报告中补充搜集了四川省、广西壮族自治区等地人民法院关于诉讼费的数据，供实证分析使用。

（二）数据统计的时间范围

在上述地域搜集的数据时间上横跨 2003 年至 2013 年，课题组以《诉讼费用交纳办法》实施日 2007 年 4 月 1 日为分界点，对其前后的数据进行整理，特别是对《诉讼费用交纳办法》实施后新问题对应的数据进行了比较分析。分析既反映了我国《诉讼费用交纳办法》实施前后一直存在的问题，又反映出《诉讼费用交纳办法》实施后新诉讼费制度出现的问题。

---

[1] 研究显示，中国诉讼数量的增长与 GDP 有高度的相关性。1979—2006 年的诉讼年增长率为 9.6%，按照国家统计局的计算，GDP 指数如果以 1978 年为 100，2006 年则为 1334.0，其间中国 GDP 的年增长率为 10%，则诉讼数量与 GDP 指数的相关系数为 0.86，呈强相关。参见朱景文：《中国诉讼分流的数据分析》《中国社会科学》2008 年第 3 期，第 79~80 页。

（三）数据统计需要说明的问题

1. 统计数据来源的主要分类

本次调研所采用的数据在来源上包括全国性数据和地方性数据。其中，全国性数据系根据最高人民法院提供给课题组的，各地法院向最高人民法院报送的。《诉讼费用交纳办法》实施以来总体情况反馈表反映的数据得出：该部分数据全面反映了诉讼费制度在全国多地法院系统的运行状况。地方性数据主要通过课题组制作、发放的诉讼费相关调查问卷反馈的数据，结合被调查省份高级人民法院工作报告中关于诉讼费制度的相关数据综合得出。该部分数据突出反映了《诉讼费用交纳办法》实施前后诉讼费制度的走势以及诉讼费制度参与者对现行诉讼费制度改革方向的倾向性。

2. 统计数据内容的主要类型

在诉讼费征收环节上，本次调研所采用的数据以人民法院收案、结案数量及收取诉讼费的金额为主线，同时结合当事人在几类集中的典型性案件——劳动争议案件、调解结案案件、申请再审案件——的诉讼费缴费情况，通过整体与局部两个类型的数据对诉讼费的相关问题进行分析。在诉讼费的管理环节上，本次调研所采用的数据主要包括人民法院对收取的诉讼费的管理方式、人民法院的经费保障情况以及人民法院的诉讼费退费情况几种类型。

3. 统计数据反映的主要问题

结合本次调研的内容及目的，调研中采用的数据集中反映了诉讼费在收取和管理上存在的问题。其中，在诉讼费的收取上，主要反映了其标准问题、负担问题、司法救助问题；在诉讼费的管理上，主要反映了其归属、退还、监管以及法院的经费保障问题。

4. 当前数据的局限性与分析的可靠性

一方面，本次调研搜集的数据具有局限性。固然课题组通过各种途径努力使各项数据在最大限度内相互匹配，但由于数据来源的方式不同、内容全面程度不同、时间跨度不同，因此，在对比分析中，各项数据在统一性和协调性上具有局限性。另一方面，本次调研搜集的数据具有可靠性。虽然数据在来源、内容上存在差异，但代表性样本全面、信息含量丰富、内容具有针对性，通过科学的统计分析方法足以得出可靠的结论；虽然数据在时间跨度上有所差异，但都提供了横跨 2007 年前后的数据，能够较真实地反映《诉讼费用交纳办法》实施前后关于诉讼费制度各环节的变化及相关成因。

二、实证分析采用的方法

（一）抽样调查方法

本调研采用了典型调查的非概率抽样方法。首先，参照我国的行政管理体制设置，将全国的省、市、自治区按照地理位置及经济发展水平划分为东部、中部和西部地区。其次，从每个地区中选取若干具有代表性的典型单位（省、市、自治区）进行全面深入的调研。再次，在对具体的典型单位进行调查时，我们根据总体单位的数量和各单位之间的差异状况，分别对辽宁省采取了"解剖麻雀"式的调研方式，涉及辽宁省内的 17 个中院和 16 个基层法院；对全国其他省、市、自治区采取了"划类选典"的调研方式，使研究样本具有代表性。

每个省（市）的调研工作由一个调研组负责，调研工作于 2014 年 4 月至 7 月间开展。调查采用问卷和座谈会的方式，其中当事人问卷回收有效问卷 1423 份，另有 77 份问卷因为存在数据不全、前后回答存在逻辑不一致等问题而被剔除，问卷的有效收回率为 94.9%；律师调查问卷回收有效问卷 995 份，问卷的有效收回率为 98.5%；立案法官调查问卷回收有效问卷 327 份，问卷的有效收回率为 98.5%；民事审判庭及监审庭法官调查问卷回收有效问卷 1151 份，问卷的有效收回率为 97.8%。各省市的样本数量分布状况见下表：全国调查问卷分布表。

全国调查问卷分布表

省（市）	调查的城市（县）总数（个）	当事人问卷（份）	律师问卷（份）	立案法官问卷（份）	业务庭法官问卷（份）
辽宁	14	661	486	136	646
江苏	1	28	13	10	19
上海	1	48	39	16	47
宁夏	7	686	457	165	439

（二）数据分析方法

在对调查问卷进行编码、录入及检查整理的基础上，本研究主要使用了两种描述性统计分析方法：

1. 使用频数分布数列反映数据的分布状态和分布特征

使用了频数分布数列对各问卷中的问题进行了描述性统计分析，以反映各问题中所有选项的分布状态和分布特征。进一步，利用分布数列中各组的频数（f）与所有组频数之和的比值计算频率（$f / \sum f$），从而更加清晰地反映样本数据的分布特征。

例 1：统计表中的频数分布数列说明。如在《立案法官调查问卷分析结果》中的第一个统计量表格第二列及问题 2 对应的频率表所示：[①]调查问卷中提问的问题是："您认为涉土地、房产、林木、车辆等或其他特定物起诉时如何确定标的物价值？"，频率表中"频率"项对应列所记载的数字——即选择该问题各选项人数的统计数字，就是该问题各选项选择的"频数"。通过频数数值的对比可以直观反映调研问题各选项的被选情况及数值特征。

例 2：统计表中的频率说明。仍以《立案法官调查问卷分析结果》调查问卷中的问题："您认为涉土地、房产、林木、车辆等或其他特定物起诉时如何确定标的物价值？"为例，该问题第一选项在《立案法官调查问卷分析结果》[②]中对应的统计量表格和频率表中所示的频数为 38——被调查者中有 38 人选择此选项，该组选项频数之和为 134——对该问题作出有效选择的人数共有 134 人，该问题的第一选项的频率（$f/\sum f$）值为 38/134——频率表中"有效百分比"项所对应列显示的数值。通过频率数值的对比可以更加清晰地反映数据的分布情况。

2. 使用百分比和有效百分比对分类数据进行描述性分析

百分比是对于分类数据进行的一种描述性分析，是一个样本（或总体）中各个部分的数据与全部数据之比，乘以 100 所得到的结果。百分比通常用于反映样本（或总体）的构成或结构。[③]

累积百分比是将各有序类别或组的百分比从上而下的逐级累加得到的数值，累计到最后一项时，就是 100，通过累积百分比很容易看出某一类别（或数值）以上的百分比之和。

例 3：统计表中的百分比说明。如在《立案法官调查问卷分析结果》中的第二个频率表所示。[④]调查问卷中提问的问题是："您认为涉土地、房产、林木、车辆等或其他特定物起诉时如何确定标的物价值？"，频率表中"百分比"项对应列所记载数字——选择该问题各选项者占全部选择者的百分比数值。通过百分比数值的对比可以直观反映调研问题各选项的被选择结果占被调查对象的比

---

① 参见本课题附件 4：《立案法官调查问卷分析结果摘录》中的表格。

② 参见本课题附件 4：《立案法官调查问卷分析结果摘录》中的表格。

③ 需要注意的是有百分比有关的另一个概念——有效百分比。有效百分比是一个样本（或总体）中各个部分的数据与剔除了缺失值后的全部数据之比，并将该比例乘以 100 所得到的结果，在分组数据不存在缺失值的情况下，有效百分比等同于百分比。

④ 参见本课题附件 4：《立案法官调查问卷分析结果摘录》中的表格。

例特征。

  例 4：统计表中的累积百分比说明。仍以《立案法官调查问卷分析结果》中的问题 2 对应的频率表为例。[1]调查问卷中提问的问题是："您认为涉土地、房产、林木、车辆等或其他特定物起诉时如何确定标的物价值？"，频率表中"累积百分比"项对应列所记载数字——选择该问题某一选项及位于其上的所有选项者，占全部选择者的百分比数值。通过累积百分比数值的对比可以直观地反映出调研问题某一选项及其以上各选项被选择结果占被调查对象的百分比之和。

---

① 参见本课题附件 4：《立案法官调查问卷分析结果摘录》中的表格。

附件6　辽宁省高院与清华紫光研发的立案系统操作界面

图1　立案操作流程系统界面

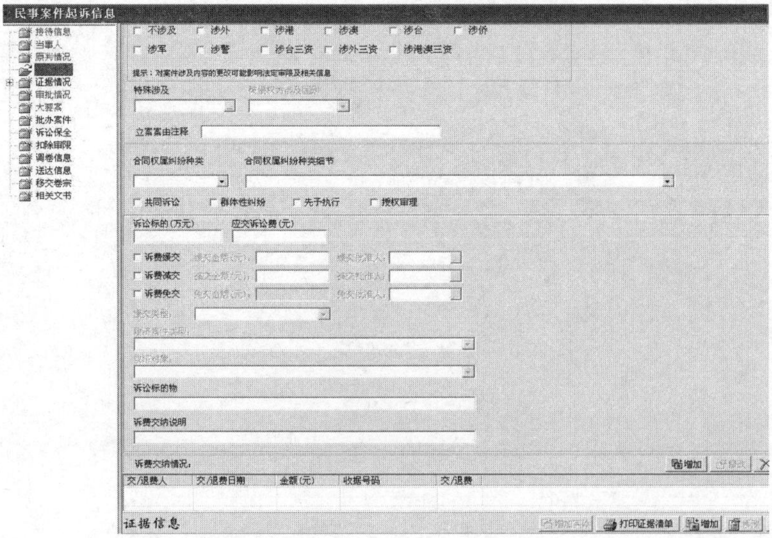

图2　财务操作流程系统界面

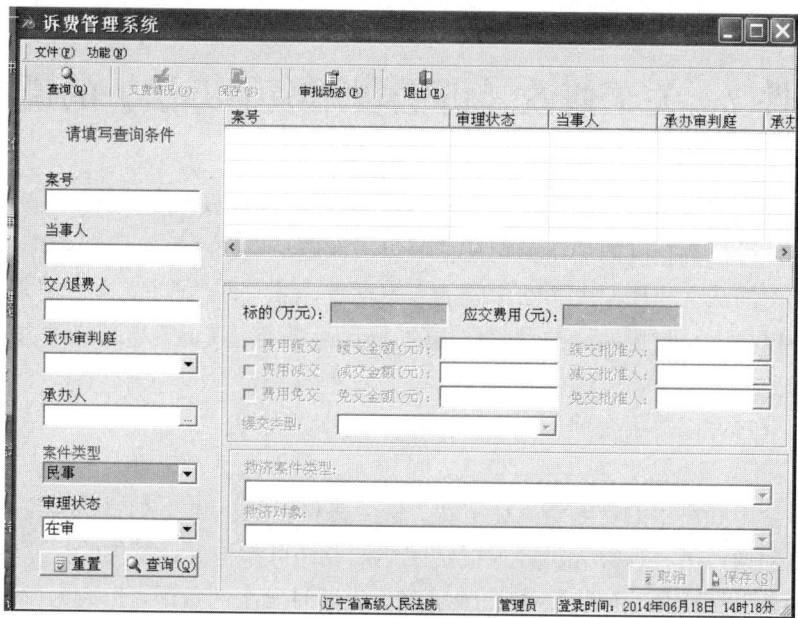

图3　退费操作流程系统界面

附件 7 关于修改《诉讼费用缴纳办法》的说明

根据我国司法改革的总体方向和审判实践的需要，最高法院设立了《关于改进案件诉讼费制度的调研》司法调研重大课题，辽宁省高院成功中标，组织相关部门的法官和辽宁大学法学院的专家学者，深入调查研究，广泛征求意见，在总结以往诉讼收费办法的利弊得失的基础上，拟订出《诉讼费用缴纳办法（修改稿）》。

现就《诉讼费用缴纳办法（修改稿）》作如下说明：

1. 将原《办法》第六条"证人、鉴定人、翻译人员、理算人员在人民法院指定日期出庭发生的交通费、住宿费、生活费和误工补贴"，修改为"证人、鉴定人、翻译人员、理算人员经人民法院通知或许可参与诉讼发生的交通费、住宿费、生活费和误工补贴"。将原来仅限于出庭时发生的费用，扩大为参加必要的诉讼过程发生的费用。表述更为准确，包括的情形更加全面。

2. 原《办法》第七条"（三）再审案件中，依照本办法规定需要交纳的案件受理费"修改为"民事申请再审案件受理费"。2007 年 10 月民事诉讼法修改，对当事人申请再审权进行了诉权化改造，明确规定了只要再审申请符合法定形式条件，人民法院必须依法受理审查，故应当明确当事人依照审判监督程序申请再审的交费问题。

3. 原《办法》第八条将申请实现担保物权的案件排除于不缴纳案件受理费之外。修改后的民事诉讼法新增了实现担保物权案件，该类案件具有财产性质，所以应交纳案件受理费。增加了"（二）不予受理、驳回起诉及上诉的案件；一审管辖权异议的案件；（三）根据民事诉讼法第一百九十八条、第二百零八条规定的审判监督程序审理的案件；（四）根据行政诉讼法规定的审判监督程序审理的案件；"免除了一审管辖权异议案件的收费，主要考虑减轻当事人诉讼负担。二审管辖案件仍预交案件受理费，主要考虑遏制当事人滥用管辖权异议拖延诉讼时间的行为。删除关于审判监督程序基本不收费的条文后，将不预收费的审判监督程序审理案件限制在因"院长发现、上级法院发现"、检察机关抗诉引起的再审案件范围内。

4. 删除原《办法》第九条，是为了引导当事人理性行使申请再审权利，平等保护对方当事人，维护生效裁判稳定性，因此需要建立申请再审案件受理费收费制度，以遏制滥诉行为。

5. 原《办法》第十条增加了申请不予执行仲裁裁决的交费情形；增加提出执行异议、申请执行复议的交费情形。

审判实践中大量不予执行仲裁裁决的申请、执行异议和申请执行复议案件需要法院利用司法资源加以审查，但原《办法》中并未做出交纳诉讼费的规定，客观上使当事人动辄就提出异议，利用异议、复议程序以拖延执行。为防止权利滥用和司法资源的浪费，建议增加此类案件需交纳诉讼费的规定。

6. 将原《办法》第十一条中"在人民法院指定日期出庭"修改为"经人民法院通知或许可参与诉讼"，表述更为准确，包括的情形比较全面。原《办法》中"由人民法院按照国家规定标准代为收取"与民诉法七十四条规定由当事人、人民法院"垫付"相冲突。改为"费用由败诉一方当事人负担。当事人申请证人作证的，由该当事人先行垫付；当事人没有申请的，人民法院通知证人作证的，由人民法院垫付。"这样的表述更为清晰、明确。

7. 将原《办法》第十二条规定的"谁主张、谁负担"修改为"谁主张、谁预付，谁败诉、谁负担"的原则。在明确诉讼费由败诉方承担责任，并明确了原告的预付责任，在实践中更易于操作。增加"但是执行程序中，因为被执行财产的变价所引起的评估、拍卖等费用，经中介机构同意，可以不预交，变价后在变价款中优先支付。"该情形特殊，作除外规定。

8. 对原《办法》第十三条修改了五项内容：一、增加了离婚后提起财产分割诉讼的，按照此标准交纳。判决不准予离婚的，退还收取的涉及财产部分的诉讼费。明确了离婚案件涉及财产问题时案件受理费的交纳标准及不准离婚时的退费问题；二、增加了知识产权案件争议金额或者价额不超过 5 万元的，每件交纳 1000 元；争议金额或者价额超过 5 万元的，按照财产案件的标准交纳。使知识产权案件收费标准进一步明确，避免当事人恶意规避法律；三、增加了劳动争议案件，没有财产内容的，免交诉讼费；有财产内容的，按照财产案件标准交纳。明确了劳动争议案件区分有无财产内容，确定了无财产内容的免交诉讼费；四、是提高了商标、专利、海事行政案件收费标准为每件交纳 5000 元；其他行政案件每件交纳 50 元至 500 元；五、增加了当事人提出案件管辖权异议的，一审免交申请费，对管辖权提起上诉的，应预交申请费，申请费为诉讼费的 10%，不足 1000 元的，按 1000 元预交，二审法院认定管辖权异议成立，退回预交费用。免除了一审管辖权异议的收费，增加了管辖权异议案件上诉的预交费。异议成立则退回预交的费用，以此遏制利用管辖权异议上诉拖延诉讼时间的行为。

9. 将原《办法》第十四条财产保全收费标准由 5000 元限额的规定提升至

5 万元。有利于维持现行规则固定方式的限额标准，简便收费数额的计算；有利于通过提高收费标准，发挥诉讼费调节功能，促使申请人理性选择保全申请，减少不必要的保全工作负担，缓解法院财产保全工作压力。有利于适度规制当事人滥用财产保全的行为。增加了"行为保全免收申请费"，行为保全案件多数发生在知识产权案件的审理程序中，案件并不典型，总量较小，低收费不仅无法弥补司法成本，反而增加收费负担。增加了"提出执行异议或者申请执行复议的，每件交纳 400 元至 5000 元"。提高收费标准，可以减少以拖延时间为目的的权力滥用。

10. 将原《办法》第十五条"以调解方式结案或者当事人申请撤诉的，减半交纳案件受理费。"改为"以调解方式结案的，案件受理费交纳三分之二；当事人申请撤诉的，减半交纳案件受理费。"平衡撤诉、调解、判决结案方式之间的司法成本支出。调解结案往往程序相对简便，节约了司法资源，法院付出的司法成本相对较低。从平衡撤诉、调解、判决结案方式收费的角度看，调解结案的诉讼收费应该比判决结案的低，比撤诉结案的略高。诉讼费的三分之二的收费标准低于判决结案收费，高于撤诉结案收费，有利于平衡撤诉、调解、判决之间的收费关系。

11. 原《办法》第十九条基本沿用原表述，将原办法中关于再审收费范围限制内容"依照本办法第九条规定需要交纳案件受理费的再审案件"删去。

12. 增加了"公益诉讼案件，实行案后交纳案件受理费。原告可以申请减交、免交案件受理费，但恶意起诉的除外；被告败诉的，按照财产案件交纳标准以被告承担责任为限交纳案件受理费。"鉴于公益诉讼原告及诉讼目的的特殊性，对公益诉讼的收费标准作出规定。公益诉讼的公益性要求诉讼费的负担和分担与一般民事诉讼有所区别，即为实现公共价值而产生的诉讼费由公共分担和社会分担。

13. 增加了"实现担保物权案件，按照财产案件交纳标准的二分之一交纳案件受理费。裁定驳回申请的，按件收取 100 元的诉讼费用，其余费用退回申请人。"实现担保物权案件，在既有收费规则中并不明确。按件收取、按申请标的额收取甚至不收费，各有一定的根据。为保障收费的公正和执法的统一，根据受益人承担诉讼成本的公平原则，实现担保物权案件的申请人应承担交费的义务，因此增加了此类案件的收费标准。

14. 增加了"第三人撤销之诉，根据当事人提出的请求撤销范围涉及的金额交纳案件受理费；非财产案件，按请求撤销的原案件的收费标准交纳。"第三人撤销之诉就是为他们提供"事后的诉讼参与"的机会。撤销或变更生效判决对第三人产生的不利效果，其目的是为了全部或者部分更改和撤销已经赋予既判力的生效裁判，维护第三人的正当权益。基于事后救济和变更性的特点，第三人撤销之诉应当基于第三人诉请的部分和耗费的司法资源合理地进行收费。

15. 原《办法》第二十条修改了三处内容：一是补充再审案件的申请人作为案件受理费的交纳主体增加了"再审申请人"。申请再审不收费实际上是让原审败诉方无偿地使用司法资源，不利于违法行为的惩戒，故《办法》应补充再审诉讼收费的规定。有利于引导当事人理性地行使再审申请权，平等地保护对方当事人，维护生效裁判的既判力。二是取消追索劳动报酬的案件不预交案件受理费的规定，将此项内容纳入本办法第五十条中，即作为缓交诉讼费用的情形之一。过低的诉讼费导致劳动案件激增，诉讼费的调节功能失灵。低廉的诉讼费引发了滥用诉权的行为，忽略了诉讼费败诉方承担的原则，忽略了收费与退费所消耗的人力、物力成本。三是明确了执行申请费的交纳标准即"按照实际执行的数额比例交纳"，避免增加因"执行难"造成申请人申请费损失。

16. 原《办法》第二十二条增加了"民事申请再审案件受理费由再审申请人向受诉的人民法院提交再审申请书时预交。再审申请人未预交的，人民法院应当通知其在 7 日内预交。"该款规定对再审案件受理费缴纳期限进行了明确规定，提高工作效率。

17. 原《办法》第二十三条删除了"依照本办法第九条规定需要交纳案件受理费的再审案件"，减少了原办法中对再审申请预交受理费的限制。

18. 在原《办法》第二十七条后，增加了预交的再审案件受理费处理情形，"申请再审案件审查结束后，当事人预交的再审案件受理费，分以下情形处理：

（一）人民法院驳回再审申请的，当事人预交的受理费不予退还；

（二）人民法院裁定再审的，当事人预交的再审案件受理费暂不退还，由人民法院按照审判监督程序审理案件时一并处理：

1. 经再审审理，符合《民事诉讼法》第二百条第（一）至（三）条规定情形的，或者符合当事人对人民法院第一审判决或者裁定未提出上诉，第一审判决、裁定或者调解书发生法律效力后又申请再审，人民法院经审查决定再审的情形，当事人预交的受理费由最终败诉当事人承担；

2. 经再审审理，符合《民事诉讼法》第二百条第（四）至（十三）项情形的，再审结案后法院退还当事人预交的受理费。"

法院裁定再审后，区分案件进入再审的原因决定是否退费。对于申请再审预交的案件受理费的处理上，应当分清进入再审的原因是基于法院程序或实体裁判错误，还是基于当事人的原因。符合民事诉讼法第二百条第（一）至（三）

条规定情形的，或者符合当事人对人民法院第一审判决或者裁定未提出上诉，第一审判决、裁定或者调解书发生法律效力后又申请再审，人民法院经审查决定再审的情形，法院按照审判监督程序审理案件时一并处理，当事人预交的受理费由最终败诉当事人承担；经再审审理，符合民事诉讼法第二百条第（四）至（十三）项情形的，可以认定为属于法院程序错误或实体裁判错误，增加的司法成本由法院承担，再审结案后法院退还当事人预交的受理费。

19. 原《办法》第三十一条增加了调解案件诉讼费协商不成"经当事人同意"由人民法院决定。既尊重了当事人意思自治，又提高了调解效率。

20. 原《办法》第三十四条增加了"再审申请人申请撤诉"的情形。因为再审申请人须预交申请费，所以如撤诉，费用则由其承担。

21. 原《办法》第三十六条增加申请支付令异议后的诉讼费缴纳。即"申请费按 100 元收取，由申请人负担。申请支付令的一方当事人不同意提起诉讼的，其余诉讼费用退回申请人；转入诉讼程序的，其余诉讼费用直接作为诉讼程序案件受理费，不足部分由申请人补交。"进一步明确了督促程序终结后的申请费收取。

22. 原《办法》第三十八条增加了"执行中当事人达成和解协议并履行完毕的，申请费减半交纳。执行中当事人自动履行生效法律文书确定义务的，申请费减半交纳"，鼓励当事人达成和解协议和自动履行；增加"本办法第九条第（六）项规定的申请费，执行异议或执行复议申请被支持的，由人民法院退回该费用"。该项规定将正常行使权利与滥用执行异议或执行复议权区分对待，异议理由成立，法院退其预交费用，不使有理之人蒙受损失。

23. 将原《办法》第四十四条"诉讼费用的免交只适用于自然人"修改为"诉讼费用的免交也适用特定的法人和其他组织，如受政策扶持的小微企业、从事非营利性社会服务活动的民办非企业单位等其他确有困难的主体。"目前我国正处在社会转型期，法人与自然人之间、法人与法人、法人与其他经济组织之间的矛盾占社会矛盾总量的大部分。把法人、其他经济组织列为司法救助的对象，更有利于依法调整经济关系，稳定经济秩序和化解社会矛盾，从而更好地实现司法救助的价值理念；法人或其他组织从其设立时起，就享有许多与自然人相同的权利；从审判实践来看，最高人民法院曾在一定的阶段针对特殊的案件做出过司法救助的规定，而这些规定所涉及的司法救助对象大都是法人。

24. 将原《办法》第四十四条增加了"追索劳动报酬案件"。增加追索劳动报酬案件为缓交诉讼费用的情形之一，因此类案件的原告大多为弱势群体，经济状况较差，生活困难，为维护劳动者的合法权益，应允许其申请缓交诉讼费用，并最终按本《办法》第五十三条的规定决定诉讼费用的减、免。

25. 原《办法》第四十八条增加"当事人提供虚假材料骗取司法救助的，经对方当事人申请或者人民法院发现，应当撤销司法救助的决定，责令其补交诉讼费用；拒不补交的，以妨害诉讼行为论处。"在司法救助制度做到便民、利民的同时，我们也应该对那些通过提供虚假材料骗取司法救助的当事人进行惩戒。

26. 原《办法》第四十九条增加"准予缓交的期限为案件第一次开庭前。人民法院应视申请救助的当事人的经济状况及案件情况在第一次开庭前作出补交诉讼费或减交、免交诉讼费的决定。不需要开庭的案件准予缓交的期限确定为案件裁决前。当事人未在缓交期限内补交诉讼费用的，依有关规定按自动撤回起诉（上诉）处理。对方当事人在裁判前提出减交、免交诉讼费用申请的，人民法院经审查，对符合条件的，应当在裁判时作出是否减交、免交的决定。对当事人申请缓交诉讼费用的，由负责立案的独任法官或合议庭进行审查，作出是否准予缓交的决定；对当事人请求减交、免交诉讼费用的，由审理案件的独任法官或合议庭审查，作出是否减交、免交的决定。"

如果缓交期限过短（比如缓交期限短于举证期限），不利于承办案件的法官了解当事人经济状况的变化情况，难以结合双方当事人提交的证据材料对案件整体情况作出初步判断。如果确定缓交期限过长（比如缓交至判决前），法庭已做了大量工作，不利于及时阻止当事人利用无诉讼费负担而进行滥诉，浪费有限的司法资源。如果不确定缓交期限，不利于案件承办法官履行及时收缴诉讼费，一旦申请缓交诉讼费的当事人败诉，通过执行程序追缴诉讼费往往难以实现，最终导致诉讼费流失。针对不需要开庭审理的案件则应作出例外规定，将准予缓交的期限确定为案件裁决前。

为保障司法救助制度的公平正义，保证适度救助、及时救助目标的实现，并契合司法改革方向，真正做到让审理者裁判，由裁判者负责，应对司法救助审查程序作出规定，赋予由独任法官、合议庭审查决定的权限。

27. 原《办法》第四十九条"案件审结后，人民法院应当将诉讼费用的详细清单和当事人应当负担的数额书面通知当事人，同时在判决书、裁定书或者调解书中写明当事人各方应当负担的数额。"修改为"人民法院在收取诉讼费时应当就诉讼费的收费标准、收费范围、收费依据、收费主体、计价单位等进行释明，并要求当事人写明退费结算方式。案件审结后，人民法院在判决书、裁定书或者调解书中写明当事人各方应当负担的数额。当事人依法退费的，凭人民法院作出的生效裁判文书，由主审法官及财务负责人签字认可后，由财务部门直接办理。"

原《办法》中有关书面通知的规定不具有可行性，司法实践中，多数法院往往只在裁判文书中写明对诉讼费的负担，不另行下发书面通知。生效裁判文书是人民法院确认各方当事人依法负担诉讼费的结算凭证，应当对诉讼费的退还问题予以释明而无须另行下发书面通知，当事人依据人民法院作出相关释明的生效裁判文书，即可办理退费事宜。仅需增加在收费时对收费标准等方面、退费的详细环节的释明。现行法院的内部管理体制，办理诉讼费退费的主要模式是由主审法官、副庭长、庭长、主管院长、财务科长（处长）、主管财务院长层级审批才算完成退费的审批核准手续，从而人为地拉长了诉讼费的退费周期，当事人办理诉讼费退费的时间远长于法律规定。主审法官是诉讼案件的承办人，对争议案件的内容和裁判结果有充分认识，有能力对案件的退费情况作出独立判断，决定是否同意当事人办理退费。当事人依法申请退费的，凭人民法院作出的生效裁判文书，由主审法官签字认可后，即可直接到法院财务部门办理诉讼费退费事宜，无须层报各级领导审批。为了避免主审法官在财务专业方面经验的不足，当事人到法院财务部门办理退费时，还应由财务部门负责人对其诉讼费退费手续在其职责范围内进行进一步核实并签字确认。在主审法官和财务部门负责人签字的基础上，当事人即可办理退费。

附件8　课题组重要会议摘要

一、课题组部分研究会议摘要

（一）课题组研究会议

1. 会议时间：2014 年 4 月 8 日

2. 会议地点：辽宁省高级人民法院 910 会议室

3. 与会人员：柴学伟、闫振喜、王正平、郭洁、尹天升、夏婷婷、于晓梅、赵纲、李卓、张悦、赵画、姚宇

4. 会议主题：介绍到重庆调研开题的情况、研讨调研论文提纲的细化并对课题组下一步工作进行安排部署。

（二）课题组研究会议

1. 会议时间：2014 年 4 月 21 日

2. 会议地点：辽宁省高级人民法院 910 会议室

3. 与会人员：缪蒂生；柴学伟、闫振喜、王正平、郭洁、李卓、张悦、潘敏、尹天升、夏婷婷、于晓梅、赵纲、黄海洋、姚宇

4. 会议主题：汇报前期工作情况和下一步工作安排，由缪院长对目前的工作进行指导。

（三）课题组研究会议

1. 会议时间：2014 年 6 月 11 日

2. 会议地点：辽宁省高级人民法院 A 座 10 楼会议室

3. 与会人员：柴学伟、王正平、郭洁、张悦、潘敏、尹天升、于晓梅、赵纲、黄海洋、姚宇

4. 会议主题：对前期到外省、市调研工作进行总结，明确写作任务，并对各自写作内容的进度和写作中遇到的问题进行说明和交流。

（四）课题组研究会议

1. 会议时间：2014 年 7 月 3 日

2. 会议地点：辽宁省高级人民法院 910 会议室

3. 与会人员：闫振喜、王正平、尹天升、夏婷婷、于晓梅、赵纲、郭洁、张悦、潘敏、姚宇

4. 会议主题：总结前一阶段的写作情况，交流写作中存在的问题，并提出

下一步的写作进度

（五）课题组研究会议

1. 会议时间：2014 年 8 月 13 日

2. 会议地点：辽宁省桓仁县隆兴国际大酒店 9 楼会议室

3. 与会人员：柴学伟、王正平、尹天升、黄海洋、张妍妍、夏婷婷、于晓梅、赵纲、郭洁、李卓、张悦、姚宇

4. 会议主题：总结前一阶段的写作情况，讨论各部分写作内容的冲突与协调问题，对部分写作观点进行讨论。

二、课题组部分调研会议摘要

（一）课题组调研会议

1. 调研时间：2014 年 4 月 25 日

2. 调研地点：沈阳市宁山大厦二楼第 2 会议室

3. 参与人员：

课题组：柴学伟、闫振喜、王正平、尹天升、夏婷婷、赵纲、于晓梅、郭洁、李卓、张悦、姚宇

辽宁省各中级法院和部分基层法院立案庭庭长：王桂莲、徐冬、徐巍、李玖玲（代）、刘军、远丽华、袁林、张琰妍、刘欢唯、苏青、杜莉、李希、于景明、刁勇、张欣、彭昌宏、张向英、于迎志、邓继林、王选东、孟凡旭、韩中刚、张丽坤（代）、裴艳伟、袁小芳、陈坚、温莉（代）、郭华

4. 调研对象：辽宁省各级法院（包括铁路中院、海事法院、辽河中院）立案庭庭长根据课题组调查问卷及工作实践介绍工作中遇到的有关诉讼费制度存在的问题。

（二）课题组调研会议

1. 调研时间：2014 年 5 月 5 日

2. 调研地点：辽宁省高级人民法院 C426 会议室

3. 参与人员：

课题组：柴学伟、闫振喜、尹天升、夏婷婷、于晓梅、赵纲、郭洁、李卓、张悦、姚宇

沈阳律师：潘公明、于振森、石艳玲、刘明、迟成海、徐驰、胡伟、李宗胜

4. 调研对象：沈阳律师根据课题组调查问卷及工作经历从当事人角度介绍有关诉讼费制度存在的问题。

（三）课题组调研会议

1. 会议时间：2014 年 5 月 9 日

2. 会议地点：最高人民法院立案一庭会议室

3. 参与人员：

最高人民法院：钱晓晨、张志弘

课题组：柴学伟、闫振喜、王正平、尹天升、夏婷婷、于晓梅、赵纲、郭洁

4. 会议主题：听取最高人民法院钱晓晨副庭长关于《最高人民法院改进诉讼费情况的总体设计和构思》和对辽宁高院课题组进行的调研指导。汇报辽宁省课题组调研方向、工作目标和调研报告结构，并与最高人民法院交流疑难问题的解决办法。

（四）课题组调研会议

1. 调研时间：2014 年 5 月 16 日

2. 调研地点：武汉中院会议室

3. 参与人员：

课题组：柴学伟、尹天升、黄海洋、于晓梅

湖北省高级人民法院、武汉中院及基层法院法官

4. 调研对象：湖北省各级法院根据课题组调查问卷及工作实践介绍工作中遇到的有关诉讼费制度存在的问题。

（五）课题组调研会议

1. 调研时间：2014 年 5 月 24 日

2. 调研地点：上海市一中院 3 楼会议室

3. 参与人员：

课题组：闫振喜、王正平、赵纲、张悦、姚宇

上海法院：奚强华、吴晔、屠泰含、齐敏音、张金标、杨元栋、邬丰、沙茹萍、乔林

4. 调研对象：上海市各级法院根据课题组调查问卷及工作实践介绍工作中遇到的有关诉讼费制度存在的问题。

（六）课题组调研会议

1. 会议时间：2014 年 7 月 9 日

2. 会议地点：辽宁省高级人民法院 910 会议室

3. 与会人员：

最高人民法院：钱晓晨、尹颖舜、李盛烨

课题组：闫振喜、王正平、尹天升、赵纲、夏婷婷、于晓梅、郭洁、张悦、

姚宇

4. 会议主题：课题组成员汇报课题研究进度，并由最高人民法院钱晓晨副庭长对阶段性研究成果进行指导。

三、部分调研工作《会议纪要》摘录

（一）2014 年 4 月 21 日《课题组工作会议纪要》

1. 王正平主任

介绍前期工作情况和下一步工作安排——《关于改进案件诉讼费制度重大调研课题工作情况汇报》。

2. 郭洁院长

（1）第一部分基本理论着重介绍三个方面，即诉讼收费制度的范围、诉讼收费的正当性以及诉讼收费的功能；

（2）第二部分国外及中国台湾地区诉讼收费制度的比较考察由张悦老师搜集整理资料，对我国诉讼收费制度提供借鉴参考；

（3）课题的调研实证部分，由尹天升、于晓梅两位撰写，辽宁大学方面配合规范其内容；

（4）调研的质量是课题研究成果的基础，后期写作整理须依靠调研情况和数据；

（5）最后一部分的写作不仅是技术问题，也是政治问题，尤其需要以调研数据为依据；

（6）是否要求出阶段性成果（柴学伟副院长：不需要）；

（7）目前分工是初期分工，随着工作的进行可能进行微调。

3. 张悦老师

（1）对第二部分进行微调，原"（三）"内容改为"二"；

（2）介绍外国民事诉讼对律师费的认定问题；

（3）介绍外国民事诉讼中的"公共基金"问题。

4. 潘敏老师

（1）问卷的问题设定须作调整，以使调查结果和数据更明晰；

（2）现场调研对象的独立性非常重要，调研中应注意和避免调研对象之间的交流；

（3）问卷填写应有监督保障，同时对问题不清楚者予以说明；

（4）保证调查对象的差异性。

5. 尹天升审判长

（1）汇报到南京调研成果，强调最高人民法院司法解释意见征求稿的重要性和参照意义；

（2）写作应当"生动、有问有答"；

（3）写作目的是为了修改好《诉讼费用交纳办法》（以上详见《参加最高人民法院修订〈诉讼费用交纳办法〉集中研讨活动情况汇报》）。

6. 夏婷婷主任

（1）应当与最高院修改诉讼费办法的动向保持一致，否则可能难以被采纳；

（2）与重庆法院是既竞争又合作的姿态，突出我们的特色；

（3）实务与理论一定要前后照应，否则可能相脱节；

（4）具体写作方面，最高院已有成形的征求意见稿，需要注意写作方向与人协调，不一致之处考虑标注并给出对照方案；

（5）用现有的调查问卷作省内调研，总结问题后再用调整后的问卷作省外调研。

7. 赵纲法官

原订题目是"改进"，现改为"改革"，是否符合最高院意图。

8. 李卓教授

全文观点要契合，要与修改意见稿在大方向上、宏观上保持一致，有必要的情况下可作全文的观点综述。

9. 姚宇博士

行文前后肯定会有冲突的地方，但是写作前只能确定方向，无法确定最终写作的确切内容，建议在确定方向的前提下先行写作，形成初稿后再行调整。

10. 柴学伟副院长

（1）写作内容应与司法改革相一致；

（2）理论和实践不能脱节，但存在矛盾是正常的；

（3）最高人民法院立案一庭与调研室的工作进度矛盾问题应当如何协调；

（4）提纲确定以后，每个人写作部分的内容、存在的问题下次开会逐个提出并讨论。

11. 缪蒂生院长

（1）课题主线是改革现行收费制度的不合理之处，经济基础已经发生变化，使收费制度更加适应中国国情，有利于推进中国诉讼制度发展；

（2）要体现改革方向，把握改革的脉络；

（3）写作框架的调整建议：第一部分诉讼费用的概念里应加入诉讼费用的

性质、诉讼费用制度的主体概念是否准确、标题"二"与标题"一"有重复，第三部分可考虑追溯至清末和民国的收费制度、写收费制度外延应考虑结合存在的问题、标题"四"个案样本分析可改为实证分析、标题"五"绩效可改为评价，第五部分基本原则应参照民法、民诉法。

（4）调研和写作要同步进行；

（5）到其他法院调研应当准备调研提纲，提前做好沟通协调；

（6）与各中院沟通应当找能提出问题的法院；

（7）课题组成员应 2 周碰一次面；

（8）写作要有注释，注释应当规范；

（9）总字数 12 万字，基本理论部分 1 万字，不要头重脚轻；

（10）经费应当给予保障；

（11）写作可参考 2014 年第 2 期的《中国法学》。

（二）2014 年 6 月 6 日《沈阳市大东区法院调研座谈会纪要》

省高级法院王正平主任首先介绍了课题的内容、意义和现阶段发现的相关问题以及课题组此行的目的。诉讼收费改革是能够影响法院全局的课题，具有重要的研究价值。在经过对省内以及全国具有代表性的省市进行调研考察之后，课题组发现有关劳动争议案件的诉讼费收费问题是大家反映比较突出的问题。课题组此行到劳动争议案件收案量比较大、处理得也比较好的大东区法院了解相关情况，请大家提出宝贵的意见和建议。

闫振喜局长随后对上述问题进行了补充说明，现今的《诉讼费收费办法》对劳动争议案件只收取 10 元的案件受理费这一制度设计是否是导致劳动争议案件井喷式增长的主要原因，诉讼收费的基本功能是否在劳动争议案件收费中得以具体体现。各方面的利益如何平衡。这些问题需要我们对劳动争议案件诉讼收费问题进行具体解剖分析，定量、定性相结合来分析。

会上针对上述情况提出了如下问题：

1. 对于劳动争议案件诉讼收费是否应该区分原告主体？比如说，对于企业高管为原告的征收更高的诉讼费。高收入劳动者为原告的案件比例？

2. 诉讼收费是否应该区分有财产争议内容的劳动争议案件和没有财产争议的劳动争议案件？有财产争议的案件是否应该完全比照普通财产案件征收，还是应该区别对待？

针对以上问题提出了以下建议：

第一，大东法院 2007 年以来受理的高收入者为原告的劳动争议案件并不多，主要为南航飞行员跳槽赔偿案件，标的大约在 100 万元至 210 万元之间。

绝大多数都为普通劳动者为原告的案件。10 元的案件受理费的确与法院的审理成本不成比例且退费困难、影响结案。但是，没有必要刻意地区分原告主体，而且区分主体收费也违背了法律面前人人平等的原则。

第二，劳动争议案件中绝大多数都是具有财产争议内容的，诉讼收费区分是否具有财产内容是有必要的。但是，劳动争议案件具有特殊性，必须兼顾劳动者的保护和关怀。所以，应该与普通财产案件的收费标准相区别。陈青副院长提出的预收 30% 的诉讼费的办法被大家认为很具有建设性和可行性。对于没有财产内容的劳动争议案件，建议不收费。

主要参考文献

一、著作类：

［1］《中国大百科全书》编辑部. 中国大百科全书・法学［M］. 北京：中国大百科全书出版社，1984.

［2］计男. 民事诉讼法论（增订三版）［M］. 台北：三民书局，2006.

［3］王亚新. 社会变革中的民事诉讼［M］. 北京：中国法制出版社，2001.

［4］汉语大词典编纂处. 汉语大词典（缩印版）［M］. 北京：北京汉语大词典出版社，1997.

［5］［美］ N. 格里高利・曼昆. 经济学原理（第 5 版）：微观经济学分册［M］. 梁小民，梁砾，译. 北京：北京大学出版社，2009.

［6］《新编字典》编写委员会. 新编字典（2003 年修订版）［M］. 吉林大学出版社，2003.

［7］肖建国. 民事诉讼程序价值论［M］. 北京：中国人民大学出版社，2000.

［8］廖永安. 民事诉讼理论探索与程序整合［M］. 北京：中国法制出版社，2005.

［9］［意］莫诺・卡佩莱蒂等. 当事人基本程序保障权与未来的民事诉讼［M］. 徐昕，译. 北京：法律出版社，2000.

［10］王亚新. 社会变革中的民事诉讼［M］. 北京：中国法制出版社，2001.

［11］沈达明. 比较民事诉讼法初论［M］. 北京：中国法制出版社，2002.

［12］廖永安. 诉讼费用研究［M］. 北京：中国政法大学出版社，2006.

［13］左卫民. 诉讼权研究［M］. 北京：法律出版社，2003.

［14］常怡. 比较民事诉讼法［M］. 北京：中国政法大学出版社，2002.

［15］［德］狄特・克罗林庚. 德国民事诉讼法律与实务［M］. 刘汉富，译. 北京：法律出版社，2000.

［16］［意］莫诺・卡佩莱蒂. 福利国家与接近正义［M］. 刘俊祥等，译. 北京：法律出版社，2000.

［17］Lord Woof. Access to Justice-Final Report. 1996, Charles Plant (Editor-in Chief), Blackstone's Civil Practice . Blackstone Press Limited, 2001.

［18］王甲乙，杨建华，郑健才. 民事诉讼法新论［M］. 台北：三民书局，2009.

［19］徐昕. 英国民事诉讼与民事司法改革［M］. 北京：中国政法大学出版社，2002.

［20］［法］让·文森、塞尔日·金沙尔. 法国民事诉讼法要义（下）［M］. 罗结珍，译，北京：中国法制出版社，2001.

［21］吕锡伟，安宁，陈黎君. 诉讼费用交纳办法 115 问［M］. 北京：中国法制出版社，2007.

［22］李启成. 晚清各级审判厅研究［M］. 北京：北京大学出版社，2004.

［23］四川省档案馆，四川大学历史系. 清代乾嘉道巴县档案选编（下册）［M］. 成都：四川大学出版社，1996.

［24］常怡主编. 外国民事诉讼法新发展［M］. 北京：中国政法大学出版社，2009.

［25］吕锡伟主编. 诉讼费用交纳办法释义［M］. 北京：中国法制出版社，2007.

［26］李龙. 民事诉讼标的理论研究［M］. 北京：法律出版社，2003.

［27］［美］罗伯特·考特，托马斯·尤伦著. 法和经济学（第六版）［M］. 史晋川等，译，上海：上海人民出版社，2012.

［28］贺忠厚. 公共财政学［M］. 西安：西安交通大学出版社，2007.

［29］［美］林德布鲁姆. 市场体制的秘密［M］. 耿修林，译，南京：江苏人民出版社，2002.

［30］［日］小岛武司. 诉讼外纠纷解决法［M］. 丁婕，译，北京：中国政法大学出版社，2005.

［31］最高人民法院编写组. 最新民事诉讼办案指南［M］. 北京：人民法院出版社，2012.

［32］牟逍媛. 民事诉讼法律小辞典［M］. 上海：上海辞书出版社，2006.

［33］杨荣馨. 民事诉讼原理［M］. 北京：法律出版社，2003.

［34］田平安. 民事诉讼法原理（第 5 版）［M］. 厦门：厦门大学出版社，2012.

［35］奚晓明. 最高人民法院民事案件案由规定理解与适用［M］. 北京：人民法院出版社，2011.

［36］姜明安. 行政法与行政诉讼法［M］. 北京：北京大学出版社，高等教育出版社，2005.

［37］江伟. 民事诉讼法专论［M］. 北京：中国人民大学出版社，2005.

［38］杨荣馨. 民事诉讼原理［M］. 北京：法律出版社，2003.

[39][日]山本弘，长谷部由起子，松下淳一. 民事诉讼法［M］.［日本］有斐阁，2011.

[40]许士宦. 民事诉讼法［M］. 台北：新学林，2011.

[41]江伟. 民事诉讼法（第六版）［M］. 北京：中国人民大学出版社，2014.

[42]梁慧星. 民法总论［M］. 北京：法律出版社，2007.

二、论文类：

[43]方流芳. 民事诉讼收费考［J］. 中国社会科学，1999（3）.

[44]林剑锋. 日本民事诉讼费用的制度与理论［J］. 张卫平主编. 司法改革论评（4），中国法制出版社，2002.

[45]张晓薇，牛振宇. 德国诉讼费用制度研究［J］. 当代法学，2003（11）.

[46]陈永生. 司法经费与司法公正［J］. 中外法学，2009（3）.

[47]徐昕. 程序经济的实证与比较分析［J］. 比较法研究，2001（4）.

[48][日]坂原正夫. 民事诉讼法上的诉讼终结宣言制度［J］（日文版）. 法学研究，1976，49（2）.

[49]湖北省高级人民法院课题组. 改革与完善人民法院经费保障体制的调研报告［J］. 人民司法（应用篇），2009（9）.

[50]王军益. 美国法律援助制度简况及启示［J］. 中国司法，2011（2）.

[51]邹国勇、甘雯. 德国民事诉讼费用救助制度及其新发展［J］. 重庆工学院学报（社会科学版），2009（9）.

[52]林剑锋. 日本民事诉讼费用的制度与理论［J］. 司法改革论评（第四辑）.

[53]陶建国. 日本民事诉讼费用救助制度之研究［J］. 河北法学，2005（3）.

[54]廖永安，赵晓薇. 中日民事诉讼费用制度比较研究［J］. 北京科技大学学报（社会科学版），2004（2）.

[55]王美琼，王建源. 英国民事诉讼费用改革及其绩效［J］. 厦门大学法律评论，2004.

[56]公丕祥. 全球化背景下的中国司法改革［J］. 法律科学，2004（1）.

[57]陶建国，高丽燕. 国外诉讼费用保险的发展及对我国的启示［J］. 上海保险，2013（10）.

[58]周成泓. 美国民事诉讼费用制度及其对我国的启示［J］. 法律适用，2006（3）.

[59]当代法学编辑部. 我国历史上最早的诉讼费［J］. 当代法学，1996（4）.

［60］邓建鹏.从陋规现象到法定收费——清代讼费转型研究［J］.中国政法大学学报，2010（4）.

［61］宗琴娟.谈谈新诉讼收费办法的特点［J］.法律学习与研究，1990（5）.

［62］刘海滨."收支两条线"是管好规费收支的有效办法［J］.财政，1995（2）.

［63］王瑛."理性经济人"与"市民社会"［D］.上海：复旦大学，2010.

［64］李玉虎.浅析经济违法行为成本和收益的影响因素及对策［J］.兰州商学院学报，2000（4）.

［65］李政辉.美国律师按时计费考［J］.法治研究，2009（10）.

［66］胡红艳.浅谈律师风险代理收费制度的优势［J］.商业文化（下半月），2012（3）.

［67］葛克昌.租税国家界限［J］.刘剑文：财税法论丛（九），法律出版社，2007.

［68］Richard Nobles and David Schiff.The Right to Appeal and Workable Systems of Justice, in the Modern Law Review Vol. 65, No.5, 2002.

［69］齐树洁，周一颜.司法改革与接近正义——写在民事诉讼法修改之后［J］.黑龙江省政法管理干部学院学报，2013（1）.

［70］陈宏光.立法权概念的评析［J］.安徽大学法律评论，2002（1）.

［71］郑秉文.社会权利:现代福利国家模式的起源与诠释［J］.山东大学学报（哲学社会科学版），2005（2）.

［72］杨严炎.美国司法ADR之考察［J］.当代法学，2006（4）.

［73］任卓冉.美国非诉讼纠纷解决机制及其对中国的启示［J］.中州学刊，2013（12）.

［74］朱景文.中国诉讼分流的数据分析［J］.中国社会科学，2008（3）.

［75］范愉.小额诉讼程序研究［J］.中国社会科学，2001（3）.

［76］景汉朝，卢子娟.经济审判方式改革若干问题研究［J］.法学研究，1997（5）.

［77］章武生.司法ADR之研究［J］.法学评论，2003（2）.

［78］魏新璋，张军斌，李燕山.对"虚假诉讼"有关问题的调查与思考［J］.法律适用，2009（1）.

［79］田平安，罗健豪.民事诉讼法律责任论［J］.现代法学，2002（2）.

［80］章武生，杨严炎.德国民事诉讼制度改革之评析［J］.比较法研究，2003（1）.

[81] 徐昕. 为什么私力救济 [J]. 中国法学，2003（6）.

[82] 苏绍聪. 香港民事诉讼中的诉讼费担保制度[J]. 现代法学，2004（4）.

[83] 傅郁林. 小额诉讼与程序分类 [J]. 清华法学，2011（3）.

[84] 傅郁林. 诉讼费用的性质与诉讼成本的承担[J]. 北大法律评论，2001（1）.

[85] 马新福，宋明. 现代社会中的人民调解与诉讼[J]. 法制与社会发展，2006（1）.

[86] 齐树. 构建小额诉讼程序若干问题之探讨 [J]. 国家检察官学院学报，2012（1）.

[87] 廖永安.《诉讼费用交纳办法》之检讨 [J]. 法商研究，2008（2）.

[88] 王瑞. 完善我国诉讼费用制度之我见 [J]. 学理论，2013（5）.

[89] 张颖. 环境公益诉讼费用规则的思考 [J]. 法学，2013（7）.

[90] 闫海，王刚. 我国民事诉讼费用保险的创设价值与制度构建 [J]. 中国保险，2013（7）.

[91] 廖森林. 胜诉方负担民事诉讼费用研究[J]. 河南财经政法大学学报，2013（4）.

[92] 王文光. 以未交纳一审诉讼费为由限制当事人上诉的做法应予制止 [J]. 人民司法，1996（5）.

[93] 唐虎梅，李学升，杨阳，郭丰. 人民法院经费保障体制改革情况调研报告 [J]. 人民司法·应用，2013（21）.

[94] 王世袭，黄国桥. 诉讼费下调的经济分析 [J]. 云南大学学报（法学版），2007（3）.

[95] 屈广清，周后春. 诉讼费（仲裁费）与律师费承担的比较研究[J]. 河南省政法管理干部学院学报，2003（4）.

[96] 浦纯钰，王立波. 论我国诉讼费调节功能的缺失和改进 [J]. 经济研究导刊，2008（18）.

[97] 张晓薇，牛振宇. 德国诉讼费用研究 [J]. 当代法学，2003（11）.

[98] 唐左平. 完善诉讼费结算制度的若干思考[J]. 法治论丛，2003（4）.

[99] 李麦玲. 我国法院经费保障体制研究 [J]. 财会通讯，2010（10）.